本书为教育部人文社会科学研究一般项目成果

金融全球化与转轨国家金融自由化制度安排

米军 著

北京大学出版社
PEKING UNIVERSITY PRESS

图书在版编目(CIP)数据

金融全球化与转轨国家金融自由化制度安排/米军著. —北京：北京大学出版社，2012.5

ISBN 978-7-301-20695-9

Ⅰ.①金… Ⅱ.①米… Ⅲ.①金融市场－对比研究－中国、俄罗斯 Ⅳ.①F832.5②F835.255

中国版本图书馆 CIP 数据核字(2012)第 112814 号

书　　　名：	金融全球化与转轨国家金融自由化制度安排
著作责任者：	米　军　著
策 划 组 稿：	王炜烨
责 任 编 辑：	王炜烨
标 准 书 号：	ISBN 978-7-301-20695-9/F•3193
出 版 发 行：	北京大学出版社
地　　　址：	北京市海淀区成府路 205 号　100871
网　　　址：	http://www.pup.cn　电子信箱：zpup@pup.pku.edu.cn
电　　　话：	邮购部 62752015　发行部 62750672　编辑部 62750673
	出版部 62754962
印 刷 者：	三河市北燕印装有限公司
经 销 者：	新华书店
	650 毫米×980 毫米　16 开本　19.75 印张　223 千字
	2012 年 5 月第 1 版　2012 年 5 月第 1 次印刷
定　　　价：	43.00 元

未经许可，不得以任何方式复制或抄袭本书之部分或全部内容。
版权所有，侵权必究
举报电话：(010)62752024　电子信箱：fd@pup.pku.edu.cn

目 录

001/ 第一章　导论

023/ 第二章　金融全球化与金融中介体系和金融市场的发展

057/ 第三章　金融全球化与转轨国家金融自由化联动效应

105/ 第四章　全球化时代转轨国家金融改革比较

189/ 第五章　转轨国家金融自由化改革中的美元化问题

219/ 第六章　金融全球化进程中转轨国家的金融风险与金融协调

275/ 第七章　结论与建议

295/ 参考文献

第一章
导 论

一、研究的背景和意义

金融全球化已经成为世界经济发展的大势所趋,任何国家都不能游离其外,只有积极应对才能享受到它带来的实际收益。金融全球化的前提条件是自由化,没有各国金融的对外开放,允许资本跨国自由流动,金融全球化是不可能实现的。金融全球化的发展,进一步推进了各国金融自由化向纵深发展。无论是发达国家、发展中国家还是转轨国家都试图通过金融自由化实现金融创新或者加强金融的市场化。应当指出,转轨国家和发达国家的金融自由化有发展阶段上的不同。转轨国家的金融自由化[①]主要解决的是本国金融市场化问题(当然也要适度创新);发达国家的金融自由化则是不断

[①] 中国和俄罗斯的金融都处在从计划金融向市场金融模式的转轨阶段,尽管不少人认为先有市场化,后有自由化,但在这体制转轨阶段,二者同时推进互为联动。因此,他们的金融自由化实际上就是金融市场化,从本质上讲两者没有区别,即在市场化进程中推进金融自由化并在自由化进程中加强金融的市场化。对俄罗斯来说,自由化一直是其金融改革主导,而中国在管制和放松管制的迂回中稳步推进金融市场化进程。为了行文的方便,如没有特别的说明,本书将自由化与市场化互用。

的金融创新。金融全球化和各国金融自由化的联动关系，促进了资本的流动、全球经济金融一体化和各国经济运行的效率，使各国的市场在更大范围内被连接起来，从而降低了交易费用，实现了各国储蓄的有效利用和最大限度的创造产出。

伴随着金融全球化的发展趋势，20世纪90年代以来，原计划经济国家纷纷向市场经济转轨，[①]同时，在金融领域也启动了自由化和市场化的制度变迁进程。从转轨国家的金融自由化和市场化的实践看，搭上金融全球化之列车，转轨国家虽然在一定程度上实现了经济金融的市场化和国际化，然而，并没有自然而然地通过金融自由化分享金融资源世界流动带来的各种好处，实现经济的繁荣富强。自由化进程快的俄罗斯和东欧国家由此带来了金融动荡或金融危机（主要是俄罗斯）；中国得益于在市场化与反市场化的矛盾斗争中推进金融自由化进程，因而免受金融动荡或金融危机的困扰，但金融制度转轨的滞后性引发了严重的金融困难和难题。而加入

---

① 在一定意义上转型、转轨和过渡的含义近似。转轨则意味着实质性的改变和引入全新的制度安排。这是以新制度代替旧制度的过程，而不再是仅仅通过改进运行方式来完善旧制度。同样，转型的实质也是制度变迁或制度创新。俄文版的《俄罗斯过渡时期经济学》一书认为，过渡经意味着从一种经济状态向另一种经济状态过渡，或一种经济制度向另一种经济制度的转变。因此，这三个概念在很多场合可互用。当然，转轨和转型还是有一定细微差别的，转轨更强调这种制度变迁整体性、全方位、根本性变化的过程（尤其是新古典经济学家认为，只有宪政规则的根本性转变，才是真正的转轨），这个过程可能需要较长时间才能完成，涵盖面较广；转型更侧重于强调经济制度或经济体制的整体变迁过程，这里包括从传统计划经济体制向市场经济体制的转变，即资源配置和经济运行方式的转变，这实际上是制度创新的一项重要内容，广义上也包括同一经济体制条件下经济组织形式或经营管理方式的重大革新等等。如果从这个意义看当前中国的经济体制改革应该是转型，当然是不完全性转轨了。我们觉得对中国、俄罗斯与东欧国家进行的制度变迁，用转型来统称较合适，用转轨则是一种笼统性称呼，本书在使用这两个概念时除了特别之处使用转型，其他一律用转轨。波兰的经济学家科勒德克认为，改革只是对旧制度的完善，而不允许另一种制度取而代之。不过，有时人们也广义使用，即凡是对既有制度的变革统称为改革，这种变革可能是局部性的，也可能是整体性的。

WTO标志着中国被卷入金融全球化浪潮的不可逆性,中国已经面临必须要进一步推进金融市场化改革的任务。所以,进入金融转轨的后过渡时期,转轨国家既要完善对内金融自由化,又要推进对外金融市场化。在金融全球化背景下,金融自由化实质是一国金融体系与金融全球化融合的进程。随着国内外金融市场一体化进程的加快,转轨国家面临的挑战将大于机遇。在这种情况下,决策者和金融参与者必须学会对全球金融市场的现实做出恰当的安排,因为这是决定金融市场化或自由化成效和胜败的关键。因此,研究金融全球化与转轨国家的金融自由化问题,不仅在理论上十分必要,而且在实践上更有指导意义。首先,从研究视角看,全面系统地比较研究金融全球化与中国、俄罗斯东欧等经济转轨国家的金融改革问题,这在国内尚处领先地位。因为如果不把这些国家的金融制度变迁放在金融全球化的大背景下系统加以考察,难免造成对这些国家经济金融转轨的片面理解并在操作中造成决策与制度安排的失误。其次,研究金融全球化与中国、俄罗斯等经济转轨国家的金融自由化或市场化制度安排问题,这是一种创新。其理论意义在于,从理论上总结金融全球化对转轨国家金融市场化进程的正面和负面影响,揭示金融全球化与转轨国家金融自由化联动关系的一般规律,从而充实金融全球化对发达国家、发展中国家、经济转轨国家等不同类型国家影响的理论分析与概括。从应用价值看,中国与俄罗斯和东欧国家同为经济转轨国家,而且都积极融入金融全球化进程,因而比较研究中国、俄罗斯等转轨国家金融改革与金融全球化的关系,总结它们参与金融全球化的经验教训,特别是通过一些关键性问题研究这些国家金融开放与金融全球化融合的政策与制度安排,这会对中国应对金融全球化有更加直接的借鉴意义。

二、国内外研究现状

转轨国家究竟选择什么样的金融体系发展战略,采取什么样的政策来安排自己的金融自由化或市场化进程？在转轨国家金融体系与金融全球化融合的进程安排上,20世纪80年代以来,国外对此问题就有不同的争论。

在金融制度变迁方式上：以萨克斯(1990)为典型代表的新古典自由主义者,主张俄以快速和全方位的金融自由化实施金融制度的变迁,这一观点在当时得到俄国内多数学者认同并被付诸实施。它的具体制度安排是对内迅速放开价格,取消政府的经济控制,对外实行经济金融活动的自由化。这一方案20世纪90年代在俄罗斯和东欧一些国家的实施付出了沉重的代价。尽管这种金融安排遭到人们激烈的抨击,但对俄罗斯等国金融自由化的效应仍需要做出正反两面客观的评价。此后,仍有不少新古典主义的学者继续鼓吹转轨国家实行过度超前的金融安排,主张迅速开放国内金融机构和金融市场,认为只有超越本国实体经济的发展,才可以充分发挥金融体系对实体经济发展的能动作用。一些学者如 Dieter Bender(1996) 等通过模型实证分析,[①]认为全面金融自由化的增长波及效应将持续明显地强于部分金融自由化,他们的结论是,对外部金融市场自由化的任何延缓都意味着放弃潜在的增长加速。

但是如新自由主义经济学家的另一派麦金农的金融深化思想,更强调转轨过程的次序和秩序;新凯恩斯主义学派认为,转轨国家应实行适度限制市场自由的金融约束体系;新制度经济学认为金融

---

① Dieter Bender(1996)等学者通过传统的新古典增长理论、内生增长理论和金融深化理论,比较系统地分析了发展中国家对内和对外金融自由化对经济增长的影响。

深化的过程就是一系列金融制度的构建和金融制度变迁的过程。这三派学说的主要内容：其一，以麦金农（Mckinnon,1973、1993）、爱德华（Edwards,1985、1989）、拉尔（Lal）、班达瑞（Bhandari,1989）等为代表的新古典转轨次序学说的拥护者们，既接受新古典主义的经济自由化思想，同时更强调转轨过程的次序和秩序，认为这个次序的制定和安排必须依赖政府，其主要观点体现了金融深化思想。他们的学说集中体现在《经济自由化的顺序——向市场经济过渡中的金融控制》一书中，其核心思想是这些国家金融自由化改革要适当控制节奏，更渐进些。同时，提出了合理的改革顺序——只有在成功的财政改革和国内经济、金融自由化的基础上，才能实现对外金融自由化。麦金农认为，转轨国家金融市场化存在着一个如何确定最优次序的问题：第一步，实现中央政府财政预算的平衡；第二步，开放国内资本市场；第三步，贸易的自由化及经常项目的自由兑换；第四步，实现资本项目的兑换，允许国际资本的自由流动。麦金农指出："实现资本项目的外汇可兑换应该是经济自由化最终次序中的最后一步。"相反，拉尔（Lal）、班达瑞（Bhandari,1989）等人也主张要按合理的顺序安排推进金融深化，但他们在金融制度的安排上更为激进些。其主要的观点是：资本账户的开放要先于国内金融的自由化，尤其是资本账户的开放要先于贸易的自由化及经常项目的开放；并认为这种安排能够通过利率、汇率的市场化解决国内价格扭曲问题，尽管短期内可能会给该国带来较大的痛苦，但从长期看则成本较低。其二，新凯恩斯主义学派的基本观点是强调政府对市场运行的干预。其中，赫尔曼、穆尔多克和斯蒂格利茨（1994、1996）等为代表的学者认为，转轨国家应实行适度限制市场自由的金融约束体系，特别是斯蒂格利茨在《社会主义向何处去》一书中强调了政府在转轨中的积极作用，并认为这些国家实行渐进转轨的效果会更好些。他们的主要观点是：由于转轨国家证券市场的不发达,应在经济发展的某个阶段实行某种特殊的金融中介安排；他们还开出了相应的药方,让政府采取"金融约束"的政策干预金融市场的运行,这样有助于金融的稳定和经济的增长。他们概括出中国金融中介安排的特殊性就是"金融二元性",指出它对中国转轨的巨大贡献。该学说主张发展中国家和转轨国家实行"温和的金融抑制"有重要的指导意义,但也并没有反对对原有金融抑制的解除,没有否定金融自由化改革的发展趋势。其三,新制度主义理论是在对新古典经济学批评的基础上发展起来的,主要代表人物如科斯、诺斯、威廉姆森、阿尔钦等。该学说认为新古典经济学的分析忽略制度因素是严重脱离现实的理论抽象；而他们忽略制度因素与假定交易费用为零有关。事实上,交易费用的大小与制度因素密切相关。制度安排是否完善和协调,直接关系到交易费用的高低和经济运行的绩效。新制度经济学肯定新古典经济学分析框架的合理因素,同时也没有全盘否定麦金农和肖的金融自由化理论,而是在批判的基础上认为,必须把制度因素如企业、产权、市场、组织等制度纳入到供求分析框架中。这样,在一定意义上,金融深化的过程就是一系列金融制度的构建和金融制度变迁的过程。为此,他们将金融领域的制度分为需求诱致性金融制度和供给主导型金融制度。需求诱致性金融制度是在实体经济部门对金融部门的发展提出要求后出现的；供给主导型金融制度是金融部门的发展超越实体经济发展的需求,通过金融服务来拉动本国经济更快地增长。越来越多的新制度经济学家认为,制度变化的供给是重要的,尤其对于市场不发达的国家,供给促进型的金融制度变迁对这些国家的金融深化将起主要作用。随着新制度经济学的发展,国家、意识形态刚性、历史依赖、技术进步、制度的惰性等因素也逐步被纳入其研究框架中,使得这一理论更贴近现实,更具有解释力。新兴工业化国家、特别是经济转轨国家对制度经济学的需求以及发达国家的制度改革,吸引了不同学派对制度问题的重视。同时,越来越多的新古典经济学家和新凯恩斯经济学家认为,对市场经济不发达的转轨国家,强调制度作用比强调价格机制的作用更为重要。但是,这一理论由于过分强调制度的作用,有时甚至认为没有金融自由化同样可以实现金融深化,这是不足取的。

我们并不完全同意新古典自由主义的观点,尤其是对于金融转轨的大国,在总体金融战略上不适宜采取这种制度安排,但在局部金融转型中可以相机决策使用,这是值得借鉴的。这是因为,新古典经济学的分析遗漏了一个重要的因素,那就是对外金融自由化促进经济增长和波及效应机制的发挥需要具备相应的国内条件。如果在国内条件不具备的情况下就急于对外金融自由化,对国内的经济和金融则会造成严重的冲击。而转轨国家并不具备与发达国家相近的金融自由化初始条件,如完善而稳定的宏观经济环境、金融企业制度的确立(特别是健全的国内银行的资产负债)、良好的社会制度环境、法律框架下成熟的金融监管制度、金融转型中政府职能的转变,等等。随着新古典转轨次序学说的不断修正,该理论日益接近市场经济不发达国家的实际,并对转轨国家具有重要的指导意义。该学说在金融深化的具体实施安排上依然分歧很大,但在强调市场自由价格机制的作用上基本一致。新凯恩斯主义学派强调政府在转轨中的积极作用,并认可金融自由化的发展方向。因此,在一定意义上,新古典转轨次序学说和新凯恩斯主义金融约束学说在很多方面有相似之处:金融约束论强调市场运行的可控有序与新古典转轨次序学说不谋而合,都离不开政府的作用。但其最终追求的目标不同,前者是要达到经济金融的自由化,后者是要形成市场机制和政府干预有机结合的市场经济。对于这两种学说,转轨国家要立足国情,切不可盲目照搬。再看新制度经济学理论,该理论在转轨国家的金融深化中发挥更为重要的作用,因为转轨国家金融体系融入金融全球化进程就是本国金融制度变迁或金融制度创新的过程,这与该理论有很大的吻合性。可以说,合理的金融制度是转轨国家金融自由化改革成功和推进金融深化的重要保障。转轨国家应该充分吸取新制度经济学说的理论精髓,推进本国的金融制度变迁和金融制度创新。

关于俄罗斯银行体系、金融市场的建立和发展方面的问题,西方学者的研究观点主要集中于以下内容。Machiko Nissanke、howard Stein(2003)认为俄减少国家干预建立金融体系会带来混乱,金融转型的核心是金融制度化。Alla Friedman 和 Alexey Verbetsky(2001),A. Gnezditskaia(2003),Byung-Yeon Kim 和 Jukka Pirttil(2004),Black(2001)以及 Kogut 和 Andrew(2000)等对俄罗斯金融市场作了总体上的考察。特别是 Black(2001)以及 Kogut 和 Andrew(2000)的研究则强调制度在转轨国家股票市场建设中的重要作用。Black(2001)认为,俄罗斯期望国有企业通过快速的大众私有化来产生对利润追求的激励,但这种改革方式并没有取得预期的效果。他还分析了造成这种情况出现的原因,大致归纳为,转轨初期俄罗斯缺乏一个控制自我交易的好的制度基础,使得大众私有化很可能导致管理层和控股股东大量的自我交易;重建私有化企业的利润激励也由于一个惩罚性的税收体系、官员的贪污、有组织的犯罪和不友好的官僚体系而消失。Kogut 和 Andrew(2000)的分析认为,俄罗斯大众私有化本来是想改善大型企业的经营管理,优化企业的治理结构,结果却产生了大量信息不灵的股东和买卖股票的无效市场。俄罗斯初期的私有化并没有促成金融市场的成功,相反却摧毁了金融市场的激励机制,尤其是一些大股东和管理人员采用非法和不透明的方法"盗取"企业资产。研究结果表明,在缺乏国家规范和信任制度的机制下,市场变成了一个政治竞赛和经济操纵的竞技场。他们还认为,金融市场创造的动力学在于重建基于市场参与者的非个人的信任制度;尽管发达国家股票市场制度可以从国外移植过来,但这些制度却不能在市场中形成个人与制度的信任,这信任建立的基础,是强有力的政治家为了维护他们通过透明市场进行交易的利益性而形成的政治联合,这样的政治联合在俄罗斯并没有形成[①]。LLSV、Black(2001)、McCarthy 和 Puffer(2002)还分析了俄罗斯公司治理和股票市场发展。LLSV、Black(2001)分析了俄罗斯公司治理中对投资者的保护对公司市场价值的重要性,认为对中小投资者的保护与金融发展之间有很强的相关性。McCarthy 和 Puffer(2002)检验了俄罗斯新采用的公司治理准则,发现俄是美国和西欧模式的混合物,在执行准则上仍然存在差距,认为主要是准则的制定更多考虑了国际标准而脱离俄罗斯的商业文化,特别是促进交易人际关系网络和缺乏对执行新的准则的商业知识和培训(比如国际会计标准等)。此外,Geert Rekaen, Campbell R. Harvey, Christian Lundblad(2004、2005)重点研究了金融自由化对经济增长和经济波动性的影响。

(3)最近几年俄罗斯学者的研究成果主要在俄货币和资本市场的建立和发展、银行体系的重组和竞争、金融安全、银行和资本市场对经济的作用等方面。如萨文斯卡娅的《俄罗斯银行体系的稳定性与经济安全》(2002),科日罗夫的《俄罗斯银行体系的发展问题》

[①] 曾康霖、黄平:《中东欧转轨经济国家股票市场制度研究》,北京:中国金融出版社 2006 年版,第 28 页。

(2005),H·科尔舒诺夫的专著《俄罗斯证券市场形成的特点》(2002),米尔金的专著《俄罗斯有价证券市场:运行机制和发展预测与策略》(2002),先恰戈夫(1998)主持撰写的《经济安全——生产·财政·银行》以及克谢利曼、亚辛等学者在2000年后均颇有成就。俄罗斯的先恰戈夫、米尔金、克谢利曼等在金融安全、金融监管制度及金融政策方面有突出的研究。先恰戈夫(1998)在其主持撰写的《经济安全——生产·财政·银行》著作中[①],首先,分析了"经济安全、稳定、发展"等概念的相互联系,第一次对俄罗斯经济安全的阈值进行定量分析;在分析1997年末国际金融市场危机的基础上,研究了俄罗斯国内和国际金融市场的主要参数的相互联系,指出俄罗斯金融市场过高的投机收入可以独立地引起更大的风险,并加剧国际市场的不稳定性,提出改造金融市场、从法律上限制投机活动的途径。然后,认为巩固本国货币是保障经济安全的因素。正是俄罗斯本国货币执行其职能能力的削弱,导致20世纪90年代对外汇的需求始终超过对本国货币的需求;同时提出恢复本国货币地位的方法,如恢复银行对实际经济部门企业的信贷,用俄罗斯央行的专项信贷,部分地取代联邦和地方预算在国内外金融市场上所借的债务。最后,认为当前货币金融政策完全以降低通货膨胀为目标,这实际上是把银行体系的发展置于调节的范围之外,在市场环境没有形成、市场主体(国内市场为向导的企业)不明确的条件下,紧缩的货币政策在银行领域产生了重大的变异,从而降低了信贷在发展实际经济部门中的作用。另外,在构建新的金融体系时如何处理银行和市场关系,俄罗斯著名经济学家亚辛指出:"俄罗斯的金融体系到

---

① [俄罗斯]B.K先恰戈夫主编,国务院发展研究中心国际技术经济研究所译:《经济安全——生产、财政、银行》,北京:中国税务出版社2003年版。

底是按市场占优势的美国模式,还是按银行发挥主导作用的德国模式发展,一直争论不休。我认为,对于我们来说,一个比较发达的银行体系是证券市场发展的前提和条件。世界上有银行体系发达但证券市场相对较弱的国家,而没有证券市场发达但银行体系较弱的国家。"还有的学者认为,俄罗斯的银行体制改革将朝向什么方向发展,在很大程度上取决于未来政府选择什么样的经济方针和经济发展模式,以及政府将优先发展社会经济的任务重视到什么程度。①关于外资银行的进入问题,在俄罗斯学术界也存在两种不同的观点。一种观点认为,为了改善俄罗斯银行体系的经营状况,需要扩大外国银行进入俄罗斯金融市场的范围,这有利于新的思想、技能和金融工具的流入,提高储户和投资者增强对银行的信任度。另一观点则反对向银行部门吸收外国资本。如莫伊谢耶夫(1998)就指出,西方银行未必能给俄罗斯银行体系提供实质性的支持。外国银行的进入,主要是支持外国跨国公司对俄实行商品扩展;将会加快小银行的破产,排挤并缩小俄银行的业务范围。②

国内学者研究转轨国家的金融自由化,大多是以中国为例的理论和实证研究,这方面的著述和文章颇多。然而,归纳而言,不外乎是对中国金融改革与发展从宏观到微观展开的多层面研究,研究方向包括中国金融体制改革、金融市场、金融机构、金融监管、金融创新、金融企业市场模式选择、利率和汇率形成机制、金融体系框架的构建、金融安全,等等方面。仅从系统性的专著研究看,近年来出现的就有:刘明的《转轨期金融运行与经济发展研究》、王曙光的《金融自由化与经济发展》、向新民的《金融系统的脆弱性和稳定性研究》、

---

① 张养志:《俄罗斯体制转轨的经济学分析》,兰州:甘肃人民出版社 2002 年。
② C.莫伊谢耶夫:《能指望外国援助吗?》,载[俄]《生意与银行》1998 年第 41 期,第 5 页。

吴晓求主笔的《市场主导型金融体系——中国的战略选择》、姜波克等的《开放条件下的宏观金融稳定与安全》、孔祥毅的《百年金融制度变迁与金融协调》、王元龙的《中国金融安全》、丁剑平编著的《人民币汇率与制度问题的实证研究》、郭竞成的《转轨国家金融转型论纲》、彭兴韵的《金融发展的路径依赖与金融自由化》、殷孟波的《中国金融风险研究》、王国刚的《资本账户开放与中国金融开放》,等等。而从全球化的视角深入系统地研究中国金融改革与发展问题成为近年来的新热点,并陆续出现了一些著述(相对较少),代表性的如:郭连成主编的《经济全球化与不同类型国家的应对》、李若谷主编的《经济全球化与中国金融改革》、李德的《经济全球化中的银行监管研究》、陈漓高主编的《经济全球化条件下中国金融市场发展研究》、王广谦主编的《经济全球化进程中的中国经济与金融发展》、孙涛的《全球化时代金融中介体系构建》、张晓晶的《符号经济与实体经济——金融全球化时代的经济分析》、姜学军等的《金融对外开放与监管问题研究》、沈悦的《金融自由化与金融开放》、王伟东的《经济全球化中的金融风险管理》。

　　近年来我国对俄罗斯国家的金融转轨开始重视。这些研究可归纳为以下几个方面:关于金融制度变迁方式的基础理论研究,国内学者樊纲(1993、1996)、林毅夫(1993)、盛洪(1994)等主要对俄的金融转轨方式作了评价;关于政府在俄罗斯金融转型中的作用(华民[1995]、张鑫[2005]、郭连成[2003]、米军[2005]等)。其中,郭连成和米军认为,转轨国家的政府在推动或培育新的金融机构成长以及设计金融体系的制度安排方面发挥主导作用。关于俄金融制度转轨的发展路径及演化趋势(李新[1998],郭连成、米军[2004和2005],张养志[2001],岳华[2006],刘军梅[2003和2006],许新、郑东生[2004]);其中,张养志认为,俄罗斯将进一步完善二级银行体制,尤其是要加强中央银行的调节和监督职能,俄罗斯还有可能在条件成熟的时候建立政策性银行(2001)。关于俄罗斯银行体系制度变迁的理论与实证分析(徐向梅[2003]、王世龙[2005]、庄毓敏[2001]、范敬春[2003]、李新[2006]、米军[2005]);关于俄罗斯资本市场制度变迁的理论和实证分析(高晓慧和陈柳钦[2005],程亦军、郭连成[2004],徐向梅[2004],李作双[2005]等等);关于俄罗斯的金融监管和金融安全的研究,国内已有的成果较为薄弱(徐向梅等[2005],郭连成、米军[2005—2006],齐魏巍等[2005])。上述研究国内也出现了三四本专门的论著,基本上都是一些阶段性研究成果,尤其是从全球化视角、比较金融制度变迁等方面研究较少的问题。主要庄毓敏的《经济转轨中的金融改革问题——对俄罗斯的实证研究》、范敬春的《迈向自由化道路的俄罗斯金融改革》、高晓慧等的《俄罗斯金融制度研究》;而专门性研究东欧国家金融转轨问题主要是徐明威著的《中东欧国家金融体制比较》。

　　在金融全球化的视角下,将中国和俄罗斯的金融转轨结合起来深入系统地研究转轨国家金融自由化进程中的关键性问题,这方面的著述目前还很少。鉴于此,本书认为,将中国和俄罗斯有效结合起来作为研究对象,寻找它们在金融转轨中存在的共性规律,在此基础上分析它们的特殊性,是一项非常值得做的工作,这也是笔者选择该题目作为研究方向的初衷。本书的观点是,在金融自由化成功实施的重要条件还不具备的情况下,转轨国家必须合理审慎地做出金融自由化的本土化和国际化的制度安排,这是转轨国家的金融体系融入金融全球化进程中必须合理解决的首要问题。

　　所谓安排,是转轨国家向市场化金融过渡时期对本国金融体系构建和金融开放进程在法律、制度、金融发展政策、经营管理规则等方面的合理决策和科学的规划,以及对金融参与主体行为的合理协调或准确定位。这种制度安排可能是正式的,也可能是非正式的,本书主要侧重于对前者的研究。转轨国家特殊的经济社会条件,决定了转轨经济金融体系与金融全球化的融合的决策安排,既具有发达市场经济国家金融体系发展的一般性,同时又具有转轨经济的特殊性。在金融全球化的趋势下,金融自由化已经成为人类经济发展的需要,因而,转轨国家长期的金融改革目标同样是实现全方位的有限管理的金融自由化。但是,金融自由化不是全面地引进发达国家的金融市场模式,而是要顾及转轨经济的特殊性,才能在融入全球化的进程中产生良好的效果。所谓特殊性,就是金融自由化的本土化问题,这就需要转轨国家能够将西方的金融体系与本国制度环境实行有效的对接。尤其对于中俄这样的金融转轨大国,要在合理的次序安排中将市场机制和政府干预有机结合起来,这是实现有效对接和金融转轨成功的重要保证。许多国家的实践表明:适度超前或合理的金融制度安排,既能促进金融稳定而有效地运行,又能促进经济更快增长和经济发展;反之,不适当的金融发展政策和过度超前的金融安排可能会扩大转轨国家金融制度变迁的风险、增大市场经济中固有的金融脆弱性、抑制经济增长,甚至会导致金融危机和金融风险。在具体实施上,对内金融自由化和市场化的推进要快于对外金融自由化,待到国内金融环境得到改善,可以加快对外金融自由化的步伐,这时对外金融自由化的推进可能要快于对内金融自由化。因为市场导向型金融自由化改革的成功是需要各种条件和与之相适应的制度安排的配合才能实现的。

三、研究方法和基本思路

(一) 研究的基本方法

我们运用金融全球化理论、过渡经济学理论、金融发展理论、制度经济学理论以及其他现代经济学的理论,并以实证分析和比较分析为主,对转轨国家的金融体系结构,金融体系的定位,金融制度变迁中的中央银行、商业银行体系、政府干预金融等问题的特点,金融风险和金融协调,金融自由化中的美元化和反美元化、未来转型时期金融发展战略等进行了探讨。实证分析和比较分析主要以中国和俄罗斯为研究对象,同时,借鉴发达市场经济国家的金融发展模式。所谓实证分析,就是对市场运行过程中表现出来的经济现象进行描述和解释,例如,对诸如"状态"、"可选择的政策"、"实施某方案的后果",以及各种经济问题的解决途径做出相应的解释。所谓比较分析,就是利用转轨国家的市场和发达国家市场在结构、功能等方面的差异,以及转轨国家金融体系的比较,在吸取外部成果和转轨国家自身改革经验的基础上,给出转轨国家金融体系构建、金融制度变迁得以进一步改进的实证依据。我们在整个研究中贯穿了这种比较分析法,既揭示两种不同转轨路径下存在的共性规律,同时也研究各自的特殊性。

(二) 研究的基本思路和观点

我们将金融市场化定位为一国金融体系与金融全球化融合的进程。我们也就从金融体系的主要组成部分金融中介机构和金融市场及其与金融全球化的联动关系入手。

第一章为导论部分。主要介绍选题的背景和意义、研究方法和思路以及创新与不足。

第二章主要研究金融全球化与金融中介体系和金融市场的发展问题。从历史纵深和逻辑演化视角对金融中介体系和金融市场的发展规律、功能界分和融合进行了系统阐述。同时指出,随着金融体系的纵深演化发展,金融全球化与金融中介体系和金融市场相互促进,互动发展的关系越来越明显,可以说,没有金融中介和金融市场的发展,就没有金融全球化时代的到来,而金融全球化反过来会进一步推进金融中介和金融市场的发展。

第三章系统研究金融全球化与转轨国家金融自由化或市场化的联动效应问题。在经济金融全球化迅猛发展的时代,由于世界各国经济联系越来越紧密,经济相互依存度不断提高,经济全球化特别是金融全球化与转轨国家经济和金融的联动关系和相互传导机制的作用更加明显,而且,这种联动关系伴随着各国金融开放的扩大呈现加速发展的趋势。一方面,金融全球化将发达市场经济国家先进的金融技术、金融制度和金融产品甚至金融风险等传递给转轨国家,推动转轨国家的金融改革进程;另一方面,转轨国家的经济、金融发展与波动也将影响到发达国家以及全球金融一体化的发展。我们从国际资本流动效应、金融风险传导效应、金融制度创新效应、核心—半边缘—边缘效应、可持续发展效应、区域货币合作效应等方面,全面分析了金融全球化与转轨国家的经济和金融的互动关系。在此基础上具体研究了金融全球化推动下转轨国家金融体系的构建及其金融中介重组和金融市场发展等金融自由化改革进程中的关键问题。最后指出,面对金融全球化和金融自由化的浪潮,转轨国家应积极投身金融自由化,应对其金融开放政策作出相应的调整,勇于参与国际竞争,力争创造各种条件和设计合理的制度安排,使本国的金融体系与金融全球化实现合理而有效的融合,这是转轨国家富国强民的必由之路。

第四章以金融全球化为背景,以中国和俄罗斯为研究视角,比较研究了两国金融自由化或市场化实践的发展轨迹、经验和教训,从多角度评述了两种转轨安排并分析了其引发的不同效应,尤其是对作为金融安排重要影响者的中央银行和政府给予明确的定位。

第一,通过对两国金融制度变迁不同路径和表现的研究,我们发现俄罗斯金融制度变迁是对内金融自由化和对外金融自由化全方位推进的激进式过程,尽管转轨未取得预期效果,但这种以制度先行为特征的金融转轨,为金融体系后续发展大大消除了制度性障碍。指出,今后俄金融自由化的主调将步入渐进调整和金融相关安排间的有效协调;中国金融转轨走的是一条金融约束型(政府的选择性干预)的渐进式发展道路,金融自由化进程是在市场化与反市场化的矛盾斗争中得以推进的,金融转型的滞后性造成制度性障碍依存,而加入WTO标志着中国被卷入金融全球化浪潮的不可逆性。因此,实现跨越式发展,推进金融市场化已经成为后过渡期中国金融业进一步改革的内在需求。第二,评述了两种制度安排,从多个层面对转轨时期中俄两国金融体制转换以及各自对金融业稳定、经济增长产生的不同效应进行了深入分析和比较研究,并由此提出了今后转轨国家金融体制转换的制度安排取向,即转轨经济的特殊性要求必须占有相应的金融控股比重,这对于稳定金融体系具有重要的意义;转轨国家的金融改革是一项长期任务,不可能一蹴而就,要依照本国的国情采取相应的金融自由化、市场化的改革顺序,不失时机地加快推进金融改革;在金融改革与实体经济的良性互动中推进转轨国家的金融创新。第三,通过比较两种安排下中央银行的制度建设,我们发现转轨国家法律测定的中央银行的独立性和实际运行中中央银行的独立性有很大的差异,实际运行独立性远远低于法律赋予的独立性;同时,成功的金融转轨必须有效地发挥中央银行金融宏观调控和金融监管的作用,因此增强中央银行的独立性,这是转轨国家中央银行改革必须合理解决的迫切问题。而且,这种独立性的改革要有其特殊性,不应完全追求西方式的中央银行制度,应结合转轨国家的实际切实推进中央银行的制度创新。第四,政府是金融过渡安排的主导者,因而,必须对金融全球化条件下转轨国家金融转型中政府职能的发挥做出恰当的定位和有效的安排,因为这直接关系过渡安排的效应。

在以上分析的基础上,本书选取了转轨国家金融自由化进程中必然面临的美元化问题、必然产生的金融风险问题,相应的提出了缓解美元化的政策与制度安排以及防范金融风险的金融协调策略。

第五章在具体分析转轨国家美元化现状、影响因素及形成机制的基础上,提出了针对转轨国家实际的反美元化政策安排,这包括国内经济政策和国家间的经济政策协调。在金融全球化背景下,美元化已经渗透到转轨国家经济生活的各个方面。美元化对转轨国家利弊兼具,当然,适度的美元化对本国经济尤其是金融市场的发展有着积极的促进作用,相反,还可能引发一系列的经济后果。美元化的发展趋势是任何人都无法阻挡的,它是经济主体基于规避风险动机的理性选择,是市场化进程中必然自发产生的现象。在金融全球化和转轨国家开放领域不断扩大的形势下,我们不可能完全消除这一现象,因为美元化不是简单的货币替代问题,它是一个综合性的经济现象。但是,适宜的政策安排能够消除其不利影响。这种政策安排包括适宜的汇率管理体制的选择、建立和完善远期市场和期货市场的制度安排、不同的利率政策选择、反通货膨胀政策选择、多种政策协同配合,等等。

第六章通过转轨国家金融体系依然处于高风险状态的种种表现,提出防范风险是转轨国家的金融体系融入金融全球化进程中刻不容缓的大事。从其生成机理上看,转轨国家的金融风险,是经济金融的多种不协调造成的。我们将其归纳为:第一,开放的市场经济体系下的内生性不协调性;第二,新旧制度变迁中的共存性不协调性和不确定性,而且这个过程持续的时间越长,摩擦性金融风险越大;第三,外部性传导导致的不协调性。因此,转轨国家金融风险的化解就是要解决好诸多不协调和不均衡发展,协调有效的金融安排对转轨国家的金融宏观稳定和微观运行无疑具有积极意义。文中还认为,应从以下几方面加强转轨国家的金融协调:加强社会信用与金融制度的协调运行;加强金融监管制度的适应性和灵活性,加强金融监管机构间的协调配合;加强金融中介机构的协调,保证良好的金融微观运行环境,这是防范金融风险的重要基础性选择;加强金融市场的协调发展,其中,最重要的是通过多种渠道做好货币市场和资本市场协调,合理安排好资本自由化的开放顺序,合理安排好国内利率体系的市场化改革顺序等等。

第七章是结论与建议部分。首先得出金融全球化与经济转轨国家的经济和金融市场化改革之间存在着一种互动关系,二者之间具有内在的逻辑一致性。为此,必须在金融全球化的大背景下研究转轨国家金融转轨和金融发展的制度安排问题。其次是总结金融全球化背景下中国和俄罗斯金融自由化制度安排的经验教训,提出要进一步加强相关政策与制度建设,为转轨国家扩大金融开放和深度参与金融全球化奠定坚实的制度基础。同时强调指出,如何在金融全球化进程中审慎稳妥地推进金融体制改革,在加速金融自由化的同时提高金融监管的有效性,防范金融风险;如何正确选择符合本国国情的金融改革和金融创新的有效路径,制定参与全球化进程的应对之策,充分利用好金融全球化的优势,规避其不利影响,这是经济转轨国家面临的新课题。

(三) 创新和不足

我们的创新之处在于:其一是研究方法创新。针对国内研究转轨国家金融自由化或市场化偏重中国一头而零星涉及俄罗斯且明显割裂二国的严重状况,本书将中国和俄罗斯这两个转轨大国结合起来,并在整个研究中贯穿了这种比较分析法,既揭示两种不同转轨路径下存在的共性规律,同时也研究各自的特殊性。其二是研究视角创新。我们全面分析了金融全球化与转轨国家金融市场化的互动关系和传导机制,并以"互动论"作为全文的指导思想,系统研究转轨国家金融市场化进程中的若干关键性问题,总结出转轨国家通过金融开放使本国的金融体系与金融全球化相融合的相关政策和制度安排。其三是得出的相关结论和贴近转轨国家经济现实的政策建议具有现实指导意义(见第二段)。其四,以中国和俄罗斯为典型案例来研究金融全球化背景下转轨国家金融改革与开放问题,在一定程度上弥补了国内对这两者协同关注的不足。

第二章
金融全球化与金融中介体系和金融市场的发展

　　金融全球化导致全球金融的市场化、商业化、自由化的发展趋势,金融全球化通过制度变迁使得转轨国家的金融中介体系和金融市场的发展不断深化,以适应本国经济持续发展的要求。为此,首先需要详细了解市场经济框架下金融中介、金融市场与金融监管体系的构成。

金融全球化导致全球金融的市场化、商业化、自由化的发展趋势,金融全球化通过制度变迁使得转轨国家的金融中介体系和金融市场的发展不断深化,以适应本国经济持续发展的要求。为此,首先需要详细了解市场经济框架下金融中介、金融市场与金融监管体系的构成。

第一节 金融中介、金融市场与金融监管体系

发达市场经济国家的金融体系主要由金融中介机构、金融市场和金融监管调控机构等构成,下面我们对其分别作出相应的概述。

一、金融中介体系

金融中介是从事各种金融活动的组织机构,故又统称为金融机构或金融中介机构。在国际上,金融中介通常被广义使用,金融中介体系其实是种类繁多、形式各异的金融组织机构的集合。

现代金融中介体系包罗的内容相当复杂。概言之,大体分为国家管理类金融中介、银行性质类金融中介、非银行性质类金融中介。

国家管理类金融中介,通常指各国的中央银行①。在一国的金融体系中占据主导地位,它代表国家管理金融,制定并执行国家金融政策,调节货币流通和信用活动,是发行的银行、银行的银行、国家的银行。更重要的是,它与证监会、银监会、保监会、国家货币管理局等金融管理机构协同负责对整个金融体系的活动实施宏观调控和监管职能。

银行性质类金融中介,特指商业银行,它曾是金融中介体系的骨干力量,现在尽管其资产比重有所下降,但仍然是主要的金融机构。这类银行有的完全由国家出资组建,如中国国有商业银行;有的完全由私人或者私人和政府组建成股份制商业银行。传统上它们主要以吸收活期存款,从事短期放款、汇兑业务为主。近年来,随着银行混业化趋势的发展,银行在资本市场中扩充经营范围,如从事衍生品交易、租赁、投资等多种业务,但各国仍然对商业银行划分严格的业务界限。这类银行被称为真正的银行,就是因为它们在提供融资服务的同时,具有较强的存款货币创造功能。

非银行类金融机构,一些发达国家如美国的这类机构包括投资银行、证券公司、金融公司、机构投资者、信息评估公司、典型的存款类金融机构等等,它们主要从事投资、保险、金融信息咨询等各类中介服务。

投资银行,是资本市场上典型的投资类金融中介,是证券和股份公司制度发展到特定阶段的产物。它的资金来源是发行股票、债券,一些国家的投资银行还从事银行贷款或吸收定期存款。它的核心业务是证券业务,包括证券一级市场上的证券发行、承销业务和

---

① 严格意义上它不属于金融中介,只属于金融组织管理机构,因为它不主要以吸收存款和发放贷款为业务,不经营一般银行业务,不对企业和个人办理银行业务,但由于其对金融机构具有再贷款的业务,姑且可以将其列入金融中介范畴。

证券二级市场上的证券经纪业务,这是投资银行区别于其他金融机构的重要标志。随着金融创新的发展,它的衍生业务扩展到企业重组、投资分析、抵押贷款、公司理财、项目融资。投资银行在各国名称并不一致,在美国和欧洲大陆为投资银行,在日本叫证券公司,在英国、爱尔兰、韩国等叫商人银行,法国称实业银行,香港为有限制牌照银行。

金融公司是经营投资和长期信贷的一类金融机构。其资金来源主要是靠发行商业票据、股票、债券,还有部分资金通过银行大额贷款或吸收一些定期存款获得。其主要业务是收购企业股票、债券,向企业提供长期投资资金,参与其创业活动。同时,它还以高利息向个人和企业发放小额贷款。如消费者金融公司,主要是向个人发放用于购买家具、轿车、房屋装修、消费者医疗、教育成本、度假等各项开支的现金贷款。尽管金融公司已经成为商业和信贷市场的重要力量,具有存款机构的一些特征,但其经营业务仍是以资本市场上的有价证券业务为主。

机构投资者包括证券投资基金、货币市场基金、养老金、保险公司、对冲基金、信托基金。随着各国金融创新、资本市场的发展,20世纪90年代以来各种类型的机构投资者快速成长,并在金融市场中发挥着日益显著的主导作用。目前,许多经济发达国家机构投资者拥有的资产规模已经与商业银行相当,尤其是在美国,居民个人金融资产的2/3由各种机构投资者负责管理和投资,同时,机构投资者的资产总额已经超过商业银行。

典型的存款类金融机构,以吸收存款和发放特定服务的贷款为其主要业务。如在美国,这类银行有发放抵押贷款的储蓄贷款协会和互助储蓄银行,发放消费贷款的信用社,它们主要靠吸收居民的长期储蓄存款为资金来源;还有从事政策性金融业务的专业银行,如开发银行、农业发展银行、进出口银行,主要以财政拨款或者发行政策性金融债券为资金来源。由于这类存款机构一般不以接收社会活期存款为主,贷款多为中长期性,这就决定了其不具备直接的信用创造功能或者信用创造能力非常微弱,这种潜在的信用创造能力,根本不能与商业银行相提并论,因而不能称其为"真正的银行"。

二、金融市场的构成

金融市场是由诸如同业拆借市场、贴现市场、信贷市场、股票市场、债券市场、外汇市场、金融期货市场、期权市场、黄金市场等许多子市场构成的金融市场体系。金融市场体系的内在结构是动态发展变化的,其多样性和复杂化程度,已经成为判断一个国家金融市场发展水平的重要标志。为了更加清晰地认识金融市场体系的内在结构,下面从不同的标准来作出划分。

(一) 按照融资的期限划分:短期金融市场、长期金融市场[①]

短期金融市场,指融通期限在一年或一年以内的短期金融资产的借贷交易市场,是短期信用工具与货币相交换的市场。这种市场上交易的金融工具有很强的变现性,与货币的流动性相差不大,有的金融工具如票据还被当作货币的代用品使用,所以短期金融市场又被称为货币市场。货币市场的主要功能是为公司、政府、投机者

---

① 当然,大多数学者是同意这种划分的,但在一些国外学者的研究中,出现了不同意这种划分的观点,认为资本市场只是证券市场,与其对应的是货币市场和信贷市场;还有的用资本市场代替整个金融市场,货币市场和银行信贷市场也被包括其中。但是,随着金融工具的创新,如期货、期权、互换等衍生金融工具的出现,银行信贷资产的证券化、用市场利率进行调整的长期贷款和债券等,很难明确区分是长期还是短期金融工具,这样,当今的资本市场和货币市场在国外已变得模糊,而是形成一个跨越两市场的新型市场,这就是通常所说的金融衍生市场。转引自孔祥毅的《百年金融制度变迁与金融协调》第480—489页。

提供短期资金需求,为暂时闲置的资金提供流动性较强的金融资产工具。货币市场是以电话和网络为载体来安排交易,没有固定交易场所的市场。货币市场由若干子市场组成,包括短期证券市场、短期信贷市场等。其中,短期证券市场是货币市场上最古老的工具之一。在该市场上流通的主要是各种偿还期在一年或一年以内的短期信用凭证工具,包括商业票据、短期政府债券(国外通常称为国库券[①])、银行承兑票据、大额可转让存单、回购协议等。短期证券持有者遇到资金短缺,便会把手里的票据等凭证工具再转让出去,因而就形成了短期证券市场。在短期信贷市场上银行同业斥放占主导地位,它能够敏感地反映货币市场上的资金供求关系,是影响其市场利率变化的非常重要的市场。

长期金融市场,指融通期限在一年以上的长期金融资产的交易市场。这种市场的特点是用于融资的金融工具偿还期限长、流动性小、风险较大,融通的资金用于长期投资,参加社会化大生产过程,发挥资本的作用,所以长期金融市场又被称为资本市场。资本市场的功能主要表现为通过在初级市场上发行金融工具筹资,从而将社会闲置的储蓄资金转换为长期投资;通过二级市场上金融工具的流通优化资源配置;为投资者和筹资者提供了分散风险的途径;提升了企业的公司治理制度。资本市场由若干子市场组成,包括中长期银行信贷市场、证券市场、中长期票据市场、保险市场、融资租赁市场、基金市场等。其中,长期证券市场主要是股票市场和长期债券市场。长期证券市场是资本市场中最重要、最活跃、最有创新性和影响力的组成部分。

[①] 一般由财政部发行的短期政府债券为国库券,而中长期政府债券为公债,但在我国只要是财政部发行的政府债券,均俗称为国库券。

（二）按照金融交易的性质划分：发行市场、流通市场

金融交易的性质区分，实质上是从金融资产的发行和流通特征作出的划分。发行市场和流通市场是两个不同层次的市场，前者主要是创造新证券的市场，后者是为已发行的"旧"证券提供流动性。

发行市场也称一级市场或初级市场。它是指从事新证券或者票据等金融工具的最初发行所形成的交易市场。有价证券的发行是初级市场上最为重要的组成部分。证券发行市场主要由发行者、投资者、承销者构成。证券的发行者包括政府、银行等金融机构、企业，他们通过向市场提供证券而筹集到所需的资本；投资者是出资购买股票、债券等有价证券的个人或者机构；承销商是连接证券发行者和投资者的发行中介机构，它主要为发行人提供证券发行的咨询服务工作、承购发行者全部或部分新发行的证券、负责向公众分销零售证券等活动，通常由投资银行、证券公司、商业银行、信托公司、保险公司等来承担，在我国主要是证券公司来经营。证券的发行在大多数情况下主要采取发行者委托承销商来发行的间接方式，有全额包销、余额包销、代销。

流通市场也称为二级市场或次级市场，它是首次发行成功后的证券、票据等金融资产在投资者之间相互转让、买卖而形成的市场。其主要功能是为投资者提供流动性，开拓出金融资产转化成现金的渠道（如在二级市场或者是出售证券，或者是抵押证券），这种买卖只是变换债权人，并不影响发行者对资金实际上长期固定性占有，所以，二级市场不能对新投资提供金融支持。流通市场包括交易所市场即高度组织化、有固定场所、严密管理制度的在交易所内证券公开集中报价的有形市场；证交所外交易市场即通过电话、电报、电传等电讯系统构成的、无固定交易场所的无形议价交易市场。

(三) 按照交割方式划分：现货市场、衍生金融工具市场

现货市场是在交易协议达成的同时立即进行交割的市场。在现货市场上，交易通常是以即买即卖的形式出现的。如外汇市场上的即期外汇交易就属于现货交易的一种，这种交易要求买卖双方在成交后第二个营业日办理交割手续。

衍生金融工具市场是以金融远期利率协议、远期外汇合约、金融期货合约、互换合约等金融衍生工具作为交易对象的金融市场。它包括远期合约市场、金融期货市场、金融期权市场、金融互换市场。它是在20世纪70年代以来为规避金融风险才得以发展起来的。其中，远期合约市场以最简单的衍生金融工具远期合约作为交易对象的市场。远期金融合约一般难以进行对冲平仓，90％以上的远期合约到期后都会进行实际的交割，因此，远期合约主要是一种远期购销合同。金融期货市场是以期货合约为交易对象，由期货交易所、期货结算所、期货经纪人、普通交易者联合构成的金融市场。金融期货合约是在远期合约的基础上发展起来的一种由交易所保证的标准化买卖合同。大多数期货合约在到期日之前都被相互冲销，不进行实际的合约资产标的交割，只进行差额结算。金融期货也是防范价格波动风险，发现和形成合理货币价格水平，同时是进行投机活动的重要工具。金融期权市场是各种期权进行交易的市场，是期货市场的发展和延伸。在西方发达国家期权交易已经建立起固定的交易场所，并实现了期权转让合约的标准化。期权合约标明了买方在支付一定数量的期权费（或保险费）后，享有按照约定的价格（即合约的执行价格）在约定的时间内买进（看涨期权）或卖出（看跌期权）相关期货合约的权利。期权交易实质是一种权利的买卖，对于买者支付期权费享有行使或放弃这种交易的权利；对于卖

者只有应期权的购买者要求进行交易的义务,有可能不费任何本金获得相应的期权费收入,也有可能在履行交易义务中招致更大亏损。

(四) 按照交易的对象划分：货币市场、资本市场、外汇市场、黄金市场

货币市场和资本市场的内容在短期金融市场和长期金融市场已有详细论述。在此将重点介绍外汇市场和黄金市场。

外汇市场是以不同国家的货币作为交易对象的场所。包括有形的外汇买卖场所和无形的外汇交易网络。外汇市场的参与者有外汇银行、中央银行、外汇经纪人、进出口商、非贸易的外汇供求者、外汇投机者。狭义的外汇市场称为外汇批发市场,它主要是银行同业之间的外汇交易市场。广义的外汇市场不仅包括外汇批发市场,还包括银行同一般客户之间的外汇交易。外汇市场在金融市场中占有重要的地位。它促进了国际资本的流动,实现了跨越国界的资金借贷融通和债权债务的清偿。世界外汇市场交易额的变化在很大程度上反映了国际资本流动速度的大小,尤其是近 20 年来,主要由商业银行和机构投资者推动的短期国际资本流动的资本交易占据主导性地位。据国际清算银行对世界 43 个主要国家的调查表明,1998 年世界外汇市场日均外汇交易额为 1.5 万亿美元(全年为 540 万亿美元),而与过去进行的调查相比,1986 年为日均外汇交易额 1 880 亿美元,12 年间增加了 7 倍。

黄金市场是专门进行黄金买卖交易的场所。世界上最早的黄金市场产生于 19 世纪初的伦敦。现在世界上已有 40 多个黄金市场,其中伦敦、苏黎世、芝加哥、中国香港、纽约是五大国际黄金市场,它们的市场价格和交易量的变化很大程度上决定了世界黄金市场价格的发展趋势。

三、金融监管和宏观金融调控体系

金融监管和宏观金融调控体系对纠正金融市场失灵,保证金融机构稳健经营,防范与化解金融危机,调节国民经济健康、有序地运行,保证实现经济增长和经济发展的既定目标,都具有极其重大的意义。同时,完善金融监管还能保证国家货币政策和经济金融宏观调控措施的有效实施。宏观金融调控则是政府通过直接(如国有化、政策性金融等)或市场化的间接(市场经济条件下这是主要的方式)手段,对整个金融体系运行的影响来调节宏观经济的运行,直接改变金融体系中的资金配置。金融监管体系由外部监管、金融机构内部控制(内部控制是基础)、金融行业自律(是补充)所构成。一般来说,外部监管是主体,它主要是中央银行及其专门机构通过直接影响金融机构的行为来保证金融体系的稳定和高效,其对资金配置的影响是间接的。各国金融业发展情况不同,因而,各国金融监管和货币政策调控体系也不同。在美国,实行地方监管和中央监管相结合的二级政府管理模式,联邦和各州都有权对金融机构进行监督和管理,同时,每级又有若干个监管机构共同来完成监管任务。以法国、日本为代表的多数发达国家基本实行由财政部和中央银行为主体的中央一级政府机构或者专门的监管机构联合监督管理,如在法国由财政部、中央银行、国家信贷委员会、金融机构同业公会等共同负责。在英国及多数发展中国家则主要由中央银行或者专门的监管机构为主体构成。目前,在发达国家,金融机构运行效率高、金融体系较为稳定,除了有健全的金融中介体系外,还有一个重要的原因是在健全的法律框架下拥有成熟的金融监管体系,有完善和有效的货币政策调控体系和完善、有效的金融风险预警指标体系。在我国,改革开放以后金融业得到了长足的发展,逐步形成了以中央银行和专门的监管机构如证监会、银监会、保监会、国家货币管理局为主体的金融监管和宏观金融调控体系。

第二节 金融全球化条件下金融中介与金融市场的演进趋势

金融中介代表着一种间接的融资方式,其主要特征是通过金融机构实现资金盈余方和短缺需求方之间的资金转移和流动。金融市场则承载着直接融资,主要通过像股票、债券等金融契约的交易来实现资金余缺的调剂和融通。经济发展客观上要求金融组织与金融结构为适应经济体的需求变化做出相应调整,从而引致金融中介和金融市场的演进与发展。

一、金融全球化背景下金融中介的演进趋势

金融中介是指专门从事金融业务的企业,包括众多的银行和非银行金融机构。金融中介的产生与发展是满足经济活动中的支付结算、融资、投资、风险管理等需求,适应商品经济和货币信用发展的历史的和逻辑的必然结果。

金融中介是商品经济和货币信用关系演化发展的结果,在经济发展的低级阶段,银行信用是金融中介活动的主要形式。随着信用关系的长期历史积淀,信用形式已为人们的意识所普遍接受。开发新的融通资金的信用工具成为社会的强烈需求。金融中介是随着社会对金融服务需求的不断成长发展起来,并呈现出多样化和复杂化的组织形态,丰富了金融结构的内涵,推进了金融功能的演进。

早期主要是银行信贷满足了融通资金的需求,随着经济社会向高级阶段的迈进和商品经济的大发展,银行已经远远不能满足社会对金融服务的需求,与此同时,出现了大量满足投资、转移风险、长期融资等多样化需求服务的非银行性金融机构。它们的活动客观上促进了资金在全球范围内的流动和配置。不过,真正突破地域限制具有国际化功能的金融机构出现于 19 世纪后半期帝国主义的资本输出年代。进入 20 世纪 80 年代以来,金融中介机构已成为国际金融市场上的主导力量和操纵者。金融中介机构的不断完善和其功能的不断丰富,新的业务领域广泛拓展,大大推进了金融全球化的发展进程。而在金融全球化的时代,金融中介的这种功能得到了进一步的强化,推动了世界金融中介的继续创新和新型金融中介的产生,也推动了各国金融中介机构的重组。

我们认为,金融中介和金融全球化之间是相互促进,互动发展的。没有金融中介的发展,就没有金融全球化时代的到来,而金融全球化反过来会进一步推进金融中介的发展。

(一) 金融全球化推动了金融中介的重组

金融全球化条件下,金融机构同业竞争压力不断增大,降低经营成本已成为提高市场回报率和在同业竞争中取胜的关键;国际贸易的发展和跨国公司全球化经营要求银行等金融机构能够提供全球性的金融服务;金融全球化的发展使得各国纷纷放松管制,这必然带来银行业的分裂和重组。为此,金融机构必然要进行结构性调整和战略性选择。其中战略性选择包括地理区域的选择(一家银行是在国内还是在国外运营)、组织形式的选择(如是采取多银行的银行控股公司还是跨州或跨区域银行分支网络式的一体化结构)、金融产品的组合战略选择(选择了供应产品就意味着选择了服务供应和风险,所以,它不但是服务供应战略选择,还是风险管理的战略性决策),并形成战略联盟,选择规模经营,将大银行集团重组成许多小银行等等。金融中介的重组,不仅涉及发达国家金融结构、规模、战略的调整,也涉及发展中国家和转轨国家。尤其是转轨国家在适应全球化的进程中经历了两次重大的调整,一次是在计划经济向市场经济的过渡时期,转轨国家建立起了国有银行占主导地位的金融中介体系,另一次重大的转变发生于不断参与经济全球化和建立市场经济体制的进程中,需要建立起民有金融占主导地位的中介体系。这种重组,包括一国范围内的金融机构的调整,也包括跨越国界的跨国金融机构的战略并购或寻找战略伙伴或结成战略联盟等多种形式。

(二) 金融全球化推动了金融中介的发展

这种发展主要表现在:一方面,金融中介只有不断创新,拓展其业务范围,才能增加盈利率,降低交易成本。所谓创新,意味着新的做事方法。孕育并促进金融创新的重要影响因素有金融行业的技术进步、行业的结构(如公司规模)以及竞争力、行业的经济环境、行业的监管环境①。金融全球化与信息技术的飞速发展紧密关联,在金融全球化的趋势下,金融行业的技术变化率有了很大的提高。而金融法律与监管正朝减少限制或保护的方向发展则强化了技术革新,并带来金融服务部门竞争的深化,这必然引发金融中介的创新。此外,世界经济的巨大波动和更多的风险也呼唤金融中介的创新。正是在这种新趋势的推动下,各类金融公司不断开发新的金融工具、改进后台工序、提供新的服务。例如,从 20 世纪 70 年代起,银行

---

① [美]帕特里克 T.哈克等:《金融机构的绩效:效率、创新、监管》,北京:中国金融出版社 2005 年版,第 261 页。

机构(也包括其他一些金融机构)开始从纯粹金融中介向零售服务供应商转变。如有的银行为吸引客户存款,向客户提供系列零售服务如赠送咖啡和面包机等等;一些零售银行业加强了各连锁业务的资产组合,在产品创新上推出了抵押贷款或储蓄存款之类的产品。在零售服务方面,则通过顾客指定的提供方式,向单个顾客销售和提供一系列产品。到了20世纪80年代末、90年代初,金融创新有了新的发展,商业银行、证券公司推出了期货、期权、互换、套期以及其他金融衍生工具,并对传统的工具进行了很大改进,如贷款证券化。

另一方面,新型金融中介适应全球化的需要得以产生。"二战"后在严密的金融管制下,各国金融机构的专业化经营程度不断加强。到了20世纪70—80年代,新技术革命和资本国际化的形成等因素,促使金融交易趋向自由化,同时,适应战后经济发展的需要,各国相应的对金融体制进行了改组和整编。这种变化促使金融业务由"专业化"转向"混业化",多种业务相互交叉,因而出现了大批新的金融机构,这集中表现在非银行金融机构和跨国银行的较快发展上。与此同时,以电子为基础的技术创新,导致了新型电子银行如自动取款机、电话交易、网上交易的产生,电子银行在降低交易成本的同时,也为金融监管和宏观经济决策带来了新的挑战。

另外,金融全球化也是国际金融组织推动下的全球化。国际金融组织提出的旨在推进全球金融自由化的一系列金融中介改革建议和稳定金融体系的多方面金融完善性指标,成为指导各国金融中介发展通行的行为准则,也成为衡量一国金融深化程度以及金融中介与现代全球金融融合深度的重要指标。这些指标实质上是对各国金融中介的发展提出的更高要求。这主要包括:各国金融中介信贷管制的自由化程度,产权改革的私有化程度,金融中介准入的门槛高低程度,金融中介体系本身经营和健全性指数(如资产负债、损益、风险、治理情况)等等。按照IMF(2001)对一些国家若干年份金融中介自由化的研究的结论:从20世纪70年代以来,无论是发达国家、新型工业化国家、发展中国家,金融中介自由化程度呈由低到高的发展趋势。其中,欧美国家早在80年代初就实现了高度的自由化,排在其后的日本以及一些新兴工业国家如韩国等国,在90年代后也达到了较高的自由化(低于前者一个等级),一些具有较大发展潜力的后发大国也在不断放松信贷管制,通过产权多元化的改革逐步在提高私有化的比重。

(三) 金融中介的发展对全球金融运行产生的巨大影响

其一,金融中介演化发展的历史,就是金融机构由简单到复杂的多元化体系不断完善的过程。同时,适应金融业务拓展和金融技术提高的需要,新型金融中介组织层出不穷,金融中介网络及功能跨越国界甚至覆盖全球。金融中介通过影响贸易、投资、汇率,最终促进了资金全球范围内的流动和配置;金融中介危机在全球范围的联动传导,使各国金融活动更加紧密地联系起来,这些恰恰展示了金融全球化的发展趋势。没有金融中介的发展就没有金融全球化时代的到来。因此,金融中介的发展和金融机构的创新将大大推进金融全球化的进程。

其二,金融中介对全球金融稳定运行的影响越来越大。对于金融中介和金融危机的关系,马克思有过经典的论述。马克思认为:"信用制度和银行制度扬弃了资本的私人性质,只是在信用制度和银行制度有了充分发展时,资本的这种社会性质才表现出来并完全实现。银行制度……剥夺了资本分配这样一种特殊营业,(具有)这样一种社会职能。但是,由于这一点,银行和信用同时又成了使资本主义生产超出它本身界限的最有力的手段,也是引起危机和欺诈行为的一种最有效的工具。"①信用制度和银行制度(这是金融体系最本质的规定,笔者加注)得以存在和运行的前提是:信用仅仅是作为对商品内在精神的货币价值的信仰,决不能脱离实物经济,但金融资本家的趋利心、虚拟资本运动的相对独立性却为信用崩溃提供了条件。② 到了当代经济金融全球化的迅猛发展时期,各国经济更是连成了同步性运动的联动化体系。与此同时,在全球金融领域也形成了金融资产价格(或风险)的连动性传导。在这种趋势下,作为国际资本流动载体的金融中介,尤其是跨国化的金融机构,其自身的运行和稳健程度直接影响到各国和全球金融运行状况。这是因为,金融机构业务的全能化和国际化使它们之间存在密切而复杂的债权债务联系,一旦某个金融机构出现问题如金融资产价格发生贬损以至于其不能保持正常的流动性头寸,则单个或局部的金融困难在国际金融资产风险的高度传导下,很快便演变成了全局性的金融动荡(斯蒂格利茨,1993),甚至出现危机在全球范围的迅速蔓延。所以,在金融全球化的时代,防范由金融中介问题引发的危机无论对一国还是全球金融运行都具有重要的意义。通常,引发金融中介问题的原因,主要有金融中介的软预算约束、垄断经营和缺乏透明度、缺乏充分的激励、风险管理水平低下、金融市场基础设施落后。③

---

① 马克思:《资本论》第 3 卷,北京:人民出版社 1975 年版,第 685 页。
② 钟伟:《从亚洲金融危机看当代国际金融体系的内在脆弱性》,载《北京师范大学学报(社会科学版)》1998 年第 5 期,第 63 页。
③ 孙涛:《全球化时代金融中介体系的构建》,北京:社会科学文献出版社 2003 年版。

二、金融全球化背景下金融市场的演进趋势

金融的核心是资金融通,资金的融通必须借助于各种金融契约工具的流通和变现得以进行,这就使金融工具成为一种特殊的商品,即"金融商品"。因此,简单地说,金融市场便是买卖金融商品,实现资金融通活动的场所。在金融市场上,借助于金融工具,由多边资金借贷关系形成的融通资金的供求关系,使资金要素在全社会范围内实现高效的配置。广义的金融市场包括货币市场、资本市场、外汇市场和黄金市场;狭义的金融市场仅包括货币市场和资本市场,甚至专指股票与债券的发行和买卖市场。

金融市场的形成与发展是商品经济和信用制度演化发展的产物。由最初的高利贷等私人借贷的信用形式发展到范围和规模更大的商业信用,再到由专门银行中介机构从事的银行信用,信用形式的这一系列变化对金融市场的形成和发展起到了巨大的推动作用。现代企业组织形式的出现,社会化大生产产生了对资金大规模、灵活及复杂的需求。经济发展的这种客观现实要求金融组织与金融结构适应经济体的需求变化做出相应调整,从而引致一种新型的融资方式的出现,这就是金融市场。

(一)金融市场发展与演进的动因

第一,金融市场的发展是在银行业的发展和推动下成长的,特别是货币信贷市场,它是随着商品经济的发展,促使银行业经历了革命性的制度创新后得以产生。首先是信贷资金的子市场——票据市场的形成离不开银行业的发展。汇票是"意大利人的一个作用

很大的创新"①。票据的出现,一方面,使得非现金结算成为可能,另一方面,它推动了现代意义上银行的发展。然而,最初,票据在发行者和不同的工商业交易者之间转移,随着14世纪早期银行业在意大利的出现,票据交易主要是在票据的发行者工商企业与贴现者早期银行之间进行。票据的贴现等于银行向企业发放了贷款,是企业在市场融资的手段。这样银行业的发展反过来促进了票据市场的形成。其次,信贷资金市场是伴随着银行制度的逐步完善发展起来的。从13—14世纪早期商人银行出现以后,欧洲各国的银行业得到了迅速的发展。1397年成立的梅迪西银行和1407年成立的热那亚圣乔治银行,开创了新式银行的先河。在14世纪,佛罗伦萨、巴迪的银行发展到相当大的规模,还为百年战争的英国融资。15世纪,佛罗伦萨的银行发展到成熟的水平。16世纪后期公共银行相继建立,最早的公共银行是1587年的威尼斯银行。② 在1619年、1688年、1703年,汉堡、斯德哥尔摩、维也纳相继设立银行。1694年英格兰银行成立,标志着银行信用制度的确立,也意味着以银行为终结的信贷资金市场的形成。③

第二,资本市场的形成并非偶然,它是现代化大工业生产力和战争经费的筹措对金融更高需求的产物。由于银行业自身的制度创新仍然不能满足更高层次的金融需求,这种缺陷内在地孕育出了新的金融革命:债券与股票的出现与流通。正如金德尔伯格在金融史中指出"金融革命的实质就在于国债的偿付",其结果"在于资本

---

① [美]金德尔伯格著,徐子健等译:《西欧金融史》,北京:中国金融出版社1991年版,第55页。

② [美]富兰克林·艾伦:《比较金融系统》,北京:中国人民大学出版社2002年版,第23页。

③ 刘园主编:《金融市场学》,北京:对外经济贸易大学出版社2002年版,第23页。

市场的扩大使政府债务具有流动性"①。也正是金融市场这些天生的优点，才更适合新形势下社会大众对资产安全性、流动性和盈利性等多元化要求和投资者对大量融资的需求。但是，在19世纪中期以前，金融市场的发展基本局限于一国内进行，还谈不上全球化的意义。

  第三，社会化生产的不断提高、物质技术交流手段的进步和各国金融自由化改革以及金融市场的不断创新，成为推动金融市场全球化加速发展的巨大力量。19世纪后半期到20世纪初，第二次产业革命极大地提高了社会生产力，帝国主义国家对殖民地和半殖民地输出资本，一些主要国家的金融市场所承载的功能已经超越国内，初步形成了跨越国界的国际金融市场。20世纪50年代以来爆发的信息技术革命，生产力空前提高，尤其是物质技术交流手段的进步和普及，为金融市场的发展和创新奠定了强大的物质技术基础。在这种条件下，一方面是欧洲美元和国际离岸金融市场形成并活跃发展；另一方面，发达国家放松金融管制刺激了金融业的竞争和金融市场的重大创新，如金融衍生资产的交易在世界范围内出现了史无前例的高速增长，金融市场出现资产证券化的重大创新，通过电子通讯手段进行的场外无形市场交易上升为一种趋势。20世纪90年代以来，金融市场全球化趋势的发展更加明显，也正是在这个时候金融全球化进入了新的发展高峰。金融全球化的发展，为各国金融市场的发展创造了良好的条件，并进一步推动国际金融市场走向更高水平。金融全球化与国际金融市场发展的联动关系，推动了二者向更高的层次螺旋上升。

---

  ① ［美］金德尔伯格著，徐子健等译：《西欧金融史》，北京：中国金融出版社1991年版，第227页。

(二) 金融市场发展的新趋势

1. 金融资产证券化的趋势明显增强

金融资产证券化是指在金融资产的交易过程中,传统的不可交易的金融资产的份额相对下降,而越来越多的金融资产转化为可交易的证券,其份额呈现出相对上升且规模不断扩大的趋势。这是由于随着金融业的竞争和发展,部分金融资产的流动性不足的问题日益突出,这就需要对"证券"进行新的金融创新。于是,资产证券化应运而生。因此,资产证券化,实质上是指交易性不强的资产支持证券形成流动性的证券化资产的一种全新的金融创新形式,或者说这是一种更广义的融资制度安排。以贷款资产支持证券为例,它主要是通过把贷款资产作证券化处理后,这样新发行的证券既可以交易,又实现了资金的融通功能,这就是贷款资产的证券化。

资产证券化的发展经历了从抵押资产担保向一般资产担保扩展的过程。在这里被证券化的资产最初主要是为住宅等抵押贷款,它首先源于20世纪60年代美国为解决住宅抵押贷款的流动性不足和经营困难,而将其转化成可交易的证券。20世纪80年代之后扩展到银行信用资产,即银行将其应收账款或放款等较不具流动性的债权资产集中起来,通过证券化处理将其转化成证券,出售给第三者来筹集资金。到1990年底,全美抵押贷款的1/3都已证券化。目前,美国的资产证券化市场已成为美国仅次于联邦政府债券的第二大市场。按照一般规律,随着资产证券化技术和各种资产被证券化的条件的不断成熟,只要资产能够产生现金流,任何金融资产都可以被证券化。

资产证券化近20年来的飞速发展,对金融市场产生了重大影响。第一,它能够实现货币市场与资本市场对接,有效发挥两个市场的作用。对于商业银行来说,拓展了贷款业务并创新了职能,盘活了贷款资产,从而大大提高了商业银行的安全性,同时,它也拓展了投资银行的业务,实现了商业银行和投资银行业务的有机结合。由于把贷款资产转移到资产负债表外,变为贷款资产所支持的资产担保证券,并由众多的个人和商业银行、投资银行、保险公司、贷款服务机构以及机构投资者所持有,增强了贷款资产的流动性,分散和减少了原来贷款由银行单独承担所可能引致的各种风险;而银行将贷款资产出售给从事资产证券化业务的投资银行,则赋予商业银行新的职能,即商业银行具有传统的"资金出借者"和现代"资产出售者"的双重职能,银行因而提高了资本资产的比率或者摆脱了呆账困境。第二,资产证券化还可以优化资源配置、促进产业发展、强化银行监管。因为资产证券化使得银行不仅可以实现初次贷款,而且通过贷款资产的出售,很快可以实现再贷款,从而促进产业的发展,特别是房地产业的发展;另外,银行贷款资产的证券化,没有其良好的信誉作为隐性担保时无法可持续发展,这在一定程度上强化了对银行的监管。

2. 机构投资者成为金融市场的主体

这是指在金融市场的投资者中,机构投资者所占的比重快速上升,在世界各国或者全球金融市场中发挥着日益显著的主导作用,机构投资者与商业银行一样成为决定短期国际资金流动方向和规模的基本力量。美国居民个人金融资产的2/3由机构投资者负责管理和投资。许多经济发达的国家机构投资者拥有的资产规模相当于商业银行,在一些国家(如美国)已经大大超过商业银行。机构投资者管理的资产总额规模,在美国相当于国内生产总值的227%,管理着超过13万亿美元的资产;日本相当于97%,管理着4万亿美元的资产;法国相当于91%,英国相当于193%,欧洲总共管理着7

万亿美元的资产。①

机构投资者指筹集大量资金投资国内外证券市场,以实现资金的保值、增值、变现为目的的机构大户。关于机构投资者构成内容详见第三节。这里重点阐述投资机构化趋势不断发展对金融市场产生的深刻影响。这表现在:其一,机构投资者在知识、信息、技能方面的专业化优势和投资策略理性化行为,实现了投资资金的合理配置,强化了投资的责任和风险管理意识。其二,机构投资者的频繁交易,加强了金融市场的流动性,同时在不同金融市场的投资推进了金融市场的一体化进程。其三,机构投资者与资本市场的发展密切相关,他们的存在推进了金融创新,使得金融市场交易日益复杂化和成熟化。另外,机构投资者在企业中地位的增强,有助于企业公司治理结构的优化,加强对企业的外部约束管理。

3. 金融创新趋势

自20世纪60年代以来,金融市场呈现出强劲的金融创新潮流。20世纪60年代的金融创新主要是避管性金融工具的创新,如欧洲货币、欧洲债券;70年代是转嫁风险性金融工具的创新,如浮动利率票据、货币远期交易及金融期货等;80年代主要是新的融资方式和防范风险性金融工具的创新,一方面资产证券化得到了飞速发展,另一方面出现了互换、期权、远期利率协议。90年代以来,各国普遍放松金融管制,加快金融的市场化和国际化步伐;在国际上分业经营模式被打破,而银行、证券、保险、信托等金融机构转向跨行业的混业经营,传统的商业银行业务职能走向异化。同时,已有的金融创新的各种工具得到了进一步的规范和充分的发挥,新的金融创新

---

① "Schools Brief 3: Moneyed Men in lnstitutions", *The Economist*, November 6, 1999, p.93;王国刚主编:《全球金融发展趋势》,北京:社会科学文献出版社2003年版,第25页。

仍在持续。

金融创新推动了金融市场的迅猛发展,从而使金融市场呈现出广泛性、多样性、多层次性的特征。这就是说,金融市场的分支市场应有尽有,出现了货币市场、股票市场、债券市场、黄金市场、票据市场、外汇市场、商品市场、期货市场、期权市场、金融互换市场等等。尤其是伴随着金融创新,在货币市场、外汇市场、资本市场各种传统金融市场基础工具的基础上,派生出各种金融市场衍生工具,金融衍生工具市场的创新已经成为金融市场创新的显著特色。据有关资料显示,金融衍生资产交易的国家由 1980 年的英、美两个国家扩展到现在的 20 多个国家,交易的品种由原来的 20 多种增加到现在的 1 200 多种。此外,在资本市场上,创新出满足不同企业需要的多层次的资本市场体系,如美国有大公司上市的纽约股票交易所、成长性的中小企业的纳斯达克、风险资本市场等等。

4. 金融全球化趋势加强

所谓全球化的趋势,既是金融交易地域意义的扩张,又是各国不同金融市场、金融制度之间的结构性整合,也是金融机构之间的兼并重组、证券交易所的联网与合并、区域货币联盟及金融机构之间的全球合作等①,最终应该是趋向于没有国界的全球规模的金融市场。在这里资本可以在世界各地不断流动,全世界的银行和投资家可以自由参与,各国开放金融市场,放开资本项目的管制,资金进出简便,基本不存在监管机构和正规管制,金融机构内在的市场化监管成为其运行约束机制,能够安全地执行交易且费用低廉,市场之间的联动性强和一体化程度高,资产变现容易。目前,世界上绝

---

① 姜学军等:《金融对外开放与监管问题研究》,北京:中国时代经济出版社 2005 年版,第 61 页。

大多数国家的金融市场日益开放,包括拉美、东亚国家或地区、东欧等转轨国家在内的很多国家逐渐拆除了阻碍资本国家转移的壁垒,世界资本自由化获得很大的进展,金融市场全球化的趋势日益明显。特别是金融业务网络交易的普及,缩短了国际金融市场的距离,越来越多的证券公司通过因特网 24 小时不间断地在世界主要市场从事证券买卖业务,金融市场全球化的发展速度高得惊人,已远远超过人们当初的设想。例如,在美国股票市场上,通过因特网的股票交易已经占到总交易量的 1/3 左右,而且这一比例仍在急剧增加。

欧洲货币市场①是最具全球性意义的金融市场,目前,伦敦是世界欧洲货币市场的最大的中心,伦敦银行间同业平均拆借利率,发挥着世界金融市场上"基准利率"的作用,其他世界浮动利率都是在此基础上形成的。同时,欧洲货币犹如巨大的蓄水池源源不断地为全球规模的金融交易提供资金。欧洲债券市场是世界各地最大的债券交易场所。由于不存在监管机构的正规管制,其首次发行(20 世纪 60 年代)就超过了非本地居民以当地货币发行的债券即外国债券。其发展速度惊人,到 1998 年低,欧洲债券市场累计发行的债券余额达到了 4.1212 万亿美元。欧洲银团贷款②市场是全球性金融市场的重要组成部分,主要以大规模的中长期融资为主,从 1969 年有 22 家银行参与的为意大利政府提供 2 亿美元融资始,到 1998 年

---

① 欧洲货币市场,此处欧洲不是一个地理概念,是货币发行国外部的意思;这里的货币是各个国家的货币(并非现金,主要是银行定期存款)被从本国银行向国外银行转存的存款。借助于这个市场可以自由地将本国的货币存款转移到外国的银行,同时也可以从外国的银行筹措本国的货币资金。同样,下面的欧洲债券是在某个国家发行的外币债券。

② 欧洲银团贷款是以欧洲货币为贷款资金的银团贷款,它一般是由受借款企业委托的大型银行牵头,多家银行(涉及多个国家)合作进行的大规模融资。

9月银团贷款累计余额达到了近3万亿美元。此外,全球性金融市场的新形态如美国预托证券①市场的迅速扩大,成为促进20世纪90年代股票市场全球化发展的新因素。美国预托证券市场是在美国出现的衍生证券市场。美国预托证券市场现在正在急速地膨胀,且得到大规模的发展。据资料显示,其年交易额1999年增大到1992年的5.5倍,市场规模尽管小于本国股票市场,但远远大于发展中国家的股票市场,与1998年日本股票交易额相差不大。②另外,美国的证券市场尤其是美国政府国债市场,也是高度全球化的金融市场。这是因为,美国国债市场各种国债为世界上各种类型的投资人和机构所持有,尤其是成为各国政府持有美元外汇储备的主要资产形式。美国的短期国债又被称为现金和存款之外安全性和流动性最高的金融资产,被世界上众多国家的机构和投资人作为代替现金的"流动性资产"来持有。美国政府的债券尤其是短期债券的利率,成为世界固定利率的标准利率的基础,是评价世界上以固定利率发行的存款和债券信用等级的标准。

第三节 金融中介与金融市场的功能界分与融合

A. D. 贝恩(Bain)认为,金融机构和金融市场组合成的网络便是金融体系,其最基本的功能是提供各种支付,更广泛的目标是满足

---

① 以美国之外国家的企业(如中国、日本的企业)发行的股票作为抵押,预托给美国国内的投资银行,让其为自己新发行类似股票的美国预托证券,该投资银行将这种美国预托证券推销给美国国内的投资者,这样,被发行的美国预托证券就可以与通常的美国企业股票一样在投资者之间被买卖。从而国外企业就可以在资金充裕的美国市场筹集资金了。

② [日]高天太久吉著,孙仲涛等译:《金融全球化十大热点问题》,北京:中共中央党校出版社2005年版,第24—29页。

整个社会的储蓄和投资需要。金融机构通常又称为金融中介。在市场经济中,由以银行为代表的金融中介提供的债务融资和由金融市场提供的股权融资,作为现代金融体系的两个基本方面,彼此既能相互独立地发挥作用,又相互补充,互为促进,简单的相互替代已远远不能满足金融经济发展的需要。一些实证资料表明,随着经济的发展,银行信贷规模和股票市值越来越呈现出良性互动。一方面,银行信贷规模越大,股票市值也越大;另一方面,股票市场流动性越高,银行体系越深化,资本积累和经济增长的速度也越快。

一、金融中介和金融市场的功能界分

金融体系依靠金融工具发挥功能作用,金融工具的增加与金融体系的发展一脉相承。兹维·博迪和罗伯特·默顿将金融体系的功能归纳为六个方面:在时间和空间上转移资源;提供分散、转移和管理风险的途径;提供清算和结算的途径以完成商品、服务和各种资产的交易;提供集中资本和股份分割的机制;提供价格信息,帮助协调不同经济部门的决策;提供解决信息不对称带来的逆向选择和道德风险的方法。[①] 在借鉴众多学者研究的基础上,我们将金融体系的基本功能概括为以下几个方面:

第一,集中、配置、再配置金融资源。这主要是金融体系通过多条渠道将居民的剩余资金集中起来,实现资源在不同时间上的分配(如将短期资金转化为长期资金来使用)和不同地区之间的转移。金融体系的再配置功能实现了各种金融资源的相互转化,特别是为资源的持有者提供了流动性的便利。一般来说,证券市场的再配置

---

① [美]兹维·博迪、罗伯特·默顿:《金融学》,北京:中国人民大学出版社2000年版,第24—30页。

能力高于银行。

第二,提供分散、转移和管理风险的途径。由于未来结果的不确定性,人们借助于金融中介机构如保险公司可以分散风险,通过买卖金融期货或期权合约规避和对冲风险。

第三,支付结算和清算。货币的出现大大便利了买卖双方的交易效率,金融体系的发展又提供了更为方便的清算支付方式,如支票、信用卡、电子货币等。

表 2-1 金融中介和金融市场的功能比较

基本功能	金融中介(银行为主要代表)	金融市场(证券市场为主要代表)
支付结算	主要由银行承担	中央银行、商业银行及其他结算性金融机构(如中国的人民银行支付系统、中央托管结算公司等)
集中和配置资源	间接融资,实现社会储蓄向投资的转化 1. 适宜为相对成熟的产业或企业融资 2. 大银行更愿意为大企业融资,中小银行适宜为中小企业融资	直接融资,实现社会储蓄向投资的转化 1. 适宜为高技术成长中的创新性企业或风险项目融资 2. 主要为大型企业融资服务,中小企业的融资成本太高
资源的再配置	银行贷款的再流动性很低,再次配置发生很少	市场的流动性强,资源的再次配置普遍发生
风险管理	1. 能够更好地实现在一定时期内的代际财富转移和跨时风险分担 2. 主要承担着各种风险管理手段的提供 3. 在应对各种风险的策略上:A 流动性风险采取分类贷款;B 系统性风险采取跨时风险分担;C 非系统性风险采取分散贷款	1. 解决某个特定时点上的跨部门风险分担更为有效 2. 风险管理上灵活性高,不断创造出新型市场实现风险的转移 3. 在应对各种风险的策略上:A 流动性风险采取证券买卖;B 非系统性风险采取证券组合;C 基本不存在系统性风险

续表

基本功能	金融中介（银行为主要代表）	金融市场（证券市场为主要代表）
监督和激励	1. 为众多分散的资金供给者（储户）间接节省了信息获取和实施监控的成本，监管来自银行而不是储户 2. 靠事前的资金投向选择和事后的经营监控达到公司治理的内部自治	1. 直接为众多分散的资金供给者提供低成本或免费信息，监督来自众多投资者 2. 公司治理靠外部接管、股权和债权的选择和再选择达到外部的监督和内部的激励，尤其对企业管理层有较强的外部约束
提供信息	1. 能够提供一些有关利率和汇率的信息，但很多信息垄断性强 2. 信息不对称相比较小，基本能被控制在一定范围内	1. 信息的开放透明性如股票、债券等各种金融工具的价格和公司财务信息易获得 2. 信息不对称对融资决策产生了较强的逆向选择和道德风险的不利影响
金融创新功能	金融创新性较低	金融创新激励是市场的优势

本表是作者整理而成，其中部分观点参考劳平：《融资结构的变迁研究》，广州：中山大学出版社 2004 年版

第四，提供金融价格信息。金融系统通过各种途径，提供了大量的金融资源信息，如汇率波动、债券价格、利率、股市行情等。这些信息为资金的盈余者和短缺者乃至宏观分析提供投资决策、经营决策的依据。

第五，监督和激励功能。如银行出于对资金安全的考虑，具有足够的动力监督企业的经营；在金融市场上股东通过"用脚投票"和"用手投票"加强对企业的监督激励。金融部门通过各种方式监督和规范金融资源的使用者，以避免资金的损失或激励资金获得更大的边际收益率。对信息不对称带来的逆向选择和道德风险，银行可以建立起一套甄别机制进行信贷配给，防范贷款的逆向选择，通过

加强跟踪客户的资金使用投向防范道德风险。

以上介绍的仅仅是金融系统的基本功能,随着金融中介体系和金融市场活动的发展,金融系统的功能也不断得以延伸和完善。

在金融系统的发展中,作为构成金融体系重要组成部分的金融市场和金融中介,其发挥的功能作用除了具有金融体系功能的共性外,在不同时期和不同特征的金融体系中,金融中介和金融市场又显示出了各自独特的优势和具有个性化的功能。一般的,金融中介体系以银行为主要代表,金融市场以证券市场为主要代表。

以上我们对金融中介功能和金融市场功能做了简单的界分,从中可见,金融中介和金融市场各有自己的优势。那么,金融中介和金融市场究竟谁优谁劣?理论界和政策部门对于"金融中介功能优于金融市场功能,还是金融市场功能优于金融中介功能"存有争论。我们以为,这种单纯功能意义上的争论是毫无结果的。事实很清楚,在完备的条件下,金融中介和金融市场各自履行的功能,都各有优势,也各有相应的劣势;但是,如果金融中介或金融市场发育不足,其功能优势就不能有效发挥,即金融中介的功能优势必然建立在金融中介充分发展的基础上,同样,金融市场的功能优势也是如此。

二、金融全球化背景下金融中介和金融市场的相互融合趋势

(一)金融中介和金融市场各有其比较优势

金融体系功能说认为,金融中介提供的产品具有个性化的设计,能够量体裁衣满足不同消费者的金融需求,尤其是特殊性的需求,这一特点决定了其主要服务于少量的客户。金融市场提供的产品具有公共性、大众化的设计,这一特点决定了其交易对象是标准

化或者成熟的金融产品,主要服务于大量客户。

金融中介和金融市场各有其内生形成上的独特优势。金融中介的最大优势是提供流动性。正如杜塔和卡普尔(1998)指出的,人们的流动性偏好和流动性约束导致了金融中介的形成。DD[①]模型则揭示了来自不确定性的流动性需求,使金融中介作为流动性蓄水池,在很大程度上降低了交易双方的流动性风险。这也是金融中介相对于金融市场存在的意义。对于金融市场的内生形成,布特和塔克尔(1997)认为是信息获取或信息汇总的优势导致了金融市场的形成。正是金融市场直接为众多分散的资金供给者提供低成本或免费信息,为投资者提供了多样化的选择机会,同时,投资者股权或债权的变动就是一种很好的监督,而且监督成本也较低。因此,信息优势或市场运行成本优势是金融市场相对金融中介的独特优势。

在风险管理和资源配置方面,金融中介能让家庭储蓄平滑跨期消费,企业能够平滑跨期支付,实现了资源的配置和风险的跨时分担;而金融市场则将家庭储蓄流向企业部门,并能够同时在不同企业之间配置投资资金和转移风险。[②] 也就是说,金融中介为家庭实现了远离市场定价的资产价值的波动,而市场在为家庭带来波动的同时,也提供了灵活的横向风险分散化策略和多样化金融衍生工具以备风险转移。

在克服信息不对称带来的市场失灵方面。银行中介和市场均来自"失灵"的困扰。然而,金融中介较金融市场在处理不对称问题

---

① 该模型认为银行的功能是将不具流动性的资产转化为流动性资产,同时,也正是这个功能,银行内在的存在受到挤兑的压力,所以也被称为纯粹恐慌的或自我实现的银行挤兑模型。

② [美]富兰克林·艾伦等:《比较金融系统》,北京:中国人民大学出版社2002年版,第4页。

上更有主动性优势,如采取信贷配给和事后监督实施有效的干预;金融中介还可以签订长期激励合约、减少代理成本,甚至还能复制市场的某些功能,解决失灵问题。市场在信息不对称上不能很好地解决,难以显示优质和劣质公司,以及信息显示上的错觉,使投资者的资金一定程度上远离金融市场。据资料统计,在美国 1970—1994 年的直接融资中,依靠股票和债券的发行获得的资金不足 50%。另外,金融市场中的股权融资也遭受信息不对称难题的困扰,由于层层委托——代理关系的存在,损害股东利益的事时有发生,使金融市场的融资交易受到很大限制。

(二) 从静态视角看金融中介和金融市场的竞争与抑制

金融中介和金融市场是各自具有其完整功能的金融体系组成个体,且在履行金融系统的基本功能方面面临着共同性任务,这不免会出现两者在功能上的相互抑制,从而,抵消金融中介或金融市场中部分功能的有效发挥。在金融体系发展的历史中,那些金融中介体系比较发达的国家(主要是银行中介),其金融市场的功能受到很大的限制,使本国的金融系统更多地依赖金融中介,金融市场的发展相对弱化,德国即是如此。默顿(1995)的研究表明,近年来由于技术进步和市场交易成本的下降,传统的金融中介的某些职能逐渐被金融市场所替代,二者在金融产品的提供上表现出了强烈的竞争,甚至金融市场的发展在一定程度上挤占银行等金融中介的资源。为此,金融中介不断创新金融产品,金融市场也在加强市场创新,都试图获得更多的"资源"。但是,默顿并没有局限于传统的竞争和相互抑制的框架,而是在承认竞争的前提下,更多地看到在高度发展的商品经济中,金融中介和金融市场二者越来越表现出竞争中共存,互补性越来越强的状态。例如,金融市场的发展离不开金融中介提供创造性的新金融产品,而金融中介的创新同样也离不开金融市场需求环境的不断发展。更进一步说,单纯发展某一个部分已不足以支撑整个金融体系服务现代市场经济的需要。

(三) 从动态角度看,金融中介和金融市场之间的螺旋式循环显示出相互融合的趋势

默顿将金融中介和金融市场放在具有内在联系的逻辑链条上,两者的螺旋式循环表现出相互融合的趋势。也就是说,从动态发展的角度看,金融中介和金融市场在金融职能和业务领域是相互促进、互相补充的,二者交叉重叠,共同推动了金融产品多样化,并使金融结构复杂化。其原因在于金融中介是金融市场重要活动主体,金融中介业务扩展的需要,金融市场对金融中介在人才、技术、信息、资本方面优势的认同,使得金融中介从传统的"存、贷款中介"在很大程度上转化为更为宽泛的或者广义的"金融市场交易中介"。金融市场发展给金融中介提供了新的业务空间,金融中介成为金融市场的重要服务方和供应商。

默顿还认为,当金融中介推出的个性化产品被大多数人所接受,金融产品就会由中介业务转变为市场业务;之后,金融中介再次推出新型金融创新产品,以后交易对象也再次发生"场地"的转移。在金融中介和金融市场互动式的螺旋式的演进中,反映出了金融分工的专业化发展到一定程度,必然要重新调整、整合资源,再开始新一轮的分工。如此类推,将金融体系推向理想的效率状态。这是因为,金融市场具有大众化特点,当金融中介设计出新型金融产品,业务量增加后,也在刺激金融市场推出适合新型产品的新型交易市场,满足多数交易者对新型金融产品的需求,进一步扩容自己的业务,从而使新型金融产品的交易成本迅速下降,迫使金融中介进一

步开发出更多的新产品和交易策略,又导致更大的交易量,这种连锁反应循环往复,推进着金融中介向更高级的功能转化,也使金融市场向动态完美境界演进。

总之,在金融全球化的时代,金融中介和金融市场除了为金融功能的发挥提供了多种不同的途径外,二者在功能上更趋向于相互补充和相互融合,即金融中介有助于弥补金融市场存在的市场失灵;金融市场可以促进新的金融中介的产生和发展;金融市场的发展,保证了价格信息传播的畅通、真实有效,良好的市场信息环境大大提高了金融中介的效率和竞争力。更为重要的是,金融中介和金融市场的融合催生了金融宽度理论。即一国要拓展金融宽度,协调发展金融中介和金融市场,这必然使竞争性的市场结构和多样化的金融工具成为金融体系的主要特征。这一方面可以促进金融深化,推动金融资产多样化和金融中介的多元化;另一方面多种融资渠道和融资工具满足市场经济主体对资金的需求。最后,多种功能作用的发挥能够增强经济抵御风险和危机的能力。

第三章
金融全球化与转轨国家金融自由化联动效应

在经济金融全球化迅猛发展的时代,由于世界各国经济联系越来越紧密,经济相互依存度不断提高,经济全球化特别是金融全球化与转轨国家经济和金融的联动关系和相互传导机制的作用更加明显,而且,这种联动关系伴随着各国金融开放的扩大呈现加速发展的趋势。一方面,金融全球化将发达市场经济国家先进的金融技术、金融制度和金融产品甚至金融风险等传递给转轨国家,推动转轨国家的金融改革进程;另一方面,转轨国家的经济、金融发展与波动也将影响到发达国家以及全球金融一体化的发展。

在经济金融全球化迅猛发展的时代,由于世界各国经济联系越来越紧密,经济相互依存度不断提高,经济全球化特别是金融全球化与转轨国家经济和金融的联动关系和相互传导机制的作用更加明显,而且,这种联动关系伴随着各国金融开放的扩大呈现加速发展的趋势。一方面,金融全球化将发达市场经济国家先进的金融技术、金融制度和金融产品甚至金融风险等传递给转轨国家,推动转轨国家的金融改革进程;另一方面,转轨国家的经济、金融发展与波动也将影响到发达国家以及全球金融一体化的发展。

第一节　金融全球化与转轨国家金融自由化的联动关系

一、金融全球化与转轨国家金融自由化的内在联系和互动关系

(一)金融自由化作为不可逆转的潮流继续向前发展

金融自由化是金融全球化趋势的重要表现之一,也是金融全球化趋势快速发展的重要原因之一。在20世纪90年代之后,金融自

由化作为不可逆转的潮流继续向前发展。按照李扬(1999)等的研究,全球金融自由化构造了一种真正的金融活动的全球性制度基础。金融自由化始于20世纪70年代,无论是发达国家还是发展中国家都加强了本国金融体系对内对外开放的步伐,这种开放是适应现代市场经济发展要求的必然选择。

金融自由化以前,在发达国家从20世纪30年代以来普遍存在加强对金融业监管的趋势。然而,金融管制给社会带来的额外成本是很大的,如道德风险成本,遵守有关监管而承担的守法成本,因监管达不到应有的规模造成的经济福利损失的成本,因保护落后造成的阻碍变革的成本。同时,由于一些法规对金融机构的活动的限制,金融机构的正常运行受到威胁,金融机构出现"脱媒"的现象,尽管货币当局为此对一些限制性规则做了保守性调整,但仍然不能阻止资金从金融机构向金融市场流动的潮流。20世纪60—70年代信息经济学应用到金融领域,给金融监管带来全新的理念,它不否定监管,但否定那种划分具体活动范围、种类、条件的管制,认为监管的目的主要是保证信息的可得性、透明度、可靠性,从而防范金融风险;强调政府的干预作用,主要是为金融体系的运行提供稳健而富有活力的金融制度。为此,发达国家放松对金融机构管制,推进金融自由化发展。在发展中国家则存在较为严重的非市场机制手段管理金融部门的现象即"金融压抑",从而造成了货币化程度低、金融市场落后或者根本就没有资本市场、金融行为被严重扭曲、金融制度的双重性等特征,这种压抑带来的成本在经济转向全面发展时期越来越高,成为阻碍本国经济进一步发展的重要因素。从国际因素看,世界经济全球化的大趋势和布雷顿森林国际货币体系的瓦解,政府全面管制金融的格局受到巨大冲击。正是在这种背景下,掀起了全球范围的金融制度的调整。因此,我们以为所谓金融自由化，就是要改变原有的对金融体制实施的限制，通过让市场力量发挥更大的作用，从而实现金融素质的提高和金融作用的增强，这两个目标的实现就意味着实现了金融深化。反之，虽然推行金融自由化改革，但并未实现金融深化。由于发达国家经济金融发展水平较高，而大多数发展中国家的金融业发育不足，因而，对发达国家来说，金融自由化主要体现为放松管制不断进行金融创新；而对发展中国家则体现为消除"金融压抑"，即放开利率、汇率的限制以及信贷管制，消除金融业进入壁垒，允许金融业民营化发展，实现银行业自律管理等，并进行适度的金融创新。

金融自由化要求打破传统的金融管制，建立更加开放和更具活力的金融体制。这表现在：各国纷纷打破金融机构的市场准入，包括打破对外资金融机构的限制，并在经营业务范围、机构设置的地区限制以及金融服务价格形成和货币兑换等问题上打破政府管制；相应地建立起经营业务自由化，经营活动跨地区化，货币自由兑换，允许外资金融机构能够享受国民待遇，形成国内外多种金融机构相互竞争、利率和汇率自由化、金融市场自由化、资本流动自由化的格局。这是发达国家和发展中国家金融自由化改革的必然趋势。纵观各国金融改革的实践，在20世纪70年代后期到80年代，出现了金融自由化改革的第一次浪潮；20世纪90年代以来，更多的国家参与其中，出现了全面、深入的金融自由化改革热潮。

发达国家金融自由化改革的主要表现：第一，20世纪80年代，放松了对国内外金融机构的限制性政策，相互之间扩大了市场的开放，但原有的自由化目标没有完全实现，在一些国家仍然保留较多的限制。只是一些以"大爆炸"方式放松管制的国家这一阶段达到较高的自由化程度。第二，20世纪90年代以来，发达国家金融机构的定价权、经营范围、地域范围等方面的限制进一步被弱化甚至取消,国内金融机构间的竞争有新的提高,进一步对外资金融机构开放国内市场,同时,政府企业的非国有化和股份化以及机构投资者的发展,大大推进了发达国家资本市场的发展。在此基础上,发达国家在自由化进程中寻找新的形式,以期在广度和深度上有新的突破。下面以主要发达国家为典型论证这种发展进程。

以美国为代表的全面而渐进的自由化改革。早在20世纪70年代初就对限制商业银行的《Q项条例》做了修正,随着金融创新和金融环境的变化,促使美国在1980年通过了《存款机构放松管制和货币控制法》,从而开始了美国金融自由化改革的第一步。该法逐步放宽了美国金融机构的贷款业务范围,如美国贷款协会的贷款业务从原来的抵押贷款领域拓展到允许其资产的20%用于消费贷款,商业票据和债券投资;该法承认金融机构已经存在的金融创新工具;该法规定分阶段取消存款利率的最高限制。然而在美货币市场基金继续迅速增长的情况下,由于Q管理条例的最高利率限制,导致美国大量贷款协会和互助储蓄银行存款流失,甚至出现倒闭现象。迫使美国在1980年银行立法的基础上通过了《1982年存款机构法》,进一步放宽了存款机构经营的限制与领域,在增强美银行业竞争性的同时,也放开了保护措施,增加了存款机构倒闭的可能性。但在整个80年代Q管理条例有关利率限制问题仍然没有最终从法律上取消。80年代末期通过的金融管理立法规定联邦储贷保险公司的职能交由美联邦存款保险公司,整个80年代美联邦存款保险制度并没有重大的变化。金融业的分工只做了片面的调整,商业银行仍不能从事证券、保险及货币市场互助基金等许多金融业务,而非银行金融机构依据新颁布的法令逐步侵蚀商业银行的经营活动领域,同时,跨州经营、银行与工商企业合并、银行投资工业企业等诸多方面仍保留较多限制。总之,80年代的金融自由化改革刺激了银行业的竞争和非银行金融机构的经营能力,美国处于放松管制,鼓励竞争的历史阶段。但是,金融体制和金融监管体制及其立法基础并未发生根本性变化。80年代末的银行业危机,对美国金融自由化改革提出了更深层次的要求。进入90年代,美国首先通过了《1991年联邦存款保险公司改进法》,对联邦存款保险和管理体系进行了根本性的改革,如提高了联邦存款保险公司借入资金的限额,允许其收取更高的保险金;减少存款保险公司的承保范围,授权其更积极更果断对出现问题的银行进行干预与纠正活动,要求其根据银行的风险水平来决定保险金,要求管理机构加强对银行经营的监督管理。对于分业经营问题,经过长期的争论,最终于1999年通过《现代金融服务法》,从法律上确立了金融机构混业经营的地位。

　　以澳大利亚、新西兰为代表的发达国家在较短的时间进行了迅速而全面的金融自由化重构,这一改革基本在80年代就实现了预定的目标。例如,在澳大利亚,1980年之前是管制甚严的国家,从1980取消存款利率的最高限制开始,到1985年就取消了或放松了所有金融管制措施,对内放开金融活动限制,对外开放金融市场,到1989年就转变为金融管制最松的国家之一。此外,英国和德国同样采取迅速的方式推进证券市场的国际化和多样化。德国通过扩大外资银行在证券上的发行权力、发行种类以及引入新的金融工具,在80年代仅用几年的时间就提高了本国金融市场的国际化程度。在英国通过"大爆炸"的方式,在1980年废除了证券市场固定佣金制,允许证券商同时从事自营和代理业务,有史以来破天荒扩大外资金融机构在证券市场的活动权力,如允许外国公司100%收购交易所的会员公司等。进入90年代以来,英德等许多发达国家加快了政府企业改制,通过将政府企业非国有化和股份化,大量培育公众投资;通过各种优惠政策,大量扶植机构投资者;

进一步对国外金融机构开放市场。这些措施大大促进了本国资本市场的自由化程度。

发展中国家的金融自由化改革主要表现在：20世纪70年代中期到80年代初，大部分发展中国家对外资银行的态度是限制性利用，这里既有市场准入的限制，也有经营业务和区域的限制；而在拉美等一些南锥体国家，则成为世界上最早实践全球化的地区，尤其是其早期成效在理论和实践上推动了全球化在全球范围的发展。到了80年代，国际资本的大量流动和跨国公司对外投资的剧增以及亚洲新兴工业化国家利用外资（包括外资金融机构）的成功经验，促使大多数发展中国家变原来限制外资和国外金融服务机构为积极引导跨国公司资本投入，把国外金融服务的引进作为对外开放的重要方面，并逐步缩小或取消本国金融机构享有的垄断权。其中，东亚和东南亚新兴市场化国家的金融自由化改革引人注目。20世纪80年代末到90年代，包括转轨国家在内大多数发展中国家的参与，极大地推动了亚洲、拉美地区新的金融自由化浪潮。各国通过民营化和非国有化经济的急速发展，加快国内经济的市场化、自由化改革进程；进一步扩大对外资和外资金融机构的开放度，如开放更多的国内部门，扩大外资的持股比重，放松外汇管制，接受经常项目下货币可兑换的国家由80年代的16个增加到90年代的74个。尽管1997年一些发展中国家遭受了金融危机的冲击，但金融自由化总的趋势依然继续向前发展。下面重点分析拉美和东亚的金融自由化进程。

拉美是发展中国家最早实践金融自由化改革的国家，主要实行了两次大规模的金融自由化改革。第一次在1975—1981年期间，之后因债务危机几乎陷于停滞。这次改革只有少数国家参与，但对全球金融自由化发展的影响意义重大。其主要措施为：放松利率管制,降低银行储备金比率,降低进入金融业的壁垒,取消定向贷款,大幅度减少对银行信贷的限制,对一些国有银行实行私有化。这次金融自由化在一定程度上减缓了"金融压抑",但也产生多方面的副作用,如金融资产价格出现较大波动、金融风险和银行坏账大幅增加、国民经济因外债负担陷入危机。第二次主要从1990年开始,1995年左右达到高潮。这次金融自由化几乎涉及拉美所有国家,在自由化的深度上有新的拓展,除了采取一般意义上的放松利率、银行贷款限制,降低银行准备金等外,更为重要的是:第一,实施了更大规模、更为迅速的金融服务业私有化改革。据美洲发展银行统计,1990—1995年拉美国家从金融服务业私有化中(银行私有化是主要组成部分)获得的收入占拉美私有化总收入的1/4。第二,积极引进外国银行参与本国金融中介重组。第三,修改银行法,把增强中央银行的独立性作为金融自由化的重要组成部分。拉美90年代实施的金融自由化,在一段时间内对本国产生了积极的效应,如银行的经营状况大大改善,竞争力得到提高,新型金融服务被大量引入,一些金融服务和消费理念得到普及,资本市场也得到了快速的发展,同时,为本国经济的发展提供了大量的贷款和其他融资。这种积极的影响也证实了发展中国家金融体制改革和推进"金融深化"的做法是十分必要的。当然,两次金融自由化也带来了这些国家银行危机的频频爆发,银行部门的不稳定和脆弱性明显增加。可见,在推进金融自由化的同时,加强政府对金融体系的监管以最大限度地减少金融风险成为它们迎接金融全球化挑战的新课题。

(二) 金融全球化与转轨国家的经济和金融具有内在联系和互动关系

波兰著名学者格泽戈尔兹·W·科勒德克指出:"在全球经济一体化的时代,转轨过程也是全球化的一个十分重要的部分。"他认为,经济全球化已经不能再用商品的全球销售或大众文化产品的全球传播来衡量,也不再限于从世界各国向正在开放的经济输入工业机械产品,经济全球化已经走得更远,它与转轨国家经济(他称之为"后社会主义新兴市场")紧密相连。[①] 20世纪90年代以来,经济和金融愈加相互渗透、相互促进、相互制约,成为一个整体,社会资产和经济关系日益金融化,人类进入了金融全球化的时代。也正是在这个时期,原计划经济国家由于经济发展的低效率和计划经济体制改革的失败,相继放弃旧有的体制向市场经济转轨。无论是金融全球化还是转轨国家进行经济转轨,都是以寻求进一步的优化资源配置和提高经济的运行效率以及实现经济发展和社会福利的增长作为共同的目标。正因为两者有共同点,才能产生内在联系和互动关系。

金融全球化与转轨国家的经济和金融表现为如下相互关联的形式:金融全球化→全球金融的市场化、自由化的趋势→经济转轨和金融的制度变迁。[②] 在这个依次递进和相互关联的序列中,金融全球化是基础。金融全球化引发全球金融的市场化、自由化的潮流;全球金融的市场化、自由化的浪潮推动转轨国家实行经济转轨和金融的制度变迁;通过制度变迁使得转轨国家的资本要素价格和供求关系市场化,从而使转轨国家的金融体制不断深化,以适应本国经济持续发展的要求。

20世纪90年代以来,转轨国家为适应金融全球化这一发展趋势,纷纷放弃了以抑制和封闭为主要特征的货币金融制度,进行金融自由化改革,放松严格的金融管制,实行金融自由化政策,开放本

---

① 格泽戈尔兹·W·科勒德克:《从休克到治疗——后社会主义转轨的政治经济》,上海:上海远东出版社2000年版,第326—327页。
② 本段观点受我的导师郭连成教授的启发,在此表示诚挚的谢意。

国金融市场,允许外资进入,实行外汇自由化,采用本国货币与美元的统一汇率和自由浮动制度。为此,转轨国家首先打破国家对银行业的垄断,大大减少国家对金融活动的直接干预。如俄罗斯和几乎所有的中东欧转轨国家都建立了中央银行和商业银行并存的二级银行体制,并形成了多种所有制并存的银行多元化模式,中国也不例外。二是政府放宽外国金融机构进入本国市场的限制。波兰规定,外国金融机构可以以独资或合资的方式在波兰设立银行分行或代表机构,但条件是必须满足波兰对外资银行注册资本金的最低要求,也必须将规定数量的波兰货币兹罗提存入波兰国家银行。同时,多数中东欧转轨国家还允许本国的金融机构打入国际金融市场,参与金融全球化条件下的国际竞争。此外,政府放松利率管制,甚至有许多转轨国家实现了利率自由化;实行更加灵活的汇率政策,并放松或解除外汇管制,转轨国家普遍实现了经常项目的可自由兑换,一些国家实行了部分资本项目可自由兑换。

二、金融全球化与转轨国家金融市场化的联动效应分析

(一)资本流动效应

金融全球化加速了国际资本流动。20世纪90年代以来,伴随着金融全球化迎来新的发展高峰,国际资本流动高速膨胀,国际资本规模增长迅速。在新的世纪,虽然国际资本流动开始减缓,但是国际资本流动总体上表现出了持续扩张的不可逆转的态势。全球化始终是国际资本流动的发展方向和最终目标。国际资本流动与转轨国家经济、金融之间形成明显的互动关系。

第一,国际资本流动与转轨国家经济、金融之间的良性互动。其一,国际资本流动为转轨国家利用国外资金提供了便利的条件,

并通过各种传导机制拉动了转轨国家的经济增长。由于国际资本流动促使转轨国家纷纷实行更加开放的投资体制改革,采取放宽外国资本流入的引资政策。这样,转轨国家积极融入金融全球化进程,可以更多获得国际资本,以弥补其国内投资和对外贸易的两个缺口,实现经济跨越式发展。另外,国际资本的流入转轨国家,导致更多具有正外部性的投资、增加了东道国产业的竞争性、带来了先进的技术和管理经验、促进这些国家产业结构和经济结构的调整。在转轨国家中,中国已经吸引了大量的国际资本,成为转轨国家吸引外资的典范,而且国际资本已经成为拉动中国经济增长的重要引擎,对中国的GDP做出了重大的贡献。其二,国际资本流动推动了国际金融市场的发展和金融资本的形成,使金融创新层出不穷,从而为转轨国家金融机构提供了广阔的活动空间和灵活的经营手段。同时,转轨国家也在不断使用和推出各种新型的金融工具,合理搭配使用各种金融产品,这在一定程度上降低了金融运作的成本并提高了效率。部分外资通过转轨国家的金融机构转化为投资则增强了国内金融机构的信息、风险分担、监督等功能。当然,国际资本流动对转轨国家产生积极效应的同时,也使得转轨国家经济遭受打击,如转轨国家那些依赖外资发展起来的经济部门,其产业结构必然造成很大的对外依赖性,如果世界经济发生波动该国经济必然首先失去平衡。金融开放和国际资本流动能否真正促进发展中国家的经济发展(也包括处于经济发展中的转轨国家),Bailliu 的实证研究发现,关键取决于国内金融部门的发展水平。这就是说,如果转轨国家金融部门发展水平较低,国际资本流动对该国经济的负面效应就大;而国内金融部门得到充分发展以后,金融开放和国际资本流动才能真正促进这些国家的经济发展。①

第二,金融全球化条件下国际资本流动是双向的,在外国资本大量流入经济转轨国家的同时,转轨国家的资本也大量向外流动,如果考虑到资产的其他流出形式,甚至可以这样说,大多数转轨国家实际上已经成为向发达国家输出资本的资本净流出国。转轨国家资本流出的类型表现为:一是国内外汇储备资产的持有形式。如中国庞大的外汇储备很大比例以美国国债券的形式持有实质上是一种资本流出,其他转轨国家也有类似的情况(这种形式的资本流出很大程度上具有制度套利的性质)。二是居民、企业、金融机构出于保值和增值动机投资发达国家的金融资产。如在俄罗斯,由于国内缺乏有清偿能力并且信誉可靠的金融工具、经济中潜藏着很高的信贷风险,从而很大一部分居民的资金用于持有发达国家的金融资产,就连俄罗斯银行积累的大部分长期资金信贷也用于对外国资产的投资。而在一些政治和经济形势时有恶化的转轨国家,为了规避本国金融资产的风险,投资者纷纷持有外国金融资产,即使这种资产的收益率很低,本国投资者也愿意选择。这种情况突出表现在前苏联和东欧一些转轨国家,使得本来就十分匮乏的资本大量外流,致使这些国家的金融市场受到削弱,资金严重短缺,制约了本国金融体系特别是银行体系的发展。俄罗斯的资本外流(外逃)尤甚。据俄央行的相关资料,在20世纪90年代,从俄流出的资本总额为500~800亿美元;也有的机构估计该数字应为1 500~3 000亿美元,远远超过这一时期俄罗斯吸引外资的总额(截止到2003年9月,俄

---

① 雷达、于春海等:《金融发展与金融自由化》,北京:中国青年出版社2005年版,第71页。

罗斯吸引的外资累计为536亿美元)。① 另据俄央行提供的数据，2003年一年俄资本外逃达到176亿美元，而当年的1—9月份俄吸引外资总额为209亿美元。② 这些外流资本大部分用于非生产性目的：或投向不动产，或存入外国银行，从而使得这些转轨国家可用于投入生产的资本更为短缺，并在很大程度上成为制约本国经济增长的重要因素。三是转轨国家国内一些有实力有条件的大企业参与国际资本市场，增加对外投资所引起的资本外流。这是实施走出去战略，通过国际化的生产和经营，使本国企业在全球范围内参与国际竞争，从而大大提高本国企业在生产、管理、技术、研发等方面的国际竞争力，这是一种与国内经济形成良性互动的资本外流。

　　第三，国际资本的流动使得转轨国家的某些社会资源或某些行业或某些金融市场遭受到发达国家金融资本掠夺和控制，转轨国家的金融政策受到削弱，经济安全受到严重威胁。这主要表现在：其一，国际资本的流动使转轨国家的金融市场与全球市场紧密相连，造成这些国家市场透明度减弱，从而使其货币手段的有效性、货币政策的时间、影响的范围都更加难以预测。而这些国家美元化程度的提高，削弱了转轨国家货币政策的效果，加剧了对美国的依赖。其二，一些转轨国家由于实行了较高的金融开放和高度的自由化，本国的一些金融市场已被国外流入的资本所控制。例如，俄罗斯的股票市场基本依赖于国际短期资本，俄罗斯著名学者米尔金研究(2001)表明，俄证券市场上国际流动资本的比重占到40%～65%，在股票市场甚至达到了80%～90%的程度，因而他认为"俄股票价

---

　　① ［俄］《社会与经济》1996年第6期；《俄罗斯经济杂志》1998年第9—10期，第87页。
　　② 郭连成：《俄罗斯经济形势与普京的"翻番"目标》，载《世界经济》2004年3期，第31页。

格上涨的唯一因素是外资的涌入",国外十几家专业投资者已基本控制了俄罗斯的股票市场。其三,一些转轨国家本国的货币资源被发达国家的外币资源所控制,出现了良币驱逐劣币的现象。例如,俄罗斯、东欧国家、独联体国家的美元化程度相当高。其中,波兰美元化程度为80%、保加利亚为55%、爱沙尼亚60%、乌克兰35%、俄罗斯40%;目前俄罗斯美元化倾向相当严重,货币量中80%是美元。[①] 可以说美元化是转轨国家融入金融全球化进程中必然要面临的问题,只是不同国家程度不同而已,尤其在本国严重通货膨胀时期程度更高。转轨国家只有增强经济实力使好转经济形势,美元化现象才会得到逐步的缓解。所以,保障转轨国家的金融安全,成为其参与金融全球化的重要课题。

(二) 金融风险传导效应

金融全球化推动了国际资本的流动,尤其是国际资本的虚拟化的增长,加剧了短期性国际资本的流转速度,放大了金融风险的传导效应。借助于这种既不受实体经济约束,又对实体经济产生较大影响的虚拟资本及其金融衍生物,短期资本如短期银行贷款、短期证券投资、投机性的国际游资,对全球资本的流动起着推波助澜的作用,引发了国际资本市场的动荡,加强了金融风险的传导,从而使国际资本具有投机性高、流动性强、破坏性大的特点。由于国际资本流动的规模、速度、频率和复杂性空前加大,由于互动效应的作用,金融全球化在加强各国、各地区经济的紧密联系,密切各国金融市场联系的同时,增大各国的金融风险,也会使金融风险在各国之间相互传递、转移和扩散。金融全球化条件转轨国家的金融风险主

---

① 范敬春:《迈向自由化道路的俄罗斯金融改革》,北京:经济科学出版社2004年版,第172、250、249页。

要表现为以下几点:

其一,只要转轨国家实行金融开放,放开对资本账户的管制,国际流动资本会大量涌入,特别是短期国际资本的流动会导致转轨国家外汇储备的急剧变化,以及金融资产价格动荡,并对本国的经济增长和国际收支平衡产生不良影响。随着资本的大量流入,导致股票价格和房地产价格急剧上升、本币升值、外汇储备增加。其中,股票价格和房地产价格迅速攀升,使本国经济出现短期的繁荣;而本币的大幅升值,加剧了国际收支项目的失衡,使经济增长速度放慢,尤其是影响本国出口导向型企业的发展。一旦当本国实体经济出现下滑的趋势,国际资本流动必然出现逆转,从而本国金融资产价格下跌,资本外逃得到进一步的放大,资本外逃必然会给一国经济造成诸多危害,风险积累到一定程度则会引起金融危机。

其二,全球化条件下金融风险的传递可能会使转轨国家诱发金融危机。由于金融本身的不确定性因素和经济转轨国家金融体系的不成熟性和脆弱性,特别是一些转轨国家对金融风险疏于防范并放松金融管制,在金融全球化与其经济的联动效应和传导机制的作用下,接二连三发生金融危机,造成严重的甚至是灾难性的后果。这方面最典型的例子莫过于俄罗斯自 1997 年 10 月至 1998 年 8 月发生的三次金融危机。从这三次金融危机对俄国内造成的影响看,一方面导致俄两届政府的垮台;另一方面不仅使国内居民存款遭受惨重损失,而且也使大批商业银行尤其是大银行损失巨大,商业银行中有一半濒临破产。俄罗斯金融危机尤其是 1998 年 8 月的金融危机还波及全球。首先受影响的是乌克兰和其他独联体国家,然后金融危机又迅速和敏感地波及德国、美国、法国和拉美等其他一些国家的金融市场,形成全球联动效应。在 2008 年全球金融危机冲击下,俄罗斯同样爆发了金融危机,金融市场有价证券价值大幅缩水,

2009年俄经济同比衰退7.9个百分点,无异于遭受一场战争劫难。这一下滑凸显俄此前十年经济繁荣的脆弱性和金融体系的不稳定性。

其三,金融全球化冲击转轨国家的金融风险防范能力。抛开实体经济层面的经济基础、经济结构和商品市场竞争力等防范金融风险的基础性因素不谈,单考虑金融本身的防范风险能力。金融全球化和转轨国家的金融开放,使转轨国家的金融防范和监管体系面临严重的考验,如银行的资本充足率监管、银行的信用评级制度和存款保险制度以及金融风险预警指标体系等方面存在的缺陷都有可能削弱转轨国家金融体系抵御风险的能力。当然,金融全球化与转轨国家金融的互动也是促进转轨国家不断健全金融法律法规,不断完善金融监管手段的过程。

因此,加强对国际资本流入的监管,特别是限制短期性国际投资资本的流入并防范由此带来的投机风险和外部冲击,鼓励长期性国际资本的流入,成为转轨国家吸引国际资本的战略选择。同时,提高对国际资本流入的监管能力,探索建立有效的预警机制,也是防范国际风险的重要举措。

(三) 金融制度创新效应

从联动效应看,金融全球化必然要求经济转轨国家不断进行金融创新,尤其是金融制度的创新,从而实现本国金融制度的现代化和与"国际接轨"的"创造性转化"。[1] 在这方面,金融全球化为经济转轨国家提供了更加便利的学习发达国家先进的金融技术和金融制度的机会。经济转轨国家只有立足于本国的金融资源禀赋和金

---

[1] 刘克:《金融全球化——批判性反思》,北京:经济科学出版社2003年版,第21页。

融发展现状，顺应金融全球化的潮流，才能实现本国金融制度和金融交易技术与国际的接轨。也只有这样，才能改变与发达国家在制度和技术上存在的信息不对称状况，确保本国的金融安全。

金融全球化的新浪潮推动了转轨国家金融体制转换和金融创新。20世纪70年代，掀起新一轮的经济全球化浪潮。这次全球性的潮流始于70年代初货币交易全球化，从而形成了金融制度全球蔓延的趋势，世界范围内出现了经济结构调整和改革的大潮。国际环境发生的变化迫使转轨国家纷纷实行体制转换。这种外力的推动，促使转轨国家金融业实施了一系列的金融创新，而且全球化的趋势也为转轨国家提供了可资效仿的范例。金融创新表现在：其一，金融工具的创新。在负债业务上，出现了保值储蓄存款、住房储蓄存款、委托存款、信托存款等品种；在资产业务上，有抵押贷款、质押贷款、按揭贷款等；在金融工具上有国债券（俄罗斯称国家有价证券）、商业票据、回购协议、大额可转让存单，以及企业债券、金融债券、股票、股权证、基金证券等。其二，金融机构的创新。转轨国家普遍建立了二级银行体制，打破了原来国家银行一统天下的局面，形成了以商业银行为中心的多元化的银行体制；并且大力发展证券公司、信托投资公司、保险公司、企业集团财务公司等多种金融机构体系。其三，金融市场的创新。转轨国家按照国际范例，建立了以同业拆借、商业票据、短期政府债券为主的货币市场；建立了包括一级市场和二级市场在内的资本市场；以及包括外汇零售市场和外汇批发市场在内的外汇市场。其四，金融制度的创新。在金融调控制度上，转轨国家普遍放弃了行政性的计划金融管制，实行以经济和法律手段为主的间接的宏观调控；在调控手段上逐步或完全实行存款准备金、公开市场业务、贴现等货币政策工具；在外汇制度改革上，普遍实行了本币经常项目的可兑换，东欧和俄罗斯国家实行了资本项目的部分可兑换;对金融机构基本实行全面的资产负债比例管理。对金融机构的业务管制有所放松,有些国家的放松幅度很大,允许实行多种经营,公平竞争。此外,信贷资金的管理体制也发生了根本性的变化。以中国为例,改革前实行"切块管理、实存实贷、存贷挂钩",1980年改为"统一计划、分级管理、存贷挂钩、差额控制",1985年为"统一计划、划分资金、实存实贷、相互融通",1994年为"总量控制、比例管理、分类指导、市场融通"。

可见,转轨国家的金融创新已经取得了相当的进展,但由于内源性驱动因素不足,与发达国家相比还有很大的差距,如创新层次低,金融业务创新表现出不平衡,内源性创新较少,外引型创新较多等。

金融全球化促使转轨国家对原有的金融模式进行体制创新。这种创新要立足于本国的金融资源禀赋,否则会招致难以预料的后果。这是因为,任何有效的金融模式的选择和其进一步的发展都要受到本国初始条件和主观偏好的影响,这意味着单靠改革者的主观愿望和理想性制度模式的引进来解决现实的金融问题,往往不能取得预期的良好效果。不仅如此,新的金融模式在实践中进一步发展还依赖于金融改革一开始选择的路径,它决定着新型金融发展的方向和发展的成效。关于这一观点,著名的制度经济学家诺斯有过精彩的评述——一国的经济发展一旦走上某一轨道,在制度的自增强机制的作用下,它的既定方向会在以后的发展中得到强化,所以,人们过去的选择决定着他们现在可能的选择。因此,转轨国家只有立足于本国的社会基础、制度体系和文化传统,在这种新旧体制的转轨中才能塑造出符合本国实际并能有效发展的金融体系。例如,作为激进改革典型代表的俄罗斯,改革伊始就按照新自由主义货币学派的旨意彻底摧垮原有金融体制模式,将发达市场经济国家全新的制度体系和运行模式引进来,可谓是金融领域彻头彻尾的置换——原有的金融政策法规被废止,原有金融机构之间的联系中断,原有金融体系与实体部门之间的经济联系被破坏。由于俄罗斯的金融改革与本国初始的经济和社会以及文化传统的具体情况严重割裂,而新移植的金融制度被改革者强行推行并得到了全新的贯彻,所以,俄罗斯尽管建立起了多种金融机构并存的多元化的金融市场格局,且自由化、市场化、股份化、商业化程度相当高,但金融创新机制不能达到普遍性的报酬递增的运行状态,致使金融制度变迁朝着非绩效方向发展,最终使金融机制处在效率不高的状态。20 世纪 90 年代俄在金融领域已经初步建立了市场导向型高度开放的金融体系,但时至今日,俄罗斯的金融创新和金融发展并未在促进实体经济发展方面起到积极的作用,金融体系与实体经济的关系是渐行渐远,并未出现明显的良性互动。因此,俄罗斯金融体制的创新存在着很多的问题,说得过分些,多年来俄金融业像脱离实体经济的虚拟资本一样在进行着虚拟经济化的运转。

(四) 核心—半边缘—边缘效应

金融全球化不仅会促使当今世界金融业联系更加密切、合作更加深入,而且还会引发各国经济格局的调整和全球金融秩序的重建,这无疑是具有积极意义的一面。然而,金融全球化也使一些国家成为世界经济金融发展新的中心或最为活跃的地区,成为国际金融最大的受益者;而一些国家成为国际金融主要风险的承担者,成为世界经济金融发展的半边缘区,甚至出现了被边缘化的趋势。

新一轮金融全球化的浪潮使整个金融业的面貌发生了根本性的变化,发达国家更是在全球织起了庞大的国际金融网络体系,美国、西欧等发达国家在这场全球化浪潮的竞争中成为金融全球化的支配者和主导者，成为国际金融"游戏规则"的制定者。而广大的发展中国家和经济转轨国家在这场金融国际化和自由化的进程中相应的放松了国家对金融业的控制，尽管在全球化中获得了不少益处，但同时在金融全球化中对国际金融市场的依附性也相应增强。沃勒斯坦认为，在20世纪"核心—半边缘—边缘"的关系扩展到全球范围。同样，国际金融体系并不是建立在平等、互利基础上的体系，它也是一种由"中心和外围（或称边缘和半边缘）"构成的体系。在这个体系中，处于中心地位的发达国家成为金融全球化的最大受益者，而处于外围状态的发展中国家和转轨国家承担了大部分的风险。除了风险利益的分配不均等外，这些国家的差别还体现在：其一，中心国家能自主地发展本国经济，主导国际金融格局，而外围国家在一定程度上依附于中心国家，如自由化改革较快的俄罗斯和东欧转轨国家，由于资本项目开放程度过高，本国的经济和金融市场对国际金融领域的波动有较大的弹性，甚至部分金融市场被国际流动资本所主导。其二，中心国家是各种新型的金融工具、金融制度等金融创新产品的供应者，并具有丰富的金融风险的识别、防范、监管、抵御的经验；而外围国家则是各种金融创新产品的需求者和引进者以及模仿者，本国内源性金融创新有限，金融资源又比较匮乏，缺乏金融风险的识别、防范、监管、抵御的经验。由于在这方面的地位差别，转轨国家在融入全球化进程中面临着巨大的金融风险，但决不能因此而走向内向封闭的道路。基于以上的分析我们认为，在金融全球化的进程中，中心国家侵吞转轨国家的利益是不可避免的，如果转轨国家在金融体制转换和融入金融全球化的双重条件约束下不能采取有效的金融安全和金融保障措施，本国的经济和金融将会在更大程度上受制于中心国家。只要转轨国家在参与全球化进程中应对之策适当，充分利用好金融全球化的优势，规避其不利影响,转轨国家同样能够实现经济的快速发展。

(五) 金融可持续发展效应

不同转轨国家参与全球性的金融创新、金融国际化的发展,以及政府推动下的金融市场化、自由化进程的加快,极大地推动了全球金融一体化进程的可持续发展。如果没有包括中国在内的转轨国家的参与,金融全球化实际上还不具备全球意义;正是由于转轨国家不断放松金融管制,实行金融开放,加快金融市场化的步伐,从而加速了世界统一的金融大市场的形成,对金融全球化起到了推动作用。波兰著名学者格泽戈尔兹·W·科勒德克(2000)指出:"21世纪的前夕,全球经济……是后社会主义转轨进程。在欧洲和亚洲一共有30多个国家——其人口多达15亿或占全人类的1/4,卷入了这场急剧而悲壮的变革。它不仅事关这些国家的命运也关系到整个世界的前途。"[1]因此,真正意义上的金融全球化,不仅要使所有参与国都能从中受益,而且这种获益的差距不能再继续扩大,因为这事关整个世界金融全球化的前途。同样,占全人类1/4的转轨国家,若不能从金融全球化中获得较大的收益,会对金融全球化的可持续发展产生严重的影响,这类国家的不稳定就是对金融全球化的最大的威胁。例如,1997年原发于东南亚的金融危机,通过"相似结构性震荡"向其他国家和地区蔓延,并引发了1997—1998年俄罗斯的金融危机还波及全球。危机曾引起东欧转轨国家的金融动荡,然后金融危机又迅速和敏感地波及到德国、美国、法国和拉美等其他一些国家的金融市场,形成全球联动效应。所以,尽管转轨国家对全球金融自由化进程的积极影响作用还是有限的,但是它们的持续

---

[1] 格泽戈尔兹·W·科勒德克:《从休克到治疗——后社会主义转轨的政治经济》,上海:上海远东出版社2000年版,第1页。

动荡是对金融全球化可持续发展的威胁。有鉴于此,无论是发达国家的七国首脑会议还是全球性的国际金融组织机构,在全球金融市场的建设和国际金融运行规则的制定上都要客观地考虑转轨国家所处的特殊的历史时期。既要承担起维护全球金融稳定的重任,又要在制定规则上更多地考虑转轨国家的利益,尤其是要对转轨国家实施经济援助,因为转轨国家的经济增长和经济稳定是对全球金融发展的最大贡献,至少为发达国家的全球金融资本提供了良好的获益环境。否则,那种以援助为名而附加苛刻条件的做法,如 IMF 在对一些转轨国家援助时,要求进一步开放市场、提高利率、政府进行更深刻的改革等等,所有这些都无益于转轨国家经济的稳定和全球金融市场的建设。

(六) 金融全球化与转轨经济的资本项目可兑换问题

金融全球化要求转轨经济实现经常项目下的资本项目可自由兑换,这是转轨国家参与国际经济合作的必然趋势,而且转轨国家只有通过资本项目的自由化,才能最终通向金融全球化。何为金融全球化?有人将金融全球化描述为是世界各国或地区的金融活动趋于一体化,其表现形式为国际资本大规模流动,金融机构和金融业务在全球范围内按同一规则运作;[1]有人认为金融全球化就是资本市场实现了完全的统一,资本流动实现了完全的自由化。但金融全球化既是一种状态,也是一种过程和趋势;[2]还有人认为金融全球化指全球金融活动和风险发生机制日益紧密联系的一个过程。[3] 可见,从不同学者对金融全球化的诠释中我们看到,金融全球化就是

---

[1] 戴相龙:《经济全球化必然导致金融全球化》,中新社北京 2000 年 6 月 15 日电。
[2] 余永定主编:《经济全球化与世界经济发展趋势》,北京:社会科学文献出版社 2002 年版,第 16—19 页。
[3] 李扬:《金融全球化:原因和事实》,载《国际经济评论》1999 年第 6 期,第 1 页。

使国际资本能够跨国界流动,全球金融活动趋于一体化。但实践已经证实,这种资本的大规模流入和流出对一国经济的稳定会造成致命的影响,所以,转轨国家在融入全球化的进程中,对开放资本项目都持谨慎的态度。但是,转轨国家如不能实现资本项目的自由化,其金融开放就是残缺的,融入全球化进程是不完全的,因而也就不能充分分享到金融全球化带来的收益。而且会在一定程度上削弱吸引全球资金的能力,融资方式多样化也受到限制,金融资源不能充分竞争,等等。虽然转轨国家资本项目的开放是必然的趋势,但正如波兰著名经济学家格泽尔兹·W·科勒德克所指出的转轨国家"只有当稳定性政策取得成效,政府政策获得国际广泛的信任及企业重组取得广泛的成功时,才能实行完全的货币自由兑换"①。因而,转轨经济资本项目的可兑换将是一个长期的、渐进的过程。

(七) 金融全球化与转轨国家参与区域货币合作或国际金融组织

在经济金融全球化的推动下,金融自由化和一体化的发展,一方面表现为局部区域的自由化或区域经济货币合作的发展,②这就是 20 世纪 80 年代中后期以来,特别是进入 21 世纪,随着经济全球化呈现出愈益加强之势,与此相适应,区域经济合作也进入了以金融全球化为背景的货币区域化和美元化时期,在新的世界货币体系中出现了欧元与美元"二元化"现象;另一方面,它也表现为国际金

---

① 泽戈尔兹·W·科勒德克:《从休克到治疗——后社会主义转轨的政治经济》,上海:上海远东出版社 2000 年版,第 224 页。

② 所谓货币合作,主要是指国家之间相互支付和结算体系领域的合作。根据合作层次的不同,区域性货币合作由低到高依次可划分为:货币区、支付同盟和货币联盟。货币区是最为松散的联合;支付同盟是相对松散的联盟(如 50 年代的欧洲支付同盟),合作的目的只限于国际支付,使用统一的会计和结算制度清算各国之间的贸易差额,用一种货币进行支付;而货币联盟则是较高层次的合作,它或者要求使用统一货币,或者要求确定固定汇率。

融机构即IMF和世界银行和区域性国际金融组织——欧洲复兴开发银行、欧洲投资银行、国际经济合作银行、国际投资银行、独联体跨国银行、黑海贸易与发展银行的迅速发展。这种新的发展特点与转轨国家之间形成日益密切的关系。

第一,在不可逆转的经济金融全球化推动下,更多的转轨国家纷纷参与或组建各种形式的区域经济一体化组织,并提出和实践各种区域货币合作的构想。一些东欧国家纷纷表现出向欧元区靠拢的趋势。在俄罗斯,组建独联体和加强独联体及其次区域经济货币合作。如1992年10月独联体各成员国签订了《关于保留苏联卢布作为独联体统一货币的协定》。随后在1993年9月前签署了《关于新卢布区的协定》,但由于所有国家银行独立发行非现金卢布和俄罗斯通货膨胀(俄为了控制通货膨胀,于1993年控制卢布发行量)等原因,新卢布区很快便瓦解了。随后,在1994年10月,独联体国家又签署了支付联盟货币合作条约。但1994年10月至今的实践表明,由于主客观原因(如对大多数独联体国家来说,在签约时尚不具备加入支付联盟的条件,即这些国家的本币不稳定、缺乏国内外汇市场),当时成立的支付联盟并没有实际运行,变成一纸空文。① 实际上在独联体框架内真正运行的支付结算体系以自发形成的双边结算为主,主要使用的是美元和卢布。然而,在独联体框架内货币合作仍以双边结算为主,这在很大程度上阻碍了独联体经济、贸易一体化的进一步发展;适应国际经济一体化发展的需要,国际上双边结算的形式及范围在不断减少,而全球性、区域性或集团性的多边结算正逐渐发展为主体。② 加强区域内的货币合作势在必行。目

---

① Экономика СНГ: 10 лет реформирования и интеграционного развития, Исполком СНГ, Москва, Финстатинформ, 2001, с. 68.

② 刘军:《国际金融》,重庆:重庆大学出版社2002年版,第85—86页。

前,俄罗斯试图在独联体框架下运行新的多边结算体系。根据独联体国家货币合作构想,独联体国家首当其冲的是要解决货币合作和货币金融一体化第一阶段的任务,即在运用多边结算体系的基础上完善独联体国家相互结算和支付体系。目前,俄罗斯学术界关于独联体国家结算货币的确定存在两种观点:一种观点主张采用欧元,而另一种观点主张采用卢布。俄罗斯科学院市场问题研究所同时认为,为了使多边结算体系畅通无阻地行使功能,必须像欧洲支付同盟和其他现行的支付同盟那样,建立专门的外汇储备金,以调整个别国家(债权国、债务国及整个体系)的关系,这是采用多边结算体系以深化独联体一体化的中心问题所在。① 在中国,经济全球化促使其积极参与 APEC、东亚、东北亚区域经济合作,在中国的倡导下组建了上海合作组织区域经济合作圈。同时,中国一方面积极参加周边国家和地区的货币金融合作,如在《清迈协议》下与多数国家签署了货币互换协议,努力构建区域性多边结算网络;一方面加快人民币的国际化进程,积极参与亚洲货币区的构建,并希望人民币在国际支付中由局部区域的使用向人民币成为国际化货币迈进,尤其是努力在建立亚洲统一货币区中发挥作用。总之,随着更多的转轨国家积极参与区域货币合作构想并积极付诸实践,这会在很大程度上便利转轨国家与各国在贸易、投资、能源、交通等领域的广泛合作,从而深化了分工,加强了与区域各国的紧密联系,而区域货币一体化的形成将减少由货币不稳定带来的利益损失,并将通过一系列的经济传导机制,有利于促进各成员国经济的持续增长和发展。如果更多的转轨国家参与到或建立起区域性货币集团,实行区域性金

---

① Н. Петраков, Г. Шагалов, Валютный фактор в экономической интеграции стран СНГ, Вопросы экономики, 2003, No 2, с. 72.

融协调监管,成员国之间的交易成本大大降低,并在很大程度上保持了区域金融稳定,提高了应对或消解国际金融风险的能力,那么全球金融监管协调也将变得可能,这必将推进全球金融一体化进程。

第二,金融全球化促使转轨国家积极融入金融自由化进程,加入国际和区域性国际金融组织并与其密切合作成为这些国家的明智选择。国际金融机构和区域性国际金融机构是经济全球化的产物,世界性国际金融机构和区域性国际金融机构形成了全球性的金融机构网络,并日益发挥重要作用。实践证明,一国若与这些国际金融机构不发生联系,那么该国融入经济全球化进程是不可想象的。以俄罗斯为例。在经济全球化与向市场经济转轨的双重约束下,俄罗斯积极加入世界性国际金融机构和区域性国际金融机构并密切与其的合作关系。一是1992年加入国际货币基金组织(IMF)是俄罗斯加快融入世界经济和国际金融体系的重要步骤。IMF向经济转轨国家提供大量的贷款,以支持其经济改革和向市场经济转轨。俄加入该组织后的当年就获得了第一笔约10亿美元的特别提款权贷款。同时,该组织还要求俄金融体系须与发达国家的金融体系接轨,实行了国际资本流动业务的自由化,这促使俄加快了本国金融自由化的进程。二是俄罗斯在苏联解体后的1992年加入世界银行(国际复兴开发银行),世界银行主要是向俄提供项目开发贷款,提供长期贷款资金,促进俄罗斯经济的恢复与重建。三是加入欧洲复兴开发银行是俄罗斯与国际金融组织合作的一个重要步骤。该银行通过其专门的基金即地区性风险资本基金、小商业扶持基金、小企业援助基金和技术促进基金来对俄罗斯中小企业实施贷款。俄罗斯与欧洲复兴开发银行的合作对俄私营经济部门的发展产生的积极影响最大。四是俄罗斯与由其倡导或支持组建的地区性国际金融机构的合作,这主要表现为由原经互会的金融机构重新改组而成的国际经济合作银行和国际投资银行、新组建的独联体跨国银行、由俄支持的黑海贸易与发展银行。这些银行为独联体、中亚东欧等区域内各成员国或者提供相互贸易结算保证,或者为成员国区域一体化合作项目提供贷款等方面发挥了一定作用。当然,加入 IMF 作为 IMF 的成员国,俄罗斯可以积极参与 IMF 规则的制定,参与解决一些重大的国际性问题;像参与独联体跨国银行等区域性金融机构,俄罗斯有可能更加积极地参与区域银行政策的制定。但是,无论是国际金融机构还是某些地区性国际金融机构,其向俄罗斯提供贷款或经济援助时,往往要迫使俄接受一系列的附加条件,尤其是国际货币基金组织和世界银行这两大重要的国际金融机构,对俄提出的附加政治经济条件是较为苛刻的。因此,在迅速融入经济全球化进程并与国际金融机构密切合作的同时最大限度地保障国家经济和金融安全,依然是俄罗斯今后所面临的主要任务。①

此外,金融全球化改变了国际金融机构的经营模式,金融混业经营逐渐占据了竞争的优势地位,而分业经营在金融市场的竞争中处于劣势地位。在这种背景下,促使转轨国家实行经营制度的变迁,即由分业经营向混业经营转变成为构建未来金融体系经营模式的发展趋势。如目前的中国商业银行出现了可以经营部分证券业务,经营保险代理业务,经营与资本市场有关的代客理财等中间业务;而证券公司也主动与商业银行发展混业业务,如证券质押融资业务等。这种全球经营制度模式的变迁必然会进一步促进转

---

① 郭连成:《俄罗斯与国际和区域性金融机构的合作关系》,载《俄罗斯东欧中亚研究》2005 年第 6 期。

轨国家金融竞争力的提高,当然,由金融市场的不完善带来的金融挑战也是非常严峻。另外,随着更多的转轨国家实现了金融经营模式的转变,这必将推动全球金融经营、金融监管、金融创新的进一步发展。

第二节　经济转轨国家金融中介重组与金融市场发展

一、转轨国家金融制度安排与金融发展的影响因素

(一) 金融全球化与转轨国家金融开放程度的影响

如前所述,金融全球化导致全球金融的市场化、商业化、自由化的发展趋势,金融全球化通过制度变迁使得转轨国家的金融体制不断深化,以适应本国经济持续发展的要求。20世纪90年代以来,全球金融跨行业兼并高潮迭起,银行大量涉足证券业、保险业、共同基金管理以及在非银行企业持股实行混业经营。金融中介业务和金融市场业务的交织在很大程度上模糊了二者的界限,市场在金融业务中的地位出现了急速上升的趋势。所以,转轨经济国家在努力提高银行体系效率的同时,还要平行推进证券市场的发展,确保未来资本市场在融资体系中具有相应的地位。然而,对外开放程度的大小,决定了本国金融制度安排受金融全球化外部因素影响的程度。一般来说,金融开放较大的国家,外部金融机构、金融业务、金融技术更容易进入,会带来先进的金融理念和金融制度,能够提高金融中介重组的速度,尽快推进金融市场的形成和发展。如俄罗斯东欧国家金融开放程度较高,因而在金融中介重组进程中,外资银行发挥了很大作用,金融市场化程度提高较快;我国金融开放程度相对

要低,至今外资还没有真正参与国有银行的产权改造,外资在金融中介重组中的作用还很小。

(二) 文化传统因素

不同国家的文化传统等因素在社会制度安排的形成中扮演着非常重要的作用,新制度经济学派将其称为非正式制度安排约束,有学者又称其为"制度文化",①并将其定义为与某一套规则及其相应组织相关联且对规则及组织的形成与运行具有较强约束性功能的一系列无形要素,包括价值观念、宗教信仰、伦理道德、风俗习惯、法律规范等一个社会人文知识的总和。转轨国家文化、传统、习俗、偏好上的差异性,作为一种软性约束,从宏观上,可能影响着金融体系的制度安排和发展方向;从微观上可能决定着对金融工具的不同选择、金融机构的倚重程度、不同融资方式、支付习惯、投资、消费等不同偏好。

以中国为例,这种文化传统强调整体、集体主义,忽视个体自由和权利,弱化自我意识,认为人对社会应有服从和牺牲的义务和责任;在意识形态中形成"官本位"、"家本位"思想,以及契约观念淡薄、重平均主义、思想保守僵化,这些都造成了对市场经济和金融制度重构的瓶颈效应。另外,中国的这种文化传统背景,决定了即使我们的金融机构的产权改革已经完成,金融中介重组取得了高的效率,我们重权力、重人情、重关系的文化情源,使得不正当权利对金融中介的介入程度较西方国家大。笔者并不否认其在现今的正面影响,尤其是集体主义、家族制在转轨国家后发优势的追赶和渐进式经济金融的发展战略实施中做出了巨大的贡献;传统文化中重视秩序观念、权威观念的思想有利于经济和金融的稳定和政治集中。

---

① 宋小敏:《经济制度变迁研究》,北京:科学出版社 2004 年版,第 53 页。

然而,在行为决策上,过分注重集体意识、偏好安全性和过去经验的积累,必将缺乏个体大胆冒险和创新性;在面临金融资产和实物资产选择时人们更偏好实物资产,面临现金和信用卡支付时人们更喜欢现金,在选择提前消费还是延迟消费时更多喜欢节俭或者储蓄延迟消费,对于风险人们更多关注即期风险,而非未来的不确定性风险等等。[①] 这种行为规范不能不影响中国金融制度变迁的速度和方向以及银行中介的产权结构、金融结构的调整、金融市场的发育。由此我们推断,中国金融中介重组和金融市场发展在个别领域激进推进无可厚非,这也是适应形势的必然选择;但在总体上不适宜采用,即使改革的方式要由单独推进转向全方位的平行推进战略,这种速度也不能偏向于冒进,欲速则不达是对中国文化、传统、习俗等因素梗阻金融体系构建和达到有效金融服务的最好刻画。因此,推进我国金融中介重组和金融市场发展必须要充分尊重市场个体、赋予市场主体竞争的权利和自由。只有发挥传统文化中积极的内容,克服其不利之处并有效加以改革和转化发展,同时,在传统文化的基础上构建市场经济的伦理道德秩序,大力加强法制建设并维护法律的权威性,才能从根本上解决文化、传统等软性约束,保证市场竞争环境的公平性。这是当前金融市场化进程中必然要解决的问题。

由于这种制度文化是在漫长的历史中积淀而成,所以它的重塑和调整远比体制变革艰难而复杂,这决定了转轨国家金融中介重组和金融市场的发展将要经历持续不断的漫长过程。

(三) 市场经济和信用关系发展程度的影响

转轨初期,转轨国家普遍市场发育严重不足,几乎没有金融市

[①] 吴晓求:《市场主导型金融体系——中国的战略选择》,北京:中国人民大学出版社 2005 年版,第 11 页。

场,金融业务和金融工具、融资方式非常单一,只有高度集中统一、垂直单向的计划经济金融体制。经过 10 多年或者 20 年的发展,转轨国家经济的商品化和货币化程度得到提高,商品经济的发展逐步走向较高阶段。但直到目前,转轨国家的市场经济还处在形成和发展阶段,距离西方发达市场经济还有很大的距离。与此同时,转轨国家信用关系的发展程度不高,这表现在,信用关系还没有成为全社会最普遍、最基本的经济关系;全社会成员还没有普遍具有良好的守信习惯和意愿,在改革激进的俄罗斯东欧国家经济主体失信现象也较为严重;社会信用体系有待进一步健全,包括信用评估、调查、管理等信用中介机构不规范,还没有走向独立运行的权威化程度。所有这些决定了转轨国家金融中介重组和金融市场发展还不可能在短期内达到较高的发展阶段。因此,对转轨国家金融体系制度安排不能期望过高的标准,否则,既不能达到金融体系自身的完善,又可能招致更大的金融风险。

(四) 金融管制环境对转轨国家金融中介重组和金融市场发展的影响

政府管制和指导会极大影响金融部门的运作,政府影响的会计行为、通过上市要求、银行行为的准许、存款保险等因素都有可能影响银行和市场的运作。国内外的研究和实践证实,发达的金融系统需要有高标准的会计准则相匹配。在会计标准的国际化方面,转轨国家政府在信息纰漏和会计标准上的各种管制,使得市场不易获得全面、高质量的公司财务报表信息,影响证券市场的有效运作。在银行管制上,政府对银行从事非传统行为如证券、保险、不动产、拥有非金融企业所有权等管制程度,是影响金融部门发展的重要因素。研究表明,政府对银行业务更大程度的管制,往往造成银行体系自身抵御风险的能力较差,并不能造就出一个发达的金融体系。

具有明确的存款保险体系的国家,增强了普通民众对银行体系的信心和信用度,使得银行业务和规模更容易发展,银行在金融体系中的地位得以增强。在宏观经济指标方面,宏观经济的不稳定,在很大程度上会扭曲金融合约的订立,影响市场和银行为主的金融体系的发展。其中,通货膨胀是宏观经济的重要参照指标。Boyd,Levine,Smith(1999)[①]计量证实,更高水平的通货膨胀会产生较小的、较不活跃的、较无效率的银行和市场,从而认为通货膨胀与金融不发展之间呈现正相关性。基于此,他们得出结论认为,高通货膨胀的经济更有可能产生不发达的金融系统,反之,有不发达的金融系统的经济更容易出现较高的通货膨胀。法制环境方面,法律的有效和公正的执行非常重要。LLSV(1998)的研究表明,不发达的金融系统的国家往往有较低水平的合约执行,合约执行的效率和总体金融部门的发展之间有强烈的正向联系,另外,研究还表明,腐败和金融不发展之间也存在强烈的正向联系,腐败能够严重地破坏法律规则的执行,反映了差的法律准则的执行,会损害市场的发展。LLSV(1997)的实证研究还指出,法律体系运作不好的国家,具有不发达的金融系统;同样,在不发达的金融系统的国家,政府的腐败程度比较高,法律规则的执行受到很大程度的破坏。当前,多数转轨国家的金融管制环境不尽如人意,表现为法律体系不健全,执行力差,商品合约不能正常履行,对股东和信贷者不能有效保护,具有较高的腐败、差的会计标准和企业的财务信息纰漏,这必然导致产生一个不发达的金融系统。

---

① Laporta,Lopez-de-Silanes,Shleifer,Vishny(1998),统称为 LLSV,参见奥尔多投资研究中心主编:《金融系统演变考》,北京:中国财政经济出版社 2002 年版,第 250—268 页。

(五) 产权改革的初始路径安排及改革中的路径依赖的影响

产权改革在转轨国家的制度变迁中占据着重要的地位。纵观转轨国家产权改革的实践,我们发现,俄罗斯东欧中亚国家的产权改革绝大多数是从存量开始的。这种产权制度安排在很大程度上影响了转轨经济金融体系的特征和发展方向。

在俄罗斯东欧中亚国家,银行的私有化是这些国家银行改革的主要方式。这些国家采取的措施,一是大量减持国有股,目前,除极少数国家国有控股的银行资产在50%左右外,大部分国家完全国有控股的银行资产在3%~30%之间波动,其中有10多个国家控股比例不足10%。二是,通过凭证私有化方式免费或象征性的售价分配所有权于职工。这一方式主要在捷克使用,由于没有导致市场取向的独立银行业的产生而宣告失败。三是,允许外资银行参与国有银行的改造,主要把一些银行的多数股出售给外国人,这一方式成为绝大多数国家银行产权改造最后的发展选择。四是,采取较为宽松的管制和较低的银行准入,允许新型私人银行进入。采取这种方式,一部分私人银行运营良好;而一部分由于转为国有企业和市政当局控股,主要服务于专门的经济部门,结果银行的公司治理结构改善变得非常困难(如董事会任命政治化),还有部分银行终因资本金和技能的短缺而陷入困境。后两部分私人银行成了新的被改造的对象。俄罗斯和东欧国家的经验表明,改变国有银行的所有权结构是转轨国家银行产权制度改革的前提,但这还远远不够,只有在总量上减少国家对多数股的控制,真正实现银行产权的社会化,才能使银行的公司治理结构得到根本改善。外国银行参与国有银行产权改造是必然选择,但必须是那些能够增加资本、推出新的金融产品和营销战略、能够改进金融服务质量和建立新的金融运行机制的外国战略投资者,而不是所有的外资。

总体上看,俄罗斯和东欧国家银行经过私有化改造后,大大减少了国家对银行的补贴,同时在很大程度上促进了国有企业的改造;私营银行部门得到了加强,银行的盈利状况得到改善,对中小企业的贷款明显增加,从而大大提高了银行市场运行和金融服务效率。相比之下,中国的产权改革选择了从增量到存量逐步进行的发展战略。直到目前,银行集中度相当高,仅四大国有商业银行占银行总资产的比重就近70%,中国没有或推迟实行产权制度私有化或民营化的国有银行改造,政府在其中承担了相当的政治经济职能。金融市场的活动也被限定在政府可以控制的限度之内,这在很大程度上决定了中国政府—国有中介主导的制度安排。这些因素使得银行中介的市场化程度受到很大的限制,金融产品的创新受到较大的约束。多数经济学家肯定了这一模式总体上的效率性和对中国经济发展的贡献,但国有商业银行的产权改造已经成为中国金融制度安排最棘手的问题之一。

二、经济转轨国家金融制度安排的理论与实践

(一) 国内外经济学者对转轨经济国家金融中介安排和金融市场发展讨论

1. 多数经济学家认为转轨国家应实行适度限制市场自由的金融约束体系。赫尔曼、穆尔多克和斯蒂格利茨(1994、1996)等人认为,包括转轨经济国家在内的大多数发展中国家,由于证券市场的不发达,应在经济发展的某个阶段实行某种特殊的金融中介制度安排。他们还开出了相应的药方,让政府采取"金融约束"的政策,这样有助于金融的稳定和经济的增长。他们概括出中国金融中介安

排的特殊性就是"金融二元性",指出它对中国转轨的巨大贡献。青木昌彦(1995)也强调转轨经济中金融中介尤其是银行的特殊作用。

2. 布特与萨科(Boot & Thakor,1996)指出,转轨经济国家当前的金融系统看做是过渡性的安排,这些系统存在是为了便于以后转化成较少依赖中央对资本进行计划分配的系统。而Bodie(2000)和Merton(2000)则表述了相反的思想,认为中国可以抛开传统的中介体系,重新设计一个新的金融架构。

3. 从市场经济发展的历史阶段来看待转轨国家金融中介和金融市场发展的程度。20世纪90年代以来,格林伍德和约万诺维奇(Greenwood & Jovannovie,1990)、格林伍德和史密斯(Greenwood & Smish,1997)从理论上论证了金融中介和金融市场的动态发展过程。在人均收入和人均财富很低时,金融服务带来的收益往往不能抵补进入金融系统成本,人们利用金融中介和金融市场的激励动力较小,金融中介和金融市场发展缓慢,规模甚小。在经济发展到一定阶段,人均收入和人均财富提高,金融服务需求要求发展更多的金融中介和金融市场。

4. Rajan(1992)和Wilson(1995)预言,对于那些金融市场和银行系统不发达的国家,企业逃避努力工作和过度投资的道德风险有进一步可能增加的趋势。此外,代表主流观点的世界银行的年度报告(WorldBank,1996)中,认为在转轨经济中,金融中介和金融市场可以相互替代。

5. 张杰(2001)认为,转轨国家在内生性金融中介安排一时无法确立的情况下,外生性金融中介的出现便具有效用增进的意义。他指出,在市场不存在的情况下,由外生性的金融中介来配置金融资源是有效的,这个有效的金融安排注定就只能是国有性质的金融中介。但是,在缺少民营企业和民营银行进入的情况下,单纯的国有金融垄断金融市场算不上真正市场,这样,外生性金融中介就只是一个风险打包的装置,所面临的风险越来越大。在银行体系国有产权不能改变的情况下,为提高这一格局的效率,只能让国有金融对私有企业融资,但必须有关于财产的法律基础和社会信用系统。

总之,学者们对转轨国家金融制度安排的讨论,有些观点符合转轨国家特定历史发展阶段的,值得在实践操作中引起重视;有些观点太过主观武断,如认为中介和市场简单替代的逻辑判断,则不能准确把握转轨经济中金融制度安排的演进路径。

(二)转轨国家金融体系发展的路径选择

多数学者认为,在经济转轨进程中最适合转轨经济需要的金融系统是银行导向型的。仅从现象层面分析,主要根据在于:第一,转轨国家在高度集中的计划经济体制下银行几乎作为唯一的金融机构存在,证券市场的发展近乎空白。这构成转轨国家金融改革重组的历史的、逻辑的起点。第二,转轨经济体在一个相对有限的改革时期发展有效的证券市场,其困难程度要比重组一个健全的银行体系大得多。在这一特定背景下,银行中介较证券市场有更多的优势,比如能更有效地对实体经济经营提供可靠的资金保障,对经营者的行为进行强有力的监督,以及促进形成良好的公司治理。在实践中,原计划经济国家在向市场经济的金融体系演进中,总的趋势是按照银行主导型的路径安排选择和优化金融系统设计。

从理论上讲,金融市场主导型对市场本身的发展有较高的要求,如与市场经济运行、市场经济秩序和制度实施等密切相关的法律体系(包括立法的完善和执行)和金融工具较高的质量要求,畅通的市场信息传递要求(尤其是投资者能够获得充分可靠的相关信息),市场的债务结构良好(债券是债务的存在形式,有国家内部债务和外部债务),需要具备较强的竞争性,需要能够得到有效保障的明晰产权,需要建立起较好的信贷声誉,这些是金融市场有效配置所必需的。当然,转轨国家大多数情况下都不具备这些条件,如资金较为短缺,法律制度和市场体系不完善,经济主体的信誉体系普遍不健全,特别是社会征信体系如信用档案系统、信用调查系统、信用评估系统、失信公示系统等还没有有效的运作。时至今日,转轨国家的金融市场普遍不发达,金融市场还很脆弱。相比较,银行主导型的结构模式,对市场竞争性要求弱,对信息纰漏的要求弱,尤其是借助于银行体系融资,在减少代理成本及最小化监督成本方面有优势,能满足不同层次部门对资金的投资需求,又能保证可靠的资金供应,尤其是满足中小企业的融资,同时,在扶植发展定型化、易于理解的传统产业方面有很大优势。因此,转轨国家更容易发展以银行为主导的结构模式,重视银行体系的发展,对转轨国家的经济发展是个有利因素。例如在俄罗斯,尽管金融体系的市场取向较为明显,但期待俄罗斯金融市场发挥有效的融资功能显然是不现实的。研究表明,近期只有为数不多的一些规模较大的公司有可能依靠金融市场来筹资。①

那么,转轨经济国家是否需要金融市场型模式呢?答案是肯定的。如前所述,从金融体系演化的本质看,金融体系的演化同一定的经济收入的增长密不可分,它是随着人均收入和人均储蓄的增加而发展起来的。也就是说,只有一国金融服务效率带来的额外收益达到足够高的水平,由此促进实体经济取得较高的成就,才能渐进地过渡到金融市场型经济。这样的金融体系环境,对实体经济形成较高的投资吸引力和投资潜力。同时,金融市场也是伴随着新产业

---

① [俄]《俄罗斯金融体系的发展前景》,载《预测问题》2004年第2期。

和新技术创新的需要发展壮大起来的,如风险资本不但在支持高技术产业的发展,同时也促进了创新。现实的状况是,目前俄罗斯东欧国家的实体部门表现出对金融市场服务需求的低效率,尤其是数量众多的中小经济体更难以在其中融资,因而,通过发展金融市场为大多数中小企业融资的潜力不大。但不能因此而否定转轨国家推进金融市场发展的做法,因为转轨国家的经济收入水平正在不断提高,必然提高对金融市场服务的需求,同时,正在不断成长的高新技术产业也需要金融市场中的风险资本。从金融体系演化的趋势看,20世纪90年代以来,银行与证券业、保险业混业经营成为大势所趋。金融中介业务和金融市场业务交织在一起,市场在金融业务中的地位出现了急速上升的趋势。在此背景下,转轨国家同样应顺应金融全球化的潮流,金融体系符合金融演化发展的一般性的同时,更主要的是金融体系的构建要显现出转轨期的特色。

因此,以银行为主导的金融多样化的发展模式是转轨国家转型期的过渡性选择,这个阶段可能要经历较长的时间,而市场型为主导的发展模式则是转轨国家金融体系构建的终极制度安排(见图3-1)。

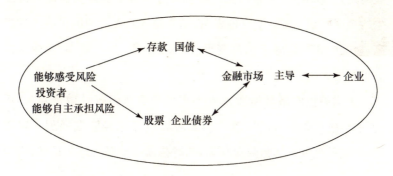

图3-1 经过市场化改革后的转轨国家金融系统模式

转轨国家的实践证实，如果在转轨初期硬是按照英美模式重点发展金融市场，构建市场主导型的金融体系，是非常不利于实体经济发展的。何况，转轨国家银行的关系型融资是在经济欠发达的证券市场的情况下出现的，重视银行体系的发展是容易做到和有益于金融经济发展的。青木昌彦的研究表明，与银行保持关系型融资使得年轻的企业能够更早地进入证券市场。[①] 当然，我们强调银行为主的发展模式，并不是发展一方而偏废另一方，而是一种有重点的协同发展战略。同时，把过多的金融业务集中于银行，其风险集中的弊端逐渐暴露出来，而通过发展资本市场为企业融资，可以发挥金融市场的优势以减轻银行的压力和限制银行不良资产的上升。尽管在理论和实践上存在着以金融中介为主和以金融市场为主两种不同的模式，但这种划分仅反映了各国在某个历史阶段适宜偏重某种方式的总特征和总趋势。金融中介和金融市场在功能作用上都各有优势，证券市场的竞争并不必然消灭关系型融资[②]，特别是在经济有了一定程度的发展后，二者之间的联系越来越频繁，成为一个不可分割的有机整体。因此，要在优势互补、共同发展中完善金融体系，实践证明，依靠任何一种融资方式都不能解决实际经济发生的全部问题。实证研究也表明，随着经济的发展和国民收入的提高，金融中介和金融市场都变得更大、更活跃、更有效率，金融部门会得到更大的发展。

美联储主席格林斯潘把资本市场和商业银行看做是互为"后备"的金融中介方式。这意味着随着转轨国家经济发展到一定程度，金融系统也要驾起两套马车，随时待命拉动经济体的运转，将经

---

① 青木昌彦：《比较制度分析》，上海：上海远东出版社2001年版，第328页。
② 同上书。

济体系于一套马车上是非常危险的,万一这套马车瘫痪,直接后果是整个经济体的瘫痪。因此,金融体系组成部分的多样化发展是转轨国家金融发展必然之路,但在金融系统模式的选择上最为重要的应该是与转轨国家特定投资者的需求相对应。可能在过渡期偏向银行一方要多(但也是在市场化进程中推进银行制度的创新),而后主要以市场为主导,这是避免金融领域的问题扩展到经济领域的有效方式。

(三) 转轨国家金融中介重组和金融市场发展评析

20世纪90年代以来,转轨国家相继放弃原有的体制,纷纷实行金融制度变迁。由于所面临的国内政治、经济环境不同,这些国家选择了不同的改革路径。

采取激进方式的俄罗斯东欧等国家,金融体制转轨利弊兼具,从不利的方面看:第一,国家较早地尝到了"先入"的苦头。这些国家实行彻底的金融存量改革和较高程度的金融对外开放。加速经常项目和资本项目的自由化,利率和汇率的自由化将对内资金价格和对外资金价格过早联系起来,使国内外的资金市场统一成为一个整体。由此导致金融市场的不确定性和金融风险增强,曾给国家带来过大的动荡与利益的损失,最为严重的是1998年俄罗斯爆发的金融危机使俄罗斯银行系统遭到重创。第二,容易诱发金融市场的过度竞争,如曾发生金融中介机构的过度增长和造成金融机构竞争力的低下。从有利的方面看:第一,为金融市场的发展创造了自由宽松的准入环境和制度环境。第二,金融机构数量增多,非国有金融成为市场化金融业运作的主导。第三,俄罗斯银行业和证券市场较早地融入国际金融市场,并跨越了国有银行产权调整这一金融"硬核";同时,实行全能银行模式,采取混业经营的方式,加速了国内金融的一体化进程。这对俄罗斯东欧原有的国有银行来说总体上利大于弊,它不仅带来了新的经营机制和服务理念,更重要的是,使金融中介治理水平得到了很大的提高。如俄罗斯东欧通过引进外国战略投资者,金融中介治理水平要比中国好。金融机构基本上形成了较强的预算约束和市场化的运营机制。第四,通过自然人的存款保险法律,市场化的存款保险机制正在建立,有的已经建立。

中国采取渐进、谨慎的金融体制转轨方式,其利弊表现在:第一,金融体制始终未能发挥先导作用,从属于经济体制。金融制度改革既滞后于经济发展,也滞后于其他改革进程,金融的制度供给显得不足。由于金融对外开放程度不高,受国际金融传导机制的波及相对小得多,很大程度上维护了金融的稳定,但总体金融创新不足。第二,中国国有银行占主导地位,国家对金融资源的控制,在一定程度上保证了经济多年的稳步增长。同时,实行专业化银行体系模式,明确规定实行分业经营,即商业银行与投资银行业务是严格分开的。国有银行的产权改革远未完成,已经成为阻碍金融改革深化和完善公司治理的"硬核"。在目前的情况下陷入了吸引新投资者而重组银行需要花费巨大的政治、经济、社会成本,而金融改革又不可能采取"一夜之间"打破这一"硬核"这样的困境。因此,当前银行业改革面临着全面攻坚。第三,由于准入限制较多,金融机构在总量上相对较少,尤其是新型的民营金融机构发展严重不足,没有成为市场化金融业运作的主导;同时,商业银行与投资银行业务是严格分开的,国内没有真正形成金融市场的一体化,致使金融业竞争不充分,金融市场信号失真。总的来看,中国前一阶段的金融改革保证了金融环境的稳定,抵御了来自外部的金融全球化浪潮的冲击。但中国金融领域潜藏着复杂的问题,面临着"入世"后巨大的金融风险压力,又亟须实现金融改革目标、路径的整体市场化推进。

俄罗斯虽历经危机和动荡,但金融体制改革已经基本到位,这从长远来看是符合未来发展要求的。由于实体经济的衰退以及中央银行的独立性问题未能正确定位和有效解决,金融基础设施建设还处于发展和艰难的完善当中。因此,如何在已有金融改革成果的基础上加速推进中国的金融体系建设,成为改革迫切需要解决的问题。辩证地看待中俄两种改革的成效与问题,才能更好地推进中国的金融体制改革。

当然,转轨国家金融市场等其他方面的问题依然是严重的,这可以归纳为:第一,由于中俄都存在金融制度创新准备工作明显不足的问题,因而,转轨过程中刚刚建立起来的资本市场,有先天性的缺陷,致使以股票和债券为特征的风险型金融中介体系至今未能走向有效而规范化的运作。第二,总体上资本市场规模明显偏小,少数投资者(如厂商、银行)在市场份额中占据垄断优势,在中国国有企业占有垄断的市场份额,在俄罗斯外国投资者和本国的金融工业集团占主导地位。第三,俄罗斯股票市场和国家有价证券市场对实体经济的贡献十分有限;而在中国,证券市场仅仅是给企业提供了一条融资的渠道,流通股所占的比重较小,这只是单纯发挥了证券市场融资性功能。此外,中俄两国资本市场对企业、金融中介治理结构影响普遍还很弱。第四,出现大量金融诈骗。许多银行的负责人利用放开利率的机会,争相许诺高利吸收存款,或者投机倒把,或者携款潜逃。这反映了转轨国家金融制度的错位问题还很严重。第五,以养老金、人寿保险、互助基金为主的机构投资者普遍发育不足,数量和种类都很少,在很大程度上制约了证券市场的发展和金融中介的治理。第六,银行不良资产比例过高,大量的不良资产问题仍然困扰着转轨国家金融业以及经济的发展,尤其是成为转轨国家走向对外金融开放的"定时炸弹"。目前,中俄银行业的不良资产问题仍难以解决。① 第七,金融市场开放后金融监管体系不健全,防范金融风险的能力差。第八,转轨国家金融体系普遍存在以大银行集中资产为主导,证券市场作为重要组成部分,而中小银行发展缓慢且资产比重小的特点,这严重影响到占有重要地位的中小企业的融资和发展。第九,银行资本充足化程度普遍很低。② 尤其是俄罗斯东欧国家还面临着银行资产和资本规模有限,居民对银行的信任度不高的问题。第十,证券市场不透明,信息披露制度不健全,普遍都存在着较高的市场垄断性。第十一,俄罗斯东欧国家银行重组进程远未结束,中国国有银行中介重组更是当前迫切的战略抉择。

因此,转轨国家金融体系构建和完善是一个长期和持续不断的过程,不可能在短期内结束。这表明金融中介重组和金融市场发展的任重道远。

(四) 几点启示

通过对转轨国家金融体制改革路径选择和金融体系构建的分析,可以得出如下几点启示:

第一,必须从证券市场制度融资结构的变化对企业和金融中介治理结构影响的高度来发展资本市场。在资本市场的所有功能中,融资功能是基础。但单纯局限于筹资功能的角度发展资本市场还远远不够,必须要进一步拓展其他形式的功能,其中,融资结构的变

---

① 据俄罗斯中央银行网站,俄罗斯银行经过重组,其不良资产的比例目前下降到5.6%(2002),这一比例已经大大低于同期中国的不良资产(26%);尽管如此,笔者还是以为,由于俄罗斯金融环境的不完善,决定了在今后的转轨进程中诱发不良贷款的因素还很多。

② 对于俄罗斯银行的资本充足率问题,按照官方的资料已经达到19%,不过国外一些权威研究机构认为其存在很大的虚假性,具体参见第五章转轨国家金融风险部分。

化对公司治理的影响是很重要的方面。资本市场以其"用脚投票"和"用手投票"的机制对企业和金融中介的公司治理结构施加影响,强化了企业(或银行)内部管理层的外部约束力,真正实现政企分离,从而保护股东的权利。但在实践中,转轨国家由于相关的制度安排不合理,降低了公司治理监督与制衡机制的效率。因此,证监会或相关的金融监管机构要积极加强管理,提高资本市场的质量成为当务之急。首先,要提高上市公司质量,必须先提高公司的治理标准,执行强制性的市场透明度原则和规范公司的相关行为和责任的原则,从源头上把好关。其次,加强机构投资者数量、种类、质量等方面的培育,有效发挥其对资本市场的推动作用。世界经验表明,机构投资者在融资和公司治理中的作用日益上升,成为公司治理的重要参与者。在金融市场化、自由化方面行动超前的一些转轨国家,资本市场发展程度低且市场仍然较小,机构投资者发育不足是重要的原因之一。这是因为,机构投资者生于市场竞争的环境,具有先天的信息披露透明性,又面临投资者撤资的压力。构投资者在成长和发展过程中形成的竞争、激励、约束的有效运行机制,大大强化了其投资决策和风险管理的责任,从而促进了市场的约束、改善了公司的治理、加强了对管理层的监督,活跃了资本市场,并能促进金融市场健康稳定的运行。所以,发展国内机构投资者和吸引国外机构投资者,成为推动转轨国家国内金融市场发展的主要动力。

第二,加强高质量的中小银行的组织建设,更好满足转轨国家中小企业的融资服务需求。从根本上说,金融市场是决定于和服务于实体经济发展的。作为金融市场重要组成部分的金融市场组织,主要是以银行和证券市场为代表的。其在不同发展阶段融资地位的变化,内在地体现了实体经济的要求。中德经济学家共同研究表明,在转轨国家中小企业是经济增长的主力。① 可见,满足中小企业的融资服务需求,成为金融市场发展重要的内在要求。如前所述,转轨国家金融体系普遍存在以大银行集中资产为主导,中小银行发展不够且资产比重小的特点。这样的市场结构造成了中小企业的融资明显不足。这是因为,其一,与中小银行相比大银行难以为中小企业融资,大银行为中小企业提供融资服务时单位资金的交易成本相对较高;大银行为中小企业提供融资服务时信息成本比较高;大银行由于资金庞大而拥有更多的机会,所以它们往往会忽视对中小企业的贷款。其二,证券市场又不能为大多数中小企业融资。因为主板证券市场在企业资本金、营业额、利润额水平方面的要求高,中小企业不可能从中获得融资;二级市场其特殊的服务对象定位(高技术和市场风险为特征的中小企业,这样的企业在转轨国家较少),只能满足极少的中小企业的融资,不能够为多数普通中小企业融资。在这种情况下,大力发展中小银行,并将其上升为银行体系的中坚力量,才能满足中小企业的融资需求,从而促进转轨国家的经济发展,解决大量的社会问题。当然,为了重塑转轨国家中小银行的良好形象,必须在提高门槛、加强监督的基础上为中小银行的发展创造宽松的环境,而不是人为地限制其发展。当然,真正解决中小企业的融资问题,中小企业自身的信息不对称问题也值得重视,要强化中小企业市场硬性预算约束和市场监督机制,加强其财务会计制度的公开化,只有中小企业成为真正的市场主体,中小银行为其融资的功能才能得到有效的发挥。

---

① 该项调查以中国为例,其数据显示,中国中小企业所创造的最终产品和服务的价值已占全国 GDP 的 50.5%,所解决的就业量占全国城镇总就业量的 75% 以上,所提供的产品、技术和服务出口约占出口总量的 60%,中小企业所完成的税收占全国全部税收收入的 43.2%。(中国新闻网 2002 年 6 月 17 日)

第三,按照国际经验,进行银行产权改革,必须同时推进银行的财务重组和经营重组,否则会再次滋生不良资产。[①] 所谓财务重组就是通过向国有银行注入充足的高质量资金来对银行不良贷款存量的再资本化,政府为此付出成本,就是为银行重组吸引新股权投资者和重组后银行的赢利创造有利条件。所谓经营重组,就是通过出售部分的国有股权给私人、外国投资者或者机构投资者,重组银行的资本结构,从而使银行能够真正按照竞争、激励、约束的市场化原则运营。所以,良好的银行财务重组为产权改革后银行较高绩效的释放奠定了基础和前提,而单纯的财务重组,国有银行市场性不强的弱点会再次滋生不良资产,从而贻误银行产权改革的有利时机。因此,转轨国家的国有银行产权改革,必须要同时推进银行的财务重组和经营重组。

第四,转轨国家适度的混业经营是非常必要的,尤其是为解决中国国有银行的棘手难题提供帮助。俄罗斯通过激进式的金融改革,较快实现了银行经营证券、保险以及在非银行企业持股。尽管曾一度出现金融的混乱和管制的失控,但通过几次金融中介重组和国家对金融业监管的加强,混业经营运行稳定,其影响力和效应释放日渐显著。中国商业银行与投资银行业务是严格分开的,致使金融业竞争不充分。在加入WTO后,中国分业经营面临严重的挑战,而在已有的金融中介框架下,又面临着国有银行不良资产的化解、产权制度的改革和公司治理结构的建立和健全等棘手问题。在这种情况下,我国的银行中介混业经营将成为未来发展的方向。因此,当前不应将分业经营绝对化,对有条件的银行应允许实行混业

---

① 孙涛:《全球化时代金融中介体系的构建》,北京:社会科学文献出版社2003年版。

经营业务,通过加强银行与证券、保险的合作,不仅有助于形成国内金融市场统一的定价机制,而且为解决国有银行的产权问题提供帮助,同时,为进一步过渡到新的混业经营创造条件。

  第五,转轨国家国有银行的私有化或民营化是未来银行发展的趋势。国有独资证明是行不通的,而国有银行全面私有化不符合转轨国家的国情,这是国有银行产权安排的两个极端。俄罗斯银行中介的激进私有化改革,使社会和人民承受了无比高昂的代价,这不符合中国的国情。因此,国有银行产权结构调整仍是我国符合最广大人民利益的战略选择。按照东欧国家的实践,将国有银行改造成外国战略投资者控股的股份制形式,是一种提高绩效的重要方式,但这一方式对转轨的大国不利。因而,我国的国有银行可改造成国家相对控股和民间的和外国各类战略投资者参与较大股份的股份制银行(股份太少不能形成约束力)。使其他投资主体能够形成对控股方(国家)的牵制力和监督力,进而形成有效的银行治理结构和合理的股权结构,这是从根本上解决国有银行的所有者问题的关键。这在中国既有现实性又不失为一种有效提高经营绩效的方法。我们不赞成短时间完全放弃对银行的国有控股地位,因为这样做就会失去管理和调节金融体系的杠杆,给转轨国家的政治经济带来长期的不稳定。

第四章

全球化时代转轨国家金融改革比较

面对金融全球化和金融自由化的浪潮,转轨国家纷纷实行不同程度的金融改革与开放政策,积极投身金融自由化,勇于参与国际竞争,推进本国的金融市场化进程,使本国的金融体系与金融全球化实现合理而有效的融合。本节以中国和俄罗斯这两个经济转轨大国作为研究对象,比较研究了两国金融市场化实践的发展轨迹、经验和教训,从多角度评述了两种转轨安排并分析了所引发的不同效应,尤其是对作为金融安排重要影响者的中央银行和政府给予明确的定位。A. D. 贝恩(Bain)认为,金融机构和金融市场组合成的网络便是金融体系。一般的,金融机构以银行体系为主要代表,金融市场以证券市场为主要代表。因而,这里的分析也主要局限于中国和俄罗斯金融体系中的银行体系和证券市场的改革与发展。

面对金融全球化和金融自由化的浪潮,转轨国家纷纷实行不同程度的金融改革与开放政策,积极投身金融自由化,勇于参与国际竞争,推进本国的金融市场化进程,使本国的金融体系与金融全球化实现合理而有效的融合。本节以中国和俄罗斯这两个经济转轨大国作为研究对象,比较研究了两国金融市场化实践的发展轨迹、经验和教训,从多角度评述了两种转轨安排并分析了所引发的不同效应,尤其是对作为金融安排重要影响者的中央银行和政府给予明确的定位。A. D. 贝恩(Bain)认为,金融机构和金融市场组合成的网络便是金融体系。一般的,金融机构以银行体系为主要代表,金融市场以证券市场为主要代表。因而,这里的分析也主要局限于中国和俄罗斯金融体系中的银行体系和证券市场的改革与发展。

第一节 经济转轨国家金融制度变迁的路径选择

如前所述,金融全球化要求最大限度地拆除转轨国家金融机构间的资金流动障碍,实行金融开放政策。这就要求转轨国家首先转变政府职能以推进而不是阻碍金融市场化的发展,即政府应从严格实行金融管制、对市场准入加以重重限制的政策,转而采取放松或取消金融管制、促进本国金融市场发育的政策。为此,需要转轨国家打破国家对银行业的垄断,放宽对金融市场的限制,放松或实行灵活的利率和汇率政策,并通过完善金融监管体系和提高金融监管的有效性来保证国家的金融安全。但转轨国家在融入金融全球化进程和实行金融改革的具体实践中选择了不同的改革路径。俄罗斯、乌克兰和东欧一些国家在经济转轨初期便实行"休克疗法",在金融领域迅速实行金融自由化政策,开放本国金融市场,允许外资进入,实行外汇自由化。中国在金融全球化进程中采取审慎稳妥推进的渐进式金融发展路径。

一、俄罗斯金融改革的路径选择

俄罗斯独立后,马上开始实行一步到位的"休克疗法"式激进改革,金融领域的改革也是以激进的方式启动,从而使该领域成为俄经济转轨中改革力度最大的领域之一。

第一,经过快速的激进改革,俄罗斯新的银行体制得以建立并在十余年间不断得到完善,与此同时,各类金融机构相继扩大了对外开放。其一,新的银行体制的建立与发展。所谓新的银行体制,是指俄罗斯打破几十年不变的由国家垄断的单一银行体制,实行中央银行与商业银行并存的二级银行体制。在这种体制框架下,各类银行的职能得以重新界定和明确划分,中央银行被赋予新的职能和作用,商业银行也得到了长足的发展。在较短的时间内即截止到1992年10月商业银行就超过1 600家,其分支机构已接近2 800家;1993年增加到1 700家,分支机构3 100家;1994年达到2 000家,分支机构4 500家;1995年增至2 500家,分支机构5 500家。俄罗斯银行体制改革和二级银行体制的建立,打破了原来国家银行的一统天下,形成了国家银行、私人银行、股份制银行和外资银行并举的多元化银行体制。随着市场经济的发展和银行自身运行机制的改革,俄各类银行形成了相互竞争的态势。此外,还出现了银行业与实体经济相互渗透的金融工业集团,商业银行的综合化经营趋势日益明显。特别是1996年以后,银行又大规模进入了国债市场。其二,俄罗斯从改革伊始就把各类金融机构推向企业化和市场化以及开放化的经营之路。俄罗斯基本开放了本国银行、保险业等各类机构,对国内金融业准入的控制较为宽松,使得外国金融机构能够大量进入俄罗斯,而且它们所从事的金融业务与俄国内金融机构几乎毫无二致。

第二,将银行系统重组纳入到金融自由化进程的重要环节。为了解决以激进方式实行银行体制改革所留下的后遗症,特别是银行危机及其所暴露出来的银行发展方面的问题,俄政府和央行又对银行系统进行重组,开始实施政府和中央银行《关于俄罗斯联邦银行体系的重组措施》的决议。而且,为有效实施国家对银行重组的支持与管理,俄政府和央行首先成立了信贷机构重组代理公司。该代理公司的主要职能是:购买丧失资本银行的控股(法定资本份额),并对这些银行实行管理;接受担保并接收银行股票,对这些股票实行管理;根据委托并由央行和俄政府注资重组银行的法定资本,等等。信贷机构重组代理公司自1999年4月正式开始运作以来,一直是代表国家管理俄罗斯银行重组的唯一机构。到2001年1月1日,信贷机构重组代理公司的资产总额就达到125亿卢布,同年年底利润达4.47亿卢布。经过银行重组,俄罗斯银行的数量明显减少。到实施银行重组两年后的2001年,商业银行已减少至1300

多家，而且其中大多数是中小银行。到2003年3月，俄罗斯共有银行1332家。两年间银行数量没有发生大的变化。但这并不意味着俄罗斯银行重组进程的结束。银行重组实际上是对俄银行系统的结构改造，这种结构改造是一个长期和持续不断的过程，不可能在短期内结束。

值得强调的是，俄罗斯银行系统的重组为其发展注入新的活力。据俄罗斯最新研究资料显示，1998年金融危机之后，经过重组的俄罗斯银行部门得到显著的发展（当然，国内经济形势趋向良好和有利的贸易条件也起了促进作用）。2002—2004年银行部门主要指标的发展变化，反映了银行部门的稳定发展趋势已经得以巩固。信贷机构的资本和资产高速增长，尤其是依靠吸纳居民存款额使银行的资金基础不断扩大，而债权人和存款人对银行信任的增加是俄银行部门这一时期最主要的特征之一。信贷机构业务的金融绩效在提高。2004年银行部门的利润是1779亿卢布，2003年和2002年分别是1284亿和930亿卢布。同时，信贷机构对实体经济的信贷投资增长仍保持稳定的发展趋势。另外，2002—2003年国际货币基金组织和世界银行对俄罗斯金融部门评价的结果表明，俄国家对银行业务的调控基本上得到国际的认同。①

第三，加快汇率改革自由化进程。美国经济学家麦金农在《经济市场化的次序——向市场经济过渡时期的金融控制》一书中指出，当国内贸易和国内金融成功地进行了自由化改革后，才能实行汇率的自由化。而俄罗斯由于步子迈得过快，就在其独立不久的1992年开始了卢布的自由兑换进程，并将其纳入"休克疗法"方案之

---

① ［俄］《俄银行体系发展特点和它的中期发展方案》，载《预测问题》2004年第1期，第63页。

中,这就是实行所谓的卢布"内部可兑换"制度。该制度不仅允许俄罗斯本国的法人和自然人将本国货币兑换成外汇,而且还鼓励利用外汇进行国际支付。这实际上意味着俄已经开放了国内资本市场(但对境外投资者卢布不能自由兑换,如在证券市场上境外投资者出售证券所得收益或投资股票股息都不能用硬通货支付)。在宏观经济形势不断恶化的背景下,为了稳定本国汇率,俄罗斯于1995年由"内部可兑换"走向了有管理的"汇率走廊制"。后来,1998年接二连三的金融危机使俄宣布放弃"联系"汇率制,卢布实行浮动汇率。与此同时,俄罗斯加强了金融市场的政府监管,不断扩大金融业务的监管范围。

第四,快速发展证券市场。证券市场的建立和发展是俄罗斯实行经济转轨的必然要求。早在1991年12月,俄罗斯就出台了有价证券发行和流通的相关规定。紧接着,1992年2月又颁布了关于商品交易所和股票交易所的法规。这些法规为俄证券市场的建立奠定了初步的法律基础,并使证券市场得以逐步发展。此后,包括莫斯科中央证券交易所和外汇交易所在内的各类专业证券交易所纷纷建立。而国家有价证券市场也在1993年和1994年间建立起来。1993年5月在莫斯科外汇交易所首次发行了短期债券,当年共发行短期债券6 500亿卢布。1994年发行的短期债券高达20.5万亿卢布。1996年4月,俄罗斯又通过了《有价证券市场法》,从而进一步规范了有价证券市场的发展和运作机制。2001年,俄罗斯重新修订了《股份公司法》,并通过了《投资基金法》。2002年3月,普京总统签署了《俄罗斯联邦刑法典修改与补充法》,其中规定对有价证券市场上的犯罪行为追究刑事责任,进而从法律上进一步规范证券市场行为。不仅如此,近年来俄还对《有价证券市场法》等法规做了多次修改。通过以上法规,我们可以看到俄罗斯为证券市场的建立和发展所提供的法律框架和制度保证日趋完善。俄罗斯证券市场的快速发展除了不断加强法律、制度的完善和货币当局执行一贯的政策外，另一个重要的举措是，俄不断取消对证券市场发展的限制，允许大型非银行金融机构进入国家有价证券市场，开始在交易所市场进行投资基金股份交易，为证券市场的发展创造更加宽松的环境和条件。例如，2000—2001年，俄取消了对投资者进入证券市场的财力限制。

俄罗斯快速发展的证券市场成为俄政府、企业吸纳资金的重要来源。其一，国家有价证券市场是俄罗斯证券市场的重要组成部分。通过发行国家债券弥补预算赤字，是俄罗斯国家有价证券市场履行的一个重要职能。即使是在1997年进行市场重组的情况下，俄罗斯还能通过大幅度降低收益率，紧急从国家有价证券主要是国家短期债券和联邦债券的进款中筹措大量资金，弥补了当年联邦预算赤字的42%。俄罗斯国家有价证券的构成部分中，国家短期债券和联邦债券份额最大。

其二，俄罗斯国内证券市场吸纳投资的作用更加明显。俄企业证券市场交易的主要企业证券品种为国有企业私有化过程中股份制公司发行的普通股。虽然存在着投资风险，俄股票市场还是得到了较快的甚至是迅速的发展。随着证券市场的不断发展壮大，俄罗斯证券市场已具有相当大的容量。股票市场成为最大的发展中市场之一。2003年越来越多的俄罗斯企业利用有价证券市场融资，通过在国内外发行股票、公司债券及欧洲债券，依靠参股或控股等形式增加企业财力基础，本国有价证券市场成为俄企业投资资金的重要来源。尤其是近几年来，俄公司债券市场可以使企业获得比信贷市场更廉价的长期资金，许多企业依靠发行公司债券而吸纳的资金总额超过了银行贷款总额。

可见，俄罗斯20世纪90年代的金融制度变迁是对内金融自由化和对外金融自由化全方位推进的激进式过程。尽管期间出现过金融市场的危机和动荡及银行的破产，然而转轨还是取得了巨大的成就，一个以西方市场经济国家金融制度为样板，市场导向型且高度开放的金融体系已经初步建立了。尤其是这种以制度先行为特征的金融改革，为金融体系的后续发展大大消除了制度性障碍。历史进入到21世纪，俄罗斯的金融改革转入渐进调整的发展进程。如1998年金融危机后俄银行体系和证券市场开始了重大的制度调整和重组。今后面临的主要问题是各种金融制度安排的调整和局部性完善，严格规范制度管理、监督并形成有效执行机制和制约机制，加强宏观调节和相关制度间的有效协调。以银行体系的发展为例。目前，一系列内外因素依然抑制俄银行部门的发展。内部因素主要表现为：不发达的金融管理体系，某些银行提供不合乎要求的银行服务，甚至进行虚假商业经营，个别银行的大部分资本表现出了虚假性，银行运行的业务费用很高，等等。外部因素包括：较高的信贷风险，一系列金融立法的关键问题未能有效解决，在银行服务市场上有利于竞争发展的法制基础环境没有得到充分的完善，信贷机构破产和清偿程序透明度没有提高，信贷机构的并购程序复杂且不合理；银行受到资源条件的限制和资信的不足，首先是中、长期负债不足，居民对银行的信任程度不高，银行身上的行政负担依然比较沉重，银行花费了大量的资金履行本不属于银行的职能。而所有这些问题的解决尚需长期磨合，它的难度远大于打破一个旧的金融制度框架。更何况，金融改革并不是孤立的，它是与整个市场经济制度包括市场竞争制度、企业制度、经济管理制度、行政制度等紧密相连，互为促进。若没有这些制度配套改革与金融制度本身的不断完善，金融改革的市场化进程难以完成;市场化、商业化、企业化的金融运行机制也难以建立并充分发挥作用。

二、中国金融改革的路径选择

同经济体制改革一样,中国在金融领域的改革也采取了渐进的方式,而且金融改革一直服从于经济体制改革的总体目标。

第一,对"大一统"的单一银行体制,对中国人民银行独揽一切银行业务的制度实行改革,使其成为真正意义上的中央银行即"银行的银行"和"执行金融政策的银行"。并在此基础上建立中央银行和商业银行并存的两级银行体制。早在1985年,在《中共中央关于制定国民经济和社会发展第七个五年计划的建议》中就提出,要建立一个以中央银行为领导、国家银行为主体、保险及其他金融机构并存和分工协作的社会主义金融体系。因此1985年以后,国家根据国民经济发展对金融业的需要,按照市场化运作原则,组建了一批商业银行(交通银行及之后的中信实业银行、中国光大银行、华夏银行以及目前正在筹建中的东北振兴银行)和非银行金融机构。1994年商业性金融与政策性金融相分离,专业银行商业化迈出实质性步伐。我国成立了三家政策性银行,即国家开发银行、中国进出口银行和中国农业发展银行,承担原来由国家专业银行办理的政策性信贷业务,从而实现了政策性金融与商业性金融的分离。1995年四大国有专业银行改组为国有独资商业银行,专业银行商业化也进入了实质性实施阶段。但在管理体制和商业运营方面仍然处于进一步的探索和完善阶段。1995年《中国人民银行法》正式颁布实施,中央银行的职能转换取得了实质性进展。之后的1996年4月,中国人民银行正式开办了公开市场业务。此外,我国在私人资金和国外资金进入商业银行和非银行金融机构的准入方面控制一直较严,持非常谨慎的态度。只是在20世纪80年代后期,金融对外开放才向前迈出了重要的一步。1985年,我国正式允许外国金融机构在四个经济特区设立营业性分支机构;1990年和1992年,又先后批准在上海以及大连、天津等7个城市设立营业性外资金融机构。

第二,在外汇管理体制方面,早在1979年我国就进行了初步改革,开始实行外汇留成制度。为了满足企业之间外汇余缺调剂的需要,从1980年起,还开始了外汇调剂业务。但是直到1994年,我国才对外汇管理体制进行了重大改革。对官方汇率和外汇调剂市场汇率并存的"双重汇率"实行并轨,建立起以市场为基础的、单一的、有管理的浮动汇率制度。此后,对境内机构和外商投资企业买卖外汇纳入了银行结售汇。1996年12月,我国正式接受国际货币基金组织协定第八条款,实现了人民币经常项目下的可兑换。但对于人民币资本项目,正如国家外汇管理总局局长郭树清所指出的:"人民币资本项目可兑换将是一个长期的、渐进的、水到渠成的过程。"国外学者研究认为,中国资本账户开放的步伐应与银行体系的重组以及汇率体制的调整相一致,以适应更开放的金融环境。

第三,1998年以后,我国金融制度又进入了进一步的调整和发展时期。大力发展证券市场,调整中央银行的组织结构(由按行政区划在各省设置分行改为在全国设立九个大区分行),就是最重要的举措之一。特别是从2000年开始,允许外商投资企业在A股市场上市筹资,这标志着中国封闭多年的证券市场(或资本市场)开始对外资开放。到2003年年底,金融改革的步伐进一步加快,国务院动用450亿美元外汇储备注资中国银行和中国建设银行来实施股份制试点改革。正如中国人民银行行长周小川所言,"注资这件事的意义,不仅仅在于注入资本金,它表明中国商业银行改革已经进入了全面加速的阶段"①。

第四,在金融监管体系方面,我国采取分批次的方式将中国人民银行过去的证券业、保险业、银行业等监管职能逐步剥离出来,到2003年我国经过10年的时间基本建立起金融体系"分业监管"的监管框架,同时,国家也加强了一系列金融法律、法规和管理条例的建设,至此中国人民银行真正成为专司货币政策制定和实施、独立性较强的中央银行。

第五,分阶段推进金融市场改革。在货币市场方面,从20世纪80年代初在个别城市试点商业票据承兑贴现业务,开始建立商业票据贴现市场,到1986年商业票据贴现市场初步形成;从1985年允许金融机构之间相互融通资金,逐步建立同业拆借市场,经过近10年的发展,到1996年开始真正形成全国统一利率的同业拆借市场。而国债回购业务在1991年开始试点,以后逐步扩大业务的交易所范围,到1997年完全开放了银行间债券回购市场业务。随着包括拆借、债券、票据贴现等各子市场的相继建立和发展,20世纪90年末期,一个相对完整的货币市场体系建立起来了。同样,中国资本市场的发展也是从20世纪80年代初国债、金融债券、股票的开始发行,以及20世纪80年代中期以后企业债券的开始试点,经过十几年的发展,到20世纪90年代前期基本搭建了资本市场体系的框架,其中,股票市场的发展初具规模。

可见,我国渐进式金融改革走的是一条金融约束型(政府的选

---

① 并不是"白给",这两家银行要给中央汇金公司(国家专门成立的管理这450亿美元注资的专业公司)以固定的回报。

择性干预)的发展道路,金融改革的进程是在市场化与反市场化的矛盾斗争中得以推进的。但金融约束有可能会加剧转轨国家业已存在的金融垄断,反而降低金融效率。例如,我国在对城市信用社的治理整顿中,不是将其改造成诸如民营银行、私人控股银行或合伙银行之类的产权清晰、责权明确、行为规范的小型城市银行,而是改造成类似国有商业银行的城市商业银行,这是一种旧有银行改革模式的翻版,而不是银行改革模式市场化的创新。按照新制度经济学的观点,这是在银行制度改革上的路径依赖(如当前银监会所进行的农村信用社的改革试点,是突破路径依赖走大胆的市场化改革,还是模仿已有的改革模式,该是下一步改革值得深思的问题)。目前国内民营资本控股的金融机构少得可怜,它的缺位非常不利于中国金融竞争环境的形成。同时,中国还缺乏一个健全的资本市场结构体系。尽管这些年资本市场有了较快发展,但也主要局限于股票市场的发展,像证券投资基金市场、债券市场的发展都很滞后,而衍生金融工具市场几乎为空白。这些现象说明中国金融转轨的滞后性以及由此造成的制度性障碍依存。2001年11月,中国正式加入WTO,这标志着中国被卷入金融全球化浪潮的不可逆性,因此,实现跨越式发展,推进金融自由化已经成为中国金融业进一步改革的内在需求。

但是,毕竟经过多年的渐进式金融改革,我国已初步培育了市场化的微观金融运行主体。这主要表现在:国有商业银行的商业意识和风险管理意识渐趋加强;金融主体的所有制结构有了一定程度的发展变化,到目前为止,我国已经有了几家完全民营或民营控股性质的金融机构。外资金融机构的进入,使我国金融市场主体的竞争意识迅速增强。金融企业在大的方面已基本摆脱了与政府部门的行政隶属关系。宏观调控也逐步走向市场化,中央银行的独立调控能力大大增强,调控日渐走向法制化的轨道,特别是公开市场业务,再贴现,再贷款和国债回购业务对货币政策实施产生的影响越来越大,表明宏观调控手段日趋走向市场化。而且,已初步建立了由借贷市场、资本市场、货币市场组成的金融市场体系。所有这些都表明我国渐进式金融改革的巨大成就。

  总的来看,直到目前,由于经济转轨国家所具有的内在不利因素依然存在,使其在融入金融全球化进程中金融体制面临着巨大的风险压力。其一,转轨国家的企业制度、贸易体制、投资体制、金融制度等市场经济制度具有很大的不完善性。其二,转轨国家的金融体系比较脆弱。资本市场体系发展不健全,银行不良资产比例比较高。以市场结构相对较好的俄罗斯资本市场为例,虽然俄股票市场成为最大的发展中市场之一,但股票市场的发展并未达到十分成熟的程度。股票市场中不仅交易活跃和成交额大的股票较少,而且众多个股的流动性普遍较差,且其流动性对国际证券市场的各类股指以及世界经济与俄罗斯本国经济的动态等均反应比较迟钝。有价证券市场在很大程度上被垄断。证券市场不透明,信息披露制度不健全。其三,金融市场开放后金融监管体系不健全,防范金融风险的能力差。因此,转轨国家在创造宽松的环境推进金融自由化的同时,防范金融风险和加强金融监管刻不容缓。本书以为,建立科学合理的制度安排和构筑多层次的金融协调机制是防范金融全球化外部冲击和增强金融体系内在抗风险能力的重要保障。

第二节　经济转轨国家中央银行独立性的制度建设

一、中央银行制度建设的历史演变

从历史来看,自 17 世纪下半叶最早的中央银行瑞典国家银行、英格兰银行产生算起,中央银行的发展已有 300 多年的历史。这 300 多年的历史中,是中央银行不断健全和完善其职能并逐步增强其独立性的过程。在一战前,中央银行的制度建设侧重于发展和完善其作为国家的银行、银行的银行、发行的银行的基本职能,这时候一些国家的中央银行基本不受政府控制,保持了高度的独立性。在一战后为解决战争带来的严重通货膨胀,许多国家成立了独立的中央银行,一些国家还规定中央银行独立于政府,这时中央银行主要围绕着重建币制(实行金块本位制和金汇兑本位制)和稳定币值来进行。20 世纪 30 年代大危机后,是中央银行发展的一个新的转折时期。一方面,由于中央银行在反危机方面束手无策,中央银行完全控制在政府手中;另一方面,根据凯恩斯的宏观经济思想,中央银行的制度建设重点在制定货币政策,加强对经济和金融的宏观调控,以解决经济的协调发展和金融秩序的稳定,这时中央银行成为政府推行其政策的工具。"二战"后,一些西方国家的中央银行实行了国有化,中央银行成为政府强有力的宏观调控的工具得以进一步强化。从 20 世纪 70 年代以后,资本主义经济进入滞胀时期,许多国家开始实施提高中央银行独立性的制度改革。目前,德国(早在 60 年代就为对付战后的恶性通货膨胀最早提高了中央银行的独立性)、美国、日本、英国等国家都建立起了拥有更大独立性的中央银行。各国的中央银行还加强合作,通过国际货币金融的合作,以稳定汇率,促进世界经济的发展。现阶段在发达的市场经济国家,市场对中央银行调控金融的手段影响越来越大,中央银行的调控更加依靠市场也要适应市场,即调控手段市场化了。可见,经过300多年的发展,现在中央银行不仅要履行传统的基本服务性职能,而且更主要的是通过一系列金融活动工具,行使其宏观经济的管理职能。

中央银行发展的实践也证明,在国外一些发达的市场经济国家,中央银行在货币政策的制定和执行上都具有相当的独立性,如日本的中央银行(即日本银行)在货币政策的制定和执行上具有相当的独立性;德国的中央银行独立性也非常高,并且在德国多年来保持了较低的通货膨胀和稳定的经济增长。一些学者通过实证研究得出的中央银行的独立性与通货膨胀呈负相关关系的结论,说明提高中央银行的独立性,财政赤字货币化就很低,可以在很大程度上控制通货膨胀,为本国经济增长提供良好的宏观经济环境。因此,在市场经济条件下,中央银行的制度建设,首要条件就是使其具备独立自主的资格,以适应市场经济的变化。

二、经济转轨与中央银行独立地位的制度建设

目前,学术界将中央银行的独立性界定为中央银行同政府之间的一种关系。西方学者对中央银行的独立性问题具有较深刻的研究。在20世纪70年代和80年代,出现了政治的经济周期理论、经济政策的动态不一致性理论、"保守的中央银行总裁模式"等理论模式;到了20世纪90年代,在前人的基础上,威尔士提出了"委托人—代理人模式",同时,以哈塞为代表的一些西方学者将中央银行的独

立性理论作了更为具体的阐述和明确的界定①，该理论认为中央银行的独立性包括人事的独立性、财务的独立性、政策的独立性。所谓人事的独立性是指中央银行人事任命时政府影响程度，财务的独立性是指中央银行向政府直接或者间接融资时政府的影响力，政策的独立性是指制定和实施金融政策时，所赋予中央银行的决策权力，它包括政策目标和政策手段。哈塞认为，如果中央银行在这三方面处理好了和政府的关系，中央银行才具有真正的独立性。针对哈塞的中央银行的独立性的基本理论，一些西方学者对其做了进一步的发展，将中央银行的独立性具体化为政治的独立性和经济的独立性。其中，库克曼又将其做了具体的细分，认为政治的独立性包括中央银行总裁及理事会成员的任命、中央银行和政府的关系即中央银行是否不受政府干预自由制定货币政策及是否拥有法律上最终目标的决定权；经济的独立性如中央银行向政府财政直接提供信用的限制条件，中央银行的主要目标确定为价格稳定的程度。

在西方国家中央银行改革实践及其独立性理论的影响下，转轨国家从改革初期开始中央银行独立地位的制度建设。目前，经济转轨国家相继建立起了以中央银行为主导、商业银行为主体的，多种金融机构并存的二级银行体制。这个体制在一定程度上确立了中央银行的独立地位，明确了中央银行与政府及其他部门的关系。这是原计划经济国家中央银行顺应世界中央银行制度发展潮流与趋势的一次新的创举。使中央银行从此摆脱了完全隶属于政府的附属地位，从直接从事工商信贷及存储等具体业务和履行全国性金融管理的双重职能的交织，转向能够独立专职履行金融管理业务。虽

---

① 伏润民：《关于中国人民银行独立性的研究》，载《经济研究》2004年第6期，第15页。

然,转轨国家的中央银行不能完全照搬照抄发达市场经济国家的模式,但是在履行市场经济下中央银行的基本职能方面两者应具有同一性,如制定和执行政府的货币政策、代理国库收支、代表政府参与国际金融活动等,以履行国家银行的职能;发行全国统一的货币履行其发行银行的职能;作为银行的银行,履行管理商业银行和其他金融机构的贷款、票据交换和清算等业务。

更为重要的是,转轨国家的中央银行应在保持国家宏观金融稳定、帮助完善商业银行以及促进本国经济发展方面发挥更大的作用,这是转轨经济中央银行制度建设不同于其他国家的特殊性。为此,首先要稳定本币币值,既要保证本币稳定的购买力,又要保持本币汇率的相对稳定,这是奠定转轨国家经济稳定发展良好环境的前提。没有这个前提,就不能稳定投资者的投资预期,就可能导致国内资金外逃和外国资金难以长期投资。相反,在金融全球化的推波助澜下,本国的金融市场会出现越来越强的投机性和泡沫性,因为一个不断扩大开放,参与金融全球化的转轨国家是很容易受到外部冲击影响的。而我们知道,过度的投机总是使得金融资产价格波动频繁,由此,将会引起投资主体的较大财产损失,并产生投资预期的外部性影响,这必然会严重扭曲资源的配置。因此,对转轨国家来说,稳定币值对本国的经济发展意义深远。此外,在西方发达国家,利率功能比较健全,已经建立起了以利率为中心的比较明晰的货币政策金融管理的传导机制。在转轨国家,由于市场发育先天不足,直到目前仍然没有形成较为完善和发达的市场经济制度体系,特别是缺乏有效的市场竞争制度、企业制度、经济管理制度等制度安排。因此,单纯发挥以利率为中心的货币政策传导机制的作用,将会使转轨国家中央银行的金融管理职能的作用发挥大打折扣。要综合使用多种信贷方式传导机制和以利率为中心的市场化的货币政策传导机制。为此,需要应用多种货币政策工具和其他必要的政策工具;同时,随着市场经济的逐步完善,要不失时机地推进利率的市场化改革,逐步建立起以利率为主的市场化的货币政策传导机制。

三、中俄中央银行制度建设比较

(一) 中央银行隶属关系和决策权、分支机构的设置、职能转换、与财政部的关系

第一,关于俄罗斯和中国中央银行的隶属关系和决策权。在转轨初期,俄宪法规定俄罗斯中央银行独立于其他权力机构,在行政隶属上不归政府管理也不隶属于议会,享有与财政部平行的地位;但宪法同时还规定,央行政策必须与政府政策保持一致关系,这实际上等于央行仍然还是隶属于政府的执行机构。到了1995年,俄《新中央银行法》进一步明确了中央银行应向国家杜马负责,理事会是中央银行的最高决策机构,理事会的所有成员都由国家杜马任命,任期四年;在性质上中央银行是独立法人,不承担国家债务,国家也不承担央行的债务;在政策制定上央行与政府要相互协调,彼此合作。1998年金融危机后,中央银行的决策权能受到一定限制,如规定中央银行的收支必须严格贯彻中央银行的预算法,央行无权成为银行和其他信贷机构的股东(个别银行除外);央行的国家金融政策的计划要提请国家杜马审议并通过,只需国家杜马或联邦委员会的议员1/3的提议,即可解除央行行长职务。

至于中国中央银行的隶属关系和决策,新的《中国人民银行法》规定:"中国人民银行在国务院的领导下依法独立执行货币政策,履行职责,开展业务,不受地方政府、社会团体和个人的干涉。"这意味着,中国人民银行是隶属于国务院政府的一个部级机构,具有独立

于各部委机构和地方政府的地位;具有独立执行货币政策的权利,但中央银行的政策(如中国人民银行就年度货币供应量、利率、汇率和国务院规定的其他主要事项做出的决定)必须在政府的认可下方可以执行,中国人民银行和政府的关系是一种领导和被领导的关系。另外,《中国人民银行法》规定,中国人民银行行长由国务院总理提名全国人民代表大会决定;中国人民银行副行长由国务院总理任免;关于行长的任期和副行长的人数法律没有专门的规定。

可见,转轨国家在独立制定和执行货币政策的权力上,与欧美发达国家相比,还有很大的限制,政府或议会在央行政策制定上起很大的作用;在行长、副行长的任命上受制于政府或议会,他们的任期基本和政府首脑的任期一致,随着政府的换届,银行的最高决策机构也会发生相应的变更,有时甚至中途行使任免权,这和欧美国家行长与政府首脑任期不一致又有不同。所有这些都带有转轨的特色,也是市场经济不成熟的表现。

第二,关于央行分支机构的设置。俄罗斯和中国央行在组织结构上都采取垂直管理体制,包括总部和下属各分支机构。对俄来说,各联邦共和国的国家银行是中央银行的地方分支机构,目前共有19个隶属于中央银行的分支机构,如果再加上60个地区管理局,中央银行下设的一级分支机构近80个。在中国,1998年10月以前,中国人民银行的分支机构一直是按行政区划设置的,即在31个省、自治区、直辖市及计划单列市设立一级分行;1998年以后,按照区域在全国设置9个一级分支机构。中国这种大的地区性分支机构的设置,割断了地方政府机关对中央银行的行政干预,在一定程度上提高了中央银行的独立性。但由于地区央行官员的行政级别问题等因素的存在,地区央行与地方政府之间的关系没有摆清,这是强化央行独立性所必须要解决的问题。而俄这种按照联邦地区设置分支机构的做法,使得俄罗斯银行的地区性分支机构常受到地区政权机关的影响。

第三,关于中央银行的职能转换。早在苏联解体前夕,就出现了二级银行体制的雏形。伴随着私有化、自由化和稳定化为核心内容的经济转轨,俄罗斯按照西方的模式加速建立二级银行体制,也随之建立起不同于前苏联的适应市场经济发展需要的新型中央银行。为此,俄中央银行的职能也发生了相应的变化:从转轨初期货币资金的供应者一跃成为国家银行基本职能的执行者、国家金融的监督者、国家宏观金融的调控者。尽管在转轨初期,俄央行在一定程度上已经履行上述职能,但受转轨初期特殊性的制约,俄政府出于激进式改革的需要,仍要求中央银行还要履行政府政策执行的职能。1995年新的《俄罗斯中央银行法》颁布,俄除保留部分专项贷款外,其他贷款业务全部交给商业银行。央行的业务只面向政府和银行,专司"国家的银行、银行的银行、发行的银行";同时,主要任务是制定和执行货币政策,加强对金融机构的监督和管理,实现宏观经济稳定。其中包括制定和实施"统一的国家金融政策,保证卢布的稳定性,垄断现金发行并组织货币流通,对商业银行行使最后贷款人的权利,实行对信贷机构的国家注册和经营许可证的管理以及对信贷机构的业务活动的监督并完成外汇监督与外汇调控,组织银行间结算和代理政府管理国家债务,保存黄金和外汇储备等等"。1998年金融危机后,俄中央银行的部分职能进行了剥离和重新的规定,央行专司货币政策和宏观管理及行使部分监督任务。如中央银行无权持有商业银行的股份,对信贷机构业务活动的监管主要由联邦银行监督委员会负责,修改后的中央银行法还要求央行对联邦预算的执行情况和信贷机构使用财政资金情况进行经常性监督。可见,俄罗斯中央银行职能的迅速转换,是政府刻意追求和模仿发达国家的中央银行的发展模式,并在政府的设计和大力推动下中央银行职能快速实现创新转换的一种发展路径。由于严重脱离本国经济发展的初始条件,中央银行职能的转换并未带来经济的增长和宏观经济的稳定,反而助长了本国经济的进一步衰退和混乱。尽管目前俄央行的金融创新走在了一些转轨国家的前面,但国家为此付出的代价是沉重的。

中国在改革前,中国人民银行集所有国内银行业务于一身。随着我国经济体制改革的逐步推进,中央银行的职能渐趋被剥离并清晰设定;同时,央行职能的发展和完善是和我国商业银行金融制度和组织的建立和创新紧密相连,也和其他金融机构的发展相联系。这是一条逐步摸索,立足国情,把握稳定,充分考虑到新型金融发展演化顺序制度安排的发展路径。20世纪80年代中后期,在彻底划分了中央银行和专业银行以及金融机构的业务界限,初步建立起了二级银行体制的框架,完成了中央银行的体制设定和相应职能的规范性转化,这个转化至少用了8年的时间。这就是将所有信贷储蓄等具体业务转给商业银行,专司货币发行、代理国库、充当银行最后贷款人的角色,管理金融业务并对信贷活动实施监督,管理黄金外汇及票据交换和清理等业务,制定和执行货币政策,利用行政和经济手段(1998年后主要用经济手段)实施宏观金融调控。1992年成立的证监会及1998年成立的保监会进一步将证券、保险市场的监管职能从中央银行的职能中剥离出来,中央银行职能更加明确和规范化,独立性进一步增强;2003年银监会的成立也使央行的货币政策职能得以更大程度上的体现。至此,中央银行集中精力于宏观经济管理和货币政策的执行,一个规范的具有较大独立性的中央银行逐步得以完善。

第四,与政府和财政部的关系。中国和俄罗斯都明确规定,中央银行与财政部是平行的机构,它们之间不存在行政隶属关系,是以平等独立的身份协调配合工作。1993 年《中国人民银行法》明文规定:"中国人民银行不得对政府财政透支,不得直接认购、包销国债和其他政府债券";同样俄 1993 年宪法也规定了中央银行独立于政府和财政部的地位。但在转轨初期,两国中央银行受政府控制程度还很严重,同时,央行还成为解决财政赤字的主要渠道;在政府财政陷入危机时,中央银行独立履行职能在实际操作中被削弱,而在通货膨胀严重或政府财政有新的融资渠道时,央行的独立性又得到事实上的增强。

1992—1994 年俄罗斯中央银行给财政部的贷款占其资产的比例分别是 44.4%、34.3%、57%,因而,这一时期俄中央银行无法控制通货膨胀。1995 年俄新中央银行法颁布,俄中央银行资产财政化的问题有所缓解。但在 1998 年金融危机以后,俄一改以往不向政府提供用于弥补财政赤字的贷款规定,又重新规定中央银行根据预算法可以向政府提供季度性、用于弥补财政收支不平衡的贷款。可见,俄罗斯中央银行在很长时期内也未能成为真正的中央银行。央行与政府之间的隶属关系没有完全摆脱,使其不能有效履行中央银行的职能。特别是信贷资金的财政化现象较为严重,其突出表现是政府财政预算可以通过向央行透支的办法来解决或达到平衡。更有甚者,1996 年总统竞选时竟强制中央银行拿出 5 万亿卢布支持政府开支。此外,俄中央银行对商业银行的管理也缺乏独立性,央行提供的贷款经常受到政府的干扰,资本流量常由国家来决定而不是由银行根据市场来确定。但普京执政后,这种状况得到很大改变。国外学者对转轨经济国家中央银行的独立性的实证分析也反映出了同样的发展态势。劳恩甘伊和希特(Loungani & Sheets)分析了 1992—1997 年东欧及前苏联 12 个转轨经济国家中央银行独立性的指标①,通过比较发现,考虑政治因素的中央银行,其独立性程度与通货膨胀之间存在负相关关系;而没有考虑政治因素的中央银行独立性与通货膨胀率的负相关性不显著。从而得出了在转轨经济的中央银行独立性问题上,央行的政治地位因素(可以理解为政府当局的干预或控制程度)起着重要作用。另一方面,从转轨经济的实践也发现,转轨过程中往往会出现政府财政赤字和较高的通货膨胀的倾向,而政治独立的中央银行有助于在政治决策中抵制这种通货膨胀倾向。如爱沙尼亚全面禁止中央银行直接给政府融资,波兰也实施强硬的政策,结果大大限制了政府财政赤字的规模,从而迫使政府另辟其他融资渠道,如发展证券市场。俄罗斯在1997年以后,特别是在普京执政后为了解决以激进方式实行银行体制改革所留下的后遗症,俄政府和央行成立了信贷机构重组代理公司,经过银行重组和金融改革的深化,俄罗斯中央银行的政治地位不断提高,并进一步明确了今后银行与政府是一种合作关系。目前,俄罗斯的财政融资主要转向证券市场,通货膨胀也被控制在一定的范围。

中国人民银行在1994年之前的经济独立性还很弱,这时财政赤字主要靠央行融资,政府财政赤字的货币化程度很高。据统计,中国人民银行向财政部的透支与借款(长期性)余额到1994年末约占当时中国人民银行总资产的12.2%。② 除此之外,中国人民银行每年的贷款也有相当部分投向本应由财政支出负担的项目。1994年之后,央行经济独立性逐渐增强,这时财政融资基本靠发行国债这种社会化的债务方式来解决。在1998年之前,中央银行一定程度上会受到各级政府的干预,1998年后随着渐进式金融体制改革的不

---

① 蔡志刚:《转型经济国家中央银行独立性检验》,载《上海金融》2004年第3期,第22页。

② 谢平:《中国中央银行的独立性》,载《上海证券报》1995年4月5日。

断深化,中央银行的独立性逐渐增强,并且从政策上切断了人民银行与财政、地方政府和各级政府部门的融资关系,使得实际运行中干扰大大降低。但在实践中,财政向人民银行变相借款和透支的问题并没有得到彻底的解决,如自发行国债以来,传统的财政、银行关系又出现复归的迹象,即财政缺钱就发国债,银行根据国家的需要和自身的利益就买国债,从而银行又变相成为财政的出纳(林凌,2003)。特别是中国人民银行至今仍是国务院的重要行政隶属机构,中央银行仍然是在政府的控制下行使其职能(强调这一点并不是说中央银行不考虑政府目标孤立行事,而是要排除政府的非经济因素的干扰,而且央行只有具备政策上的独立性,才能更好地与政府相互配合,相互制约,因为政府的决策是非理想化的,这样才有可能制定出客观的宏观经济政策),这使得央行的政治独立性距离市场化要求依然很远。伏润民(2004)的实证研究表明,从中国人民银行的法律层面上看,《中国人民银行法》颁布以后,其独立性有了提高,特别是经济的独立性有了明显的提高;但是,与11个发达国相比,其独立性还比较低,尤其是在政治的独立性方面还有待于进一步的提高。从《中国人民银行法》颁布前后的政策反应函数的比较看,中国人民银行的独立性有了一定的改善,但是,独立性的提高并不明显。①

(二) 中央银行与商业银行等信贷机构的关系

按照现代经济金融理论,中央银行与商业银行是市场经济中两个具有独立自主性的重要主体,它们的目标是不同的,中央银行是非盈利性的,主要为实现其货币政策目标,即稳定货币、充分就业、促进经济增长、平衡国际收支以及维护银行的安全与稳定;而商业

---

① 伏润民:《关于中国人民银行独立性的研究》,载《经济研究》2004年第6期。

银行是盈利性机构。但它们之间又是相互作用的,中央银行必须通过对商业银行的影响才能实现其货币政策目标,完成其金融管理职能。作为处于转轨时期的中国和俄罗斯,这种关系在金融改革进程中既有其一般性,同时又有其特殊性。

第一,俄罗斯《新中央银行法》第四条规定,中央银行对商业银行行使最后贷款人的权利、对商业银行进行监管。同时,银行法还规定,中央银行无权持有金融机构的股权,但要保证商业银行良好的经营场所。从这些规定中,反映出中央银行对商业银行主要是依法进行调解和监管,为商业银行创造良好的竞争环境。但新银行法给中央银行还保留了大量例外条款,如第45条第7款规定,中央银行仍有权开展结算和存款业务以及对军队的业务,并有权持有和买卖有价证券及其他资产。俄罗斯央行与商业银行的关系主要可以归纳为两个方面:其一,俄中央银行同商业银行的关系是监管和被监管的关系,对商业银行的监管主要由中央银行完成。俄中央银行对商业银行的监管,一是,为商业银行发放市场准入许可证,这一监管手段在一定程度上可以控制市场上商业银行的数量。如1996年为了控制商业银行爆炸式的快速发展,央行提高了准入限制,大大减少了商业银行的数量;二是,监管银行资本结构中的资本充足率、清偿能力、交存的法定存款准备金等主要指标,这一手段主要是监管银行的经营活动,其职责由1996年成立的监管委员会负责(该委员会中有中央银行和各信贷机构及联邦会议上下两院的代表,其职责是审核有关银行业的法律和规定,对货币信贷政策以及外汇监管政策进行监督,还负责俄中央银行下属机构之间的信息交换,在一定程度上协助中央银行更好地履行监管职责)。但在1998年金融危机后,随着法律的修改,重新规定对商业银行等信贷机构的监管主要由联邦银行监督委员会负责。

其二,央行为商业银行的正常运营创造稳定的竞争环境。金融市场是商业银行的主要活动场所,也是商业银行风险的主要来源,特别是外汇市场的风险对商业银行产生了较大的影响。为此,中央银行采取了一些稳定措施加强对金融市场的宏观管理。如1996年,俄国债市场发展使得其收益率提高,资金大量拥向国债市场,为防止国债市场出现畸形发展,以及调动投资者向生产领域注资,俄的政策目标转向降低国债收益率,稳定国债市场。1998年金融市场出现动荡,中央银行的政策目标转向稳定金融市场,为此,紧缩银根,加强了对外汇市场的监管。1998年金融危机之后,为保证银行的正常运营,中央银行采取措施重组银行,恢复金融秩序。

尽管俄中央银行做出了很大的努力,央行在维护金融市场稳定和降低市场风险等方面的监管效率还是很低的。其主要原因,除了没有建立起完善的市场经济运行机制外,我们认为一是中央银行在商业银行持股,使得中央银行在政策实施上有失公允、全局观念不强,同时政策措施大打折扣。目前,俄中央银行持有许多商业银行的股份,持有外贸银行99.95%的股权,农业银行75%的股权、储蓄银行57.6%的股权,同时还是多家商业银行的控股股东,俄罗斯1/3的商业银行已经被中央银行所控制。[①] 俄央行与商业银行的这种关系使它在制定和执行政策时很难做到客观性、公正性、中立性,从而大大削弱了独立执行货币政策的可能性。二是俄罗斯央行受内外部因素干预。如在转轨初期,受来自IMF的压力,致使经济大幅衰退;转轨时期受来自中央政府的左右,为财政解危机或政府选举筹

[①] 范敬春:《迈向自由化道路的俄罗斯金融改革》,北京:经济科学出版社2004年版,第41页。

资等等;在行使监管任务时,由于将监管重任放在俄银行地区分支机构上,而俄地区分支机构常受到地区政权机关的干预,这使得本来就分散的监管体系更难有效实施监管。三是中央银行执行自由化政策头脑发热,过火过激。在金融全球化的联动作用下,俄中央银行在执行金融政策时遵循银行活动自由化的基本原则,致使银行体系跃进式发展,由于银行业务品种相对丰富、风险种类变化多端,银行监管有时处于失控状态,金融体系风险增大;放任自流的金融政策又使金融业务严重脱离实体经济,增强了投机性同时恶化了经济的金融环境。

第二,1993年的《中国人民银行法》规定,中国人民银行与各金融机构之间是监督与被监督的关系,而不是上下级的领导关系;中央银行还是商业银行等金融机构的最后贷款人,主要为其提供贷款或其他融资服务,帮助渡过暂时的困难。在2003年之前,央行具有监管和货币政策双重职能,中央银行通过对商业银行行使监督职能,一方面要更好地实施其宏观金融管理职能;同时这种监督还负有推进商业银行等金融机构市场化、商业化、自由化进程的制度创新的使命。中央银行执行金融政策时遵循稳定化的基本原则,特别是稳定币值和稳定物价始终是中央银行推进金融体制的中心,它为整个经济体制改革创造一个可控的经济金融环境。然而也正是这种稳定化的指导思想,加之受传统制度惯性的影响,中央银行在履行监管和推进商业银行制度改革方面表现滞后。中央银行在监管方面主要是合规性监管、罗列式监管,而不是像德国那样对银行一切业务的监管,致使监管跟不上金融创新和发展的需要,金融风险积累增大。同时,这种条条框框式的监管,在一定程度上限制了金融机构的金融创新,因而商业银行业务品种相对单一、风险种类相对也小。2003年后,为了提高银行业监管专业化水平,防范金融风险，以应对金融全球化与金融创新的浪潮，中央银行的监管职能从中剥离。单设监管委员会，由银监会对银行、金融资产管理公司、信托投资公司及其他存款类金融机构实施监督管理。可以说，银监会肩负起了推进我国银行业和金融机构进一步改革探索和制度创新的使命。例如，2003年底，国务院动用450亿美元国家外汇储备注资中国银行和中国建设银行来实施股份制试点改革，银监会对试点银行严格的外部监管和考核，关系到试点银行能否加快深化内部改革，建立良好公司治理结构，转换经营机制；能否实现各项预期目标。所以，中国金融稳定和金融发展的使命很大程度上取决于银监会的监督和管理。因为银监会外部监督能够促使银行金融企业改善内部治理结构和管理效率，它的管理职能能够推进银行业的市场化进程，开展适度有序竞争。中央银行对商业银行的影响，主要是为执行其货币政策，实施其宏观金融管理职能。商业银行作为中央银行调控的主体对象，在中央银行金融调控职能功效发挥方面起着重要的传承作用，中央银行也要创造各种条件帮助完善商业银行制度和运行机制建设，力争改善转轨经济金融发育中这一薄弱环节。同时，中央银行在必要的情况下，有权对银行业实施检查监督，如新修订的《中国人民银行法》第34条规定，当银行业金融机构出现支付困难，可能引发金融风险时，为了维护金融稳定，中国人民银行经国务院批准，有权对银行业金融机构进行检查监督；第33条规定，中国人民银行根据执行货币政策和维护金融稳定的需要，可以建议国务院银行业监督管理机构对银行业金融机构进行检查监督并在规定时间给予回复。此外，中央银行对金融机构执行有关存款准备金管理规定的行为，执行有关人民币管理规定的行为，执行有关银行间同业拆借市场、银行间债券市场管理规定的行为，执行有关外汇管理规定等行为都有权进行检查监督,不过,这些检查监督是出于贯彻宏观管理规定和执行货币政策的必要而进行的。

四、结论

转轨国家法律度量的中央银行的独立性和实际运行中中央银行的独立性有很大的差异,实际运行独立性远远低于法律赋予的独立性;再从国际比较来看,转轨国家中央银行的独立性程度仍然较低,而且受政府的影响比较大。有外国学者将这种"偏差"解释为发展中国家不尊重法律;也有学者认为,造成这种情况的原因是法律的不健全和违法行为活动,而更为重要的是转轨国家的中央银行普遍从事的是"准财政活动"。我们认为,尽管法律赋予中央银行独立的地位,但在转轨时期程中,一切都处在重组过程中,都缺少规范化,需要一个较长时间的博弈过程。另一方面,转轨过程中变数太多,中央银行很大程度上还控制在政府手中,政府受随机因素的冲击可能对其实施主宰。从中央银行角度看,在转轨过程中同时面临经济发展和保持价格稳定的双重约束,不考虑来自其他方面的因素,完全按照西方发达国家中央银行稳定币值的最终目标来要求转轨国家,显然是很不现实的,同时也不利于转轨国家经济发展和经济稳定。由此,使得转轨国家中央银行的独立性大打折扣。

因此,我们的结论是:第一,不增强转轨国家中央银行的独立性,就无法有效保障央行货币政策目标的实现。这是转轨国家中央银行改革必须合理解决的迫切问题。第二,转轨国家中央银行独立性的改革有其特殊性,不应完全模仿西方式的中央银行改革模式,俄罗斯中央银行自由化的改革模式对金融稳定和社会经济稳定造成的负面影响值得中国借鉴。转轨国家要在基本符合市场经济国家中央银行独立性标准和基本规范化运作的前提下,不失时机地推进中央银行的制度创新,并在稳定和发展中寻求相对的动态平衡。这就是要在转轨进程中使央行能够具有一整套有效的自主管理金融活动的工具,使被调控的对象尊重中央银行的管理,中央银行能够提供权威的信息以及能对金融形势做出准确的判断,进而逐步树立中央银行精神上领导地位。① 没有这样的地位,中央银行也就不能有效和充分地发挥作用。

第三节 金融全球化与经济转轨国家金融转型中政府职能定位

一、金融全球化与转轨国家金融转型中政府职能重新定位的必然性

(一)金融全球化促使转轨国家政府职能转换

20世纪70年代,随着货币交易全球化的兴起,新一轮经济全球化迅猛发展,全球金融市场逐渐形成并不断扩大。20世纪90年代以来,经济和金融愈加相互渗透、相互促进,社会资产和经济关系日益金融化,人类进入了金融全球化的时代。而原有计划经济体制下全能型的、直接性的、行政性的、封闭性的以政府计划行政管理为中心的经济管理和资源配置模式,已经不适应全球化发展的需要。因此,经济全球化特别是金融全球化要求转轨国家政府职能实行全新的转换,要求最大限度地拆除转轨国家金融机构间的资金流动障

---

① 曾康霖:《银行论》,成都:西南财经大学出版社1997年版,第137页。

碍,实行国内金融的自由化政策和国际金融自由化的开放政策。为此,转轨国家首先转变政府职能以推进而不是阻碍金融市场化的发展,即政府从严格实行金融管制、对市场准入加以重重限制的政策,转而采取放松或取消金融管制、促进本国金融市场发育的政策。需要转轨国家打破国家对银行业的垄断,放宽对金融市场的限制,放松或实行灵活的利率和汇率政策。

目前大多数转轨国家都实行了金融市场化和自由化的金融开放政策。这主要表现在转轨国家纷纷实行以利率市场化为标志的国内金融和以资本账户开放为标志的国际金融自由化的改革。转轨国家政府对金融业的这种职能转换,大大推进了金融自由化和市场化的发展进程,增强了新型金融体制有效配置资源的能力。但是,在金融自由化和金融开放政策的实施过程中,转轨国家出于打破封闭以迅速融入金融全球化的急切心理,往往片面追求赶超型的金融开放战略,结果疏于政府的必要干预,造成对金融监管的弱化。而一些转轨国家过于谨慎,金融市场化和自由化的改革滞后,金融创新不足,金融垄断与金融管制问题依然较为严重。这些做法都会造成金融体系运行的不稳定,只不过前者使金融不稳定更为显性化,而后者则更为隐性化。金融全球化已经成为世界经济发展不可阻挡的潮流,任何国家都不能置身其外,因此,转轨国家适度放松金融管制,实现政府职能的转化是必然的选择。任何过激和过于保守都是不足取的,政府积极转化与合理调整其职能,做到适度干预,政府职能转换面临的挑战。

金融全球化一方面要求转轨国家政府转变职能,政府不断退出经济领域而让金融市场和金融中介机构逐步成为资源配置的主角;另一方面,要求全面提高政府的治理能力。它"使得政府的作用更为重要,它不仅体现在应付这些冲击(如金融危机),而且体现在帮助人民和企业抓住全球市场的机遇上"①。在这一过程中,政府在宏观调控、计划指导、法制构建、市场监督等方面都要进行职能的转换。

(二) 国际经济组织要求转轨国家转变政府职能

国际货币基金组织、世界银行和世界贸易组织这三大"超国家机构",以及巴塞尔银行监管委员会对推动转轨国家的经济转轨和政府职能转换,促使它们迅速融入贸易自由化、金融全球化、投资自由化和生产国际化进程,发挥着不可替代的重要作用。而在推进国际金融自由化和维护国际金融秩序方面,除了人们熟知的国际货币基金组织和世界银行等国际金融机构的作用外,WTO 的金融服务协议与巴塞尔协议日益成为金融全球化时代主导和规范国际金融发展的两大重要力量。

世界贸易组织经过多轮谈判,最终在 1997 年 12 月签署了《金融服务协议》作为多边谈判议题的成果。WTO《金融服务协议》为推进金融市场的自由化奠定了基础。它制定了金融服务的国际规则,倡导国际金融服务的自由化,要求各成员国尽可能在利率、营业地域、金融业务等方面放宽国内规则的限制,减少政府对市场的干预,并以法规的形式规范国际和各国金融市场的运行。在该协议中,"信用规则"被视为组织规则制定的基础,其最重要的是"维护信用秩序的规则"和"对维护信用秩序规则的认可"。这些规则的主要内容包括:要求保护投资人、存款人、信托金融服务经营者的有关权益规则;要求确保金融体系健全和稳定的规则;成员国政府在制定与金融服务有关的国内规则实施方案时,需要承认其他国家制定的关于维护信用秩序的规则。这些规则的含义,实质上是一方面规定了

---

① 1997 年世界银行发展报告:《变革世界中的政府》,北京:中国财政经济出版社 1997 年版,第 15 页。

金融全球化趋势下各国政府维护金融秩序的职责,强调国内规则的客观性,不主张主观行政干预,金融监管当局要依据规则维护金融秩序;另一方面,认为维护信用秩序规则是完成其他政策目标的必要基础,自由化不能作为唯一的政策目标,在追求自由化的同时,必须充分考虑维护信用秩序、保护消费者权益等其他目标的实现(赵家敏,2003)。[①] 第三,该协议还界定了政府的职能,即按照最惠国待遇原则、国民待遇原则和透明度原则,为国内外市场主体在该国的市场活动创造公平、公正、公开的市场经济环境。这就要求各成员国特别是转轨国家要遵循金融服务协议,加快政府职能转变,以适应金融全球化的发展趋势。此外,巴塞尔银行监管委员会于1975年成立并签署了国际银行业监管准则的巴塞尔协议,1997年颁布了有效银行监管核心原则。这也对转轨国家政府职能的转换提出了新的要求。

(三) 金融市场失灵和市场缺陷需要政府予以弥补

金融市场是进行信息生产、传递、扩散、利用的场所,许多交易也是基于信息才得以进行。由于金融市场信息的不对称和市场中信息传递的不完美、信息的外部性效应以及信息的公共品属性,在转轨国家建立的新型金融市场中,依然存在着大量的市场失灵的问题,而且,这个问题在不成熟的金融市场体系中更为严重。

首先,我们来分析金融市场中的市场不完善的问题。由于在金融市场中存在着信息不对称,即交易的一方掌握着另一方所不知道的信息,这样处于信息优势的一方会利用对方的"无知",侵害对方的利益而谋求自己的利益,从而在金融市场出现两种风险:道德风险和逆向选择。而处于信息劣势的一方因顾虑到这两种风险,可能

---

① 赵家敏:《WTO规则与我国政府职能的转变》,载《中国软科学》2003年第2期。

面对交易而犹疑不定,使得金融交易无法完成。具体来讲,金融市场中的道德风险是指借款者拿到款后,做了在贷款者看来不合适的交易,从而可能增加贷款收回的风险。面对由市场的不完善带来的市场失灵,政府的谨慎干预能够提高经济效益。例如,为了降低逆向选择问题对金融市场造成的损失,政府可以强迫金融机构和企业参与强制性的保险方案和风险分担;在道德风险方面,政府强迫金融机构和企业进行全面有效的信息披露。当然,还要注意避免因政府干预导致的效率损失如金融寻租等等。

其次,金融市场中的信息具有公共品属性,由于"搭便车"问题,使得信息由私人提供,信息收益收回难度很大,而要防止他人搭便车,就得付出较高的成本。因此,在竞争性的市场经济中,私人往往不愿意生产信息品,致使信息公共品供给不足,造成市场失灵。斯蒂格利茨认为,这种情况主要表现在金融市场中金融机构的偿债能力的信息和金融机构经营信息问题两个方面,前者决定了投资者或存款人对金融机构是注入资金还是撤出资金,后者决定了投资者的投资风险和收益。由于这两种信息是公共品,私人花费在监督金融机构偿债能力和经营方面的信息的努力是很少的,因而信息供给明显不足,极有可能产生金融市场的道德风险。同时,投资者因金融机构信息的不明朗,对其的信任和依赖度下降,也极有可能产生抽资或不愿投资的严重后果,引致金融市场的不稳定。当然,我们并不排斥私人在这方面监督付出的努力,但私人监督是有严重缺陷的,这个重任由政府来承担具有无可比拟的优势。这就是政府可以筹集足够的资金加强监督,政府可以依赖国家强制力强制证券公司、企业、金融机构公开信息,对欺诈性行为予以惩罚,对因内部人利用信息垄断进行的不公平交易政府要加强禁止和限制,政府可以设计合理的制度机构加强信息服务的有效性。所有这些都会在一定程度上提高金融市场的运行效率。①

此外,金融市场存在的外部效应问题,也会导致金融市场的市场失灵。这主要表现在,金融机构对企业的贷款选择存在着外部性效应,当形成正的外部性,企业可能获得其他金融机构和股票购买者的投资。相反,负的外部性,导致这个企业的外部融资能力大大下降,严重时会引发连锁的不良外部影响(如不良的商业信用和银行信用),甚至可能出现银行危机。在这种情况下,政府对银行的救助和加强监督是非常必要的。

(四) 外生性制度安排造成的转轨国家金融市场化程度不高和金融体系的不成熟,需要政府在职能转换中加强监管

目前,绝大多数的转轨国家经过多年的市场化改革,已经建立了与市场经济相适应的金融体系,无论是采取渐进方式还是激进的制度变迁,作为金融市场重要参与者的金融中介体系几乎都是转轨国家外生性制度安排的结果;中国采取了外生性国有中介占主导的金融体系,东欧俄罗斯则采纳西方"大爆炸"式的建议,出现了私有中介占主要地位的金融体系。这种制度安排都是转轨国家为弥补内生性金融体系先天不足的缺陷而有意设计的,因为靠转轨国家内生逻辑的自然演化完成金融从计划到市场的变迁在一个相对较短的时间内几乎是不可能的,而西方国家成熟的金融体系是经过上百年时间缓慢演化的产物。这种外生性的金融制度安排在转轨国家适应市场经济运行进程中内生滋养的不足,产生了金融市场化程度普遍不高,金融体系不成熟,金融运行效率不能令人满意。何况,就当前转轨国家金融体系的现实看,其金融的总体规模小,金融的竞

---

① 王曙光:《金融自由化与经济发展》,北京:北京大学出版社2003年版,第160页。

争力弱,根本难以与西方发达国家的金融业相抗衡,因而,其金融转轨和经济发展需要政府推动和扶持。另一方面,金融市场有缺乏信息和银行垄断的问题,没有政府的大力推动,单靠市场调节,金融的结构性问题、金融市场的不完善性问题也不可能在短期内克服。即使是在今天金融市场成熟、自由化程度高的美国,金融领域也存在政府严格的管制。同样,处于转轨期的转归国家更不能低估政府的金融监管作用,而是要有效发挥政府的职能,以促进金融体系的健康发展。

二、金融全球化与转轨国家金融转型中政府职能转换的路径选择

(一) 中国政府在金融转型中职能转换的路径选择

从计划经济向市场经济的转轨过程中,中国的政府机构改革和政府职能转换已经取得重要进展。而随着金融全球化和金融改革的深化,政府职能转换仍在向纵深发展。

1. *政府职能初步完成了从计划向市场的管理、从直接手段为主向间接手段为主的转换*

在1984年至1992年的第一阶段,中国的政府机构与政府职能进行了一系列的调整和转变,政府的宏观经济管理体系得到了改革和重建。但政府机构改革和职能转换依然较为滞后。在对金融的宏观管理方面,虽然强调直接调控和间接调控相结合,但政府部门仍然习惯于直接管理,对金融部门的行政干预十分普遍,如规模指令计划管理继续在金融业中使用,并占有重要的地位;利率、汇率等金融杠杆的市场化程度不高,在金融中起着辅助作用。在金融机构的制度安排方面,相继组建了一批国有专业银行,建立了深沪证券交易所,初步形成了证券市场的雏形。总之,在金融制度安排方面,

计划经济因素仍然较多,市场在金融活动中没有起到基础性的作用,两种力量尚处于对峙阶段。

在1992年至今的第二阶段,随着中国经济的快速发展,政府机构改革与职能转换也取得了新的进展。这时候,金融机构的调整、重组、整合逐渐转移到以职能转变为基础。金融体制改革新方案的出台实施,总体上弱化了政府对金融市场微观主体生产经营和投融资活动的直接控制,进一步推动金融微观生产经营活动向多元化、商业化迈进。政府对金融活动的宏观管理主要通过对中央银行,国家的银行、证券、保险、外汇等几个管理委员会的领导得以实施。在政府的管理职能、方式、手段上实行了管理与服务相结合。国家对金融活动的计划管理突出了宏观性、战略性和政策性,大幅度削减了指令性计划指标,强调计划总体上是预测性和指导性的;金融活动基本实现了以间接管理为主,以经济、法律管理手段为主的管理模式的转化。这主要表现在:

(1)建立政策性金融机构,加快银行的市场化进程。这表现在中国通过分离政策性金融与商业性金融,加快专业银行的商业化改革进程,组建了国家开发银行、国家农业发展银行、中国进出口银行等支持经济发展的专门性政府金融机构。

(2)取消和减少金融行业的行政审批项目。在加入WTO之际,中国政府开始了大规模的行政审批制度的改革。在金融行业,同样取消和减少了行政审批项目,如在2001年左右,中国人民银行取消了25项行政审批项目,中国证监会取消了32项,保监会取消了58项。目前改革仍在进一步的深化之中。

(3)按照金融职能重新设置机构,同时加强金融行业监管机构的力量,强化了中央银行的职能定位。例如,金融监管机构按照其功能重新设置机构,相继成立了证监会(1992)、保监会(1998)、银监会(2003)承接了原来中国人民银行的部分职能,使得中央银行专于执行货币政策,监管体系进一步完善,整个金融业的经营与监管的分业局面基本形成。而对中央银行的分支机构实行跨行政区划设置,弱化了银行业组织布局的行政区划色彩(1998)。

(4) 利率、汇率等金融杠杆的市场化程度较高,在金融活动中开始发挥重要作用。例如,1996 年中央银行先后放开了货币市场利率、国债发行利率,以后又多次扩大了贷款利率的浮动幅度(2003);利率市场化改革突破性的进展是 2000 年实行外币利率管理体制改革:放开外币贷款利率,基本根据国际金融市场利率的变动情况确定外币贷款利率,而外币存款利率小额由中国银行业协会统一制定或者大额由金融机构与客户协商确定。预计存款利率的市场化也将在 5~10 年内完成。在汇率市场化方面,从 1994 年开始建立了以市场供求为基础的、单一的、有管理的浮动汇率制,形成了统一的银行间外汇市场,人民币只允许在 3/1 000 的范围内浮动,而不管外汇市场的供求如何。这种管理方式虽然保证了人民币汇率的高度稳定,但掩盖了外汇市场的真实供求水平,结果将汇率风险主要转嫁给了国家。此后,随着强制结售汇向完全意愿结售汇的不断转变(目前意愿结售汇正逐步推行),资本项目管制的逐步取消(如 2001 年向居民个人开放 B 股市场,同时,引进 QFII 制度允许合格境外机构投资者投资 A 股市场),人民币浮动幅度不断扩大,汇率风险将逐步由国家向银行、企业、个人等市场主体转移,外汇市场朝着更加市场化的方向发展。目前中国已经实行人民币在经常项目下可兑换和资本项目部分可兑换,利率市场化程度不断提高,这标志着政府对金融活动已经逐步转向市场化管理为主的调控模式。

(5) 在加强所有者监督职能方面,政府采取了向国有金融机构派驻监事会,授权国有金融机构和资产经营管理机构经营国有资产等措施,实现国有资产的保值增值。

(6) 政府推进下的金融产品交易市场的框架基本建成,尽管金融市场还不完善、金融环境还不理想,但近几年来,随着中国经济和金融改革的不断深化,金融市场正在不断走向完善,市场的广度、深度和弹性都有较大程度的提高。①

(7) 政府金融产业发展战略造就了银行业的格局。这个产业的快速的成长,主要缘于中国政府的政策支持即制度安排。对此,潘正彦研究认为,中国银行业产业规模和产业对国民经济的影响都是在一个相当短的时间内形成的(潘正彦,2004)。中国目前已经形成了中国人民银行为核心,国有商业银行为主体,多种非银行金融机构并存的多元化的金融机构体系。国家的金融产业壁垒和金融产业扶植,造就了当前中国银行业的格局。一方面,中国从金融改革一开始就通过国家大量注资和产权垄断的方式,相继建立起来四大专业性银行;另一方面,中国的银行业一直有严格的进入壁垒,在金融市场不发达,民有金融机构发展缓慢的条件下,中国的金融剩余(特别是居民储蓄)大量被国有银行占有,保证了中国国有银行业的快速成长,而这一切恰恰是这种独特的金融制度安排发展的结果。同样,当前中国解决金融行业过渡集中的问题,实行金融行业的结构性调整,仍然离不开政府的大力推动。目前,国家已经制定出对四家国有银行综合改革的目标,将其改造成公司治理结构完善、运营机制健全、经营目标明确、财务状况良好,具有一定国际竞争力的现代金融企业。

---

① 上海财经大学现代金融研究中心:《2004中国金融发展报告》,上海:上海财经大学出版社2005年版,第190页。

2. 中国金融市场化进程中政府职能转换的特点及存在的问题

从中国金融活动中政府职能转换的路径来看,政府对金融部门逐步放松权力控制,同时逐步培养金融部门的市场经营自主权,这个特点决定了金融部门在职能转换后同时也要既面向市场构建新型金融体系,又不得不面向政府接受一定程度的管制。总体上这种改革路径的特点是自上而下的。

(1)金融改革中政府通过转化职能实施强制性的金融制度创新,同时又在执行强化管制、严格限制金融机构的市场准入、业务范围和业务活动自由度的政策(如外资银行的服务范围和经营区域很大程度受到限制)。诚然,政府对经济保持有效的调节是至关重要的,这至少可以保证金融市场化改革次序的有条不紊。但由于对金融机构和金融市场发展的政府行为导向过于明显,对金融管得过多,且基本上是一种粗放型的管理,因而,政府管理效率不高,问题颇多;新成长起来的金融机构或多或少地带有某种行政性的隶属关系。

(2)相对于金融业发展和金融市场成长的要求而言,我国政府机构改革与职能转换依然明显滞后,即政府职能定位的歧视性、包办性现象依然存在。其一,受到政府承认和重视的机构得到应有的发展,相反,政府不重视或受到限制的金融机构发展缓慢,而为非国有经济[①]融资的民营银行没有得到应有的发展。其二,资本市场国有资本的产权重组及资本运营都是在政府的操作下进行,特别是证券市场依然为国有股所控制。例如,在许多上市公司中,国家拥有

---

① 如1998—2003年我国经济增长的平均速度为7.3%,其中,约有2个百分点是由国有经济扩张拉动的(贡献增幅为27%左右),其余5个以上的百分点由非国有经济的扩张拉动(贡献增幅70%以上)。刘伟:《转轨中的经济增长与经济结构》,北京:中国发展出版社2005年版,第74页。

高度集中的股权,依然是最大的控股股东。2000年末,中国证券市场54%的股权由国家持有。国家虽然是我国上市公司最大的持股人,但国家的利益却并没有完全得到体现。这通常使得上市公司被管理层所控制,而管理层不一定代表了股东的利益;第三,市场中介机构如信用评级、会计事务所、法律事务所、研究咨询机构等金融体系发展所必需的配套机制没有得到良好的发展,金融市场一些由中介组织承担的评估项目往往通过政府行政干预来完成,致使金融体系的市场活动中自律难以建立并得到发展,这样金融市场的扩展和金融产品的创新受到极大限制,金融体系自身处理、管理风险的功能与能力就十分薄弱。

(3) 在风险管理方面,政府承担着主要的风险管理操作职能,市场的管理风险功能受到相应规定的约束,①这突出表现在管理风险的中介机构没有摆脱政府的色彩,市场波动受到政府的控制,致使金融系统是准市场化的。

(4) 金融中介机构在获得相应的自主权后基本上按照新的盈亏机制来运营,这在很大程度上促进了金融中介的成长。但是,政府对国有银行中介机构行政性放权,在市场经济条件下,国家逐渐失去了对国有银行事实上的资产控制权,在很大程度上演变为名义上的国有资产的所有者,"产权虚置"、"银行内部所有者缺位"是对国家行政控制下国有银行产权状况的最好刻画。这样,国有银行的内部经营者自身获得了相应的收益,资产运营的市场风险却由政府来承担,如一些银行管理层出于私利或小集体的利益选择投资项目,盈利了大家多发奖金,而一旦亏损,谁也不承担责任。这种情况使得

---

① 北京奥尔多投资研究中心:《金融系统演变考》,北京:中国财政经济出版社2002年版,第14页。

银行的市场经营责任不强,预算约束软化,银行的运营效率低下,不良资产规模巨大,增加了银行体系自身的脆弱性。

3. 政府职能转换的未来发展路径

随着中国的金融体系逐步融入全球金融体系,任何外部因素都将对中国的金融产生较大的影响,甚至带来金融危机的风险。因此,中国政府职能转换的未来发展路径应是:

第一,政府应加快金融市场化改革步伐,根据经济金融发展的需要及时制定金融法规,保持金融总体平稳运行,在市场化的基础上建立金融风险预警机制,强化金融监管力度,特别是在国有银行产权改革的过程中加强有效的市场监管,对于营造一个稳定高效的金融秩序意义重大。

第二,政府要进一步转变职能,鼓励各种金融机构发展并展开充分的竞争,尽可能创造条件为金融机构提供更大业务选择空间。为此,不仅要促进非银行金融机构和非国有银行的发展,还要对金融业实行有限度的开放,促进金融机构之间竞争。在加入 WTO 后,中国的金融机构业务更是面临国外混业经营的金融机构的挑战和冲击,政府要加强市场规范,为金融机构创造广阔的活动空间。金融市场化改革意味着代表市场力量的民间部门的进入和政府的有限退出,凡需要政府有所为的领域,政府必须要有相应配套的金融参与机制。

第三,推进政社分开,重视各类市场中介机构的发展,增强金融体系自律机制。将政府与社会分开,是推进政府经济职能转变的重要方面。这就要求培育和规范社会中介组织。社会中介组织大致包括商务咨询类、社会公益类、监督签证类、行业协会类、准司法类、准行政类等,它们是维护市场秩序、推动市场秩序不断演进的重要力量。承认和重视这些机构在市场中的作用,增强其在经济金融活动中的市场独立性,有助于政府从金融活动等微观经济事务中解脱出来,缓解政府机关处理具体事物的压力,有助于形成自律性的社会秩序。[①] 然而,在中国,本应由中介组织承担的这些事务却大量通过政府行政干预来完成,使得项目有失客观、公正的评估。如申办企业资本金验资,主要由省市工商局指定中介组织会计事务所来完成;银行贷款资产评估由银行指定所属资产评估事务所来完成;抵押贷款资产评估由银行指定所属资产评估事务所来完成;企业上市评估由国家行政主管部门所属或关联事务所来完成;债转股由行政主管部门或债权银行或国有金融资产公司等来完成,其他评估项目也是如此。因此,增强金融体系的自律机制,当务之急要培育和规范社会中介组织:一方面要割断中介组织与政府部门的利益关系,使行业监督、审计、资信评估、咨询、资本金验资等职能由独立性强的社会中介组织承担;另一方面,建立中介组织的利益约束制度,强化中介机构的组织制度建设,中介业务才能做到客观、公正。

第四,培育和完善资本市场、企业家市场等要素市场体系,推进政企、政资分开,是政府经济职能转变的重要措施。大力发展资本市场有助于推进国有资本的市场化运营,提高国有资本的证券化比率,实现政府经济职能的转变(由政府原来的包办转向政府引导、服务性的管理为主),特别是政府对国有资本运营监管职能的转变。建立企业家市场,将政府部门行使对企业家的选择、激励、约束的职能转移出来,转变为主要由市场来完成对企业家的选择、激励和约束,实现企业家的职业化。

第五,推进产权制度改革,建立健全国有银行内部法人治理结

[①] 高萍:《经济发展新阶段政府经济职能的创新》,北京:中国财政经济出版社2004年版,第307页。

构。按照现代企业制度要求对国有银行实行股份制改造,是解决国有银行"产权虚置"、增强内部预算约束和完善内部管控机制、实现自我发展的必然选择。新的公司治理结构能在体制上根除政府因行政性隶属关系对金融机构的随意性干预,真正形成市场对银行的有效控制,进而对管理层的经营行为形成硬性约束。

(二) 俄罗斯政府在金融转型中职能转换的路径选择

在俄罗斯金融体制的转轨进程中,政府的职能在不断得以调整和重新定位。这种政府职能的转换大致可分为三个方面的发展阶段:第一阶段为1991年剧变前;第二阶段为1991—1998年;第三阶段为1998年金融危机以后。

在第一阶段,全能型政府占主导地位,对金融系统和金融业的活动实施直接行政控制和计划管理。在20世纪80年代后期,前苏联已经初步建立起了二级银行体系的基础。1990年通过了《苏联国家银行法》和《俄罗斯中央银行法》,苏联国家银行、俄罗斯中央银行成为独立于苏联国家和俄共和国各级行政机关的机构,已经建立起了1 000多家商业银行。但是,政府对金融部门以及各级银行自身仍然习惯于直接的行政命令和计划管理。

在第二阶段(1991—1998),仿效成熟市场经济体制激进式更新政府职能时期。在金融自由化、私有化思想的主导下,政府迅速退出大部分金融活动领域,并在很大程度上忽视和否定政府的稳定作用。1991年俄罗斯成为一个独立的主权国家,随后便采取了激进的方式彻底抛弃原有的"计划型政府"体制,向"有限市场型政府"体制大规模转轨,政府职能得到了重新的调整。与此同时,作为市场经济运行核心的金融,其功能不断得以调整与强化。国家对金融活动的职能转换,突出表现在政府大大放宽行政权力对金融资源的限制,试图通过自由化在较短的时间内构建金融市场的一体化。

第一,转轨初期俄政府在金融领域采取了放宽金融机构准入限制、全面开放经营业务等多项自由化的改革措施,结果在较短的时间内使银行和非银行金融机构得到了迅速的发展,金融机构已经形成了混业经营的局面。在这一阶段金融机构急剧扩张的时期,银行和信贷机构数量增加最快,在扩张的高峰时期,如1996年商业银行的数量约为2 599家,其他信贷机构为5514家(不含储蓄银行的分行),就数量而言在世界上居于领先地位。[①]

第二,政府大大放宽行政权力对利率和汇率等金融资源的限制,在较短的时间内构建金融市场一体化的局面。一方面快速构建本国金融市场。1992年初步建立国家有价证券市场,到1995年就进入快速发展阶段;1992年建立股票交易市场,1994年的私有化计划推动了股票市场的快速发展。另一方面,通过提高利率、汇率等金融杠杆市场化程度,试图构建开放经济条件下的金融市场一体化。1992年实行了统一的卢布汇率、汇率实现市场化,从而使本国货币在不长的时间实现了和国际上硬通货的自由兑换;1993年实现了利率自由化,1995年开始实行浮动汇率制度;1996年对外全面开放资本市场,对外资的流动提供了更为宽松的条件。自此,外资大规模进入俄国债市场、外汇市场、股票市场,并占有相当大的市场份额。俄1996年6月正式接受"第八条"规定,实行经常账户下卢布的可兑换,此后,外汇市场进一步向自由化的方向发展。同时,资本项目的自由化程度也在不断提高,如1997年俄央行通过了《关于俄居民吸收和偿还非居民外汇贷款(180天以上期)的程序》,规定居民法

[①] 薛君度等:《新俄罗斯——政治、经济、外交》,北京:中国社会科学出版社1997年版,第185页。

人可以在政府的担保下获得国际金融机构、外国政府、外国商业银行和其他非居民的贷款,这在很大程度上推进了俄国际资本流动的自由化。另外对"第八条"规定以外的其他国际资本流动也放松了限制。到 1998 年俄股票市场非居民的比重占到 65%,国债市场为 35%。①

第三,这一时期俄罗斯建立了与西方国家基本相同的中央银行职能和实施这些职能的工具。早在 20 世纪 90 年代初(1990—1992),俄就通过了《国家银行法》、《银行和银行活动法》,从宪法和法律上确定了央行独立行使职能的体制框架;到 1995 年通过的《新的俄罗斯中央银行法》,进一步明确界定了央行的基本职能。到 1997 年中央银行独立制定和发布"统一国家金融政策",至此,中央银行的职能走向规范化,独立地位得到了确立。俄目前实施的央行的职能(如三大基本职能、保障金融体系的顺畅、稳定运行职能以及银行和外汇的监管职能等)和调节工具(贴现、准备金、公开市场业务制度)以及俄央行实行董事会领导制的组织体制等基本与西方国家无二。但是,俄罗斯的国家金融调控体系运行并不理想。尽管在 1997 年之前,俄罗斯成立银行监督委员会(1996)和俄联邦证券市场委员会,试图加强对金融市场的监督与调控力度,但由于受占主导地位的自由化思想的影响,国家的调控职能在很大程度上被弱化,特别是在 1997—1998 年的经济危机期间国家调控体系遭到严重破坏。

总的来看,在第二阶段俄罗斯金融自由化进程中政府职能转换有如下两个特点:

第一,这一时期是俄罗斯政府集中、全面地推行金融自由化,试图快速使本国的金融体系实现与金融全球化融合的时期,政府主要

---

① [俄]米尔金:《俄罗斯有价证券市场》,2002 年版,第 76 页。

奉行自由主义原则,参与金融业较少。金融自由化改革基本上按照新自由主义经济学家设计的改革方案进行。尽管在激进改革派盖达尔被迫下台后,切尔诺梅尔金政府开始推行比较温和的改革路线,试图加强国家对金融自由化进程的宏观调控,但由于受西方国家的干预,俄政府渐进的新经济政策一再受到干扰,直到1998年金融危机后才彻底宣告了俄原有的"休克疗法"式的激进改革的破产。可以说,在1998年金融危机之前的改革,俄几乎放弃了政府对改革进程的有效控制。

第二,这一时期由于过于迷信全球金融一体化给经济发展和社会福利带来的好处,俄罗斯急于构建开放经济下的本国金融市场一体化的局面,结果国家行政权力对金融资源的控制和引导失去了作用,国家的金融主权明显受到削弱,特别是政府无法实施有效监控,由此造成了金融机构在迅速传递的市场风险面前抗风险能力大大下降。对此,著名诺贝尔经济学家斯蒂格利茨(1998)在"亚洲发展论坛"上指出,试图一夜之间就取消管制的努力——有时被称作"大爆炸"——忽略了"后果"这一敏感问题。

第三阶段(1999年至今)是金融自由化进程中政府调控职能的恢复和试图强化时期。进入1999年以来,特别是普京执政后,俄罗斯当局提出加强国家的宏观调控,反对经济金融中的自由放任,开始提高政府的行为能力,逐步提高政府对金融业的参与度。普京多次强调要建立国家干预的市场经济,指出必须在经济和社会领域建立完整的国家调控体系,国家要对经济和社会进程发挥更大的影响作用。

第一,在中央银行方面,1998年金融危机后,俄中央银行的权力和职能受到一定限制。如将中央银行独立制定和执行支出计划并依靠自己的收入来维持支出,改为根据央行的预算法来确定并依靠自己的收入来维持支出；将中央银行向国家杜马提供的《国家货币—信贷政策的主要方针》不需要杜马确定的规定，改为提请国家杜马审议并通过《国家货币—信贷政策的主要方针》的联邦草案；将年度资产负债表中50％的利润划归财政的规定，改成根据《国家货币—信贷政策的主要方针》的联邦法，除用于中央银行准备金和基本基金外的资产负债表中的所有利润划归财政；将中央银行参与储蓄银行、外贸银行和俄海外银行投资的规定，改为央行减持或让渡在上述银行的法定资本中的股份，必须征得俄联邦政府同意实施；原央行不能向政府提供弥补财政赤字的贷款变为根据预算法规定可以向政府提供贷款；原规定央行是银行的调解机构和信贷机构业务活动的监管机构改为央行只是银行的调解机构，监管职责具体主要由联邦银行监督局负责，[①]等等。

第二，建立以国家控股银行为核心的新银行体系方面。在不违背银行资本民营化的前提下，国家加大国有股份在部分银行业的比重，并规定中央银行将在相当长的一段时间对俄最大的银行保持绝对的控股地位(目前央行在储蓄银行的股本占到50％以上)。同时，政府在大商业银行的持股比例逐步较高，到2002年法定资本中国有资本的股份增加到整个银行股份的21％，其中，国家控股的银行中最主要的是俄联邦储蓄银行和对外贸易银行。

第三，为了防止银行危机侵蚀储户的存款，2001年起俄罗斯政府和中央银行制定了《俄联邦银行保障归还公民存款》法案，国家将承担居民的存款保险责任，到了2003年，俄罗斯通过了旨在保护储户权益，增强人们对银行系统信任感的《俄联邦关于自然人在俄联

[①] 朱显平：《俄罗斯金融改革》博士论文，2003年，国家图书馆，第30—31页（引用时个别观点有改动）。

邦银行存款保险法》，存款保险法的施行有助于中央银行监管水平的提高。

第四，在1999—2001年的调控体系恢复初期，俄政府采取了一些限制外国投资者从事与俄股票和有价证券相关的业务活动的措施，直到2002年这种状况有了很大改变，但俄罗斯的国家调控体系特别是有价证券市场的调控体系至今尚未得到完善。此外，在普京国家干预思想的推动下，俄罗斯制定了《俄联邦国家安全构想》，规定国家应当参与对外国银行、保险公司和投资公司活动的调控，制定某些有根据的限制措施。

第五，俄政府注重金融生态环境的创造和保护。国家不仅加强了对投资者金融产权严格的法律保护，而且还加强了对金融活动的初始形式即各种金融契约（协议、合同）的保护；同时，政府加强了惩治金融领域的贪污犯罪行为。为此，在2005—2006年，俄罗斯政府改革政府行政管理机构，引入反贪机制；改革司法体制，保证司法体系的独立性，提高司法的透明度，完善相关立法以保护财产权。

第六，政府的反危机措施很大程度上维护了银行体系和证券市场的稳定。2004年夏季俄罗斯爆发银行挤兑风波，在俄罗斯联邦政府的直接干预和强力协调下，迅速扭转了局势，从而避免了一场严重的金融危机。2008年的救助措施很大程度上避免了私人部门债务违约。2009年6月份俄罗斯政府推出规模达3万亿卢布（约900亿美元）的新经济刺激计划，虽然重点从为企业和银行直接提供援助转向社会政策、国有企业、中小企业和银行，但金融稳定仍被政府视为优先关键事项，银行受益最大。总之，俄政府正试图逐步放弃完全金融自由化政策，对金融业实行国家干预的发展战略。

应当指出,俄罗斯过快的银行私有化产权改造造成了银行体系的混乱,特别是银行与实体经济严重错位,造成一边是银行不能有效履行其基本经济功能,一边是实体经济面临严重的资金约束而陷入衰退,对此,政府没有或无法实施有效监控。同时,这一做法尽管加速了银行资本结构调整的步伐,为现代银行企业制度构建奠定了基础,但距离有效的现代银行还有很大差距。这说明,在转轨过程中,国家仅仅从银行所有权中撤出是不够的,加强对转型中银行秩序的维护和监管,加强国有控股银行的导向性和战略性,对国家经济和银行自身的发展具有无可估量的作用。同样,俄罗斯近乎完全自由化的金融市场转型,将西方式的金融市场模式移植过来,结果其仍处于各项功能不能有效发挥阶段,并一度引起资金的混乱和流动的失控。重要原因之一是没有很好地处理好政府的职能作用和金融自由化的关系,致使金融市场中缺乏权威性、制度化的法律监管和良好的金融秩序。因此,政府应在制定金融市场制度框架和维护秩序安排上发挥重要作用,特别是把建立一个强有力的法律环境放在优先的位置。俄罗斯金融自由化进程中政府职能转换的实践表明,在金融全球化条件下,转轨国家必须对金融转型中政府职能作出明确的定位。

三、金融全球化与转轨国家金融转型中政府职能的定位

(一)转轨国家政府职能转换的主要观点综述

所谓政府职能,是指国家行政机关依法对国家政治、经济和社会公共事务管理时应承担的职责和所具有的功能。国内外大多数研究转轨经济的学者认识到经济转轨需要发挥转轨国家政府职能作用的重要性,并对此从不同角度做了概括。

1. 从经济转轨对政府职能的特殊要求来定位政府职能

认为经济转轨是一项全方位大调整的系统工程,没有国家的干预是无法完成的;同时,完全放弃国家的干预不利于保护本国的经济安全。波兰学者耶日·克莱耶尔认为,在以下两个问题上多数经济学家的看法是一致的:第一,国家的任务是推行全面的货币政策并不断使货币坚挺,支持私有化,维持市场法规的稳定,把政府的直接干预降低到最低限度并帮助建立主要市场;第二,对指令性经济中的最糟糕的现象加以迅速而坚决的清除。① 另一位波兰学者科勒德克(1999)指出,转型时期发挥政府的职能作用,有助于弥补转型中出现的体制性真空。② 在2000年科勒德克具体阐述了政府在经济转轨中的作用,他指出:随转轨而出现的不利后果,其中最关键的是政府的作用被忽视了。政府应当重新定位,而不是被抛弃。政府不应从经济活动中退出,而是应当转换角色,在适度管理、基础建设和人力资本投资方面发挥强有力的作用。转轨过程中,新的制度安排应当有利于促进经济增长。③

2. 从市场经济发展的历史阶段来看待转轨国家的政府职能

我国学者姜春泽提出了转轨时期政府职能具有多阶段复合性的著名观点。她认为,一方面,由于转轨国家的市场发育先天不足,市场体系还处于幼稚发展阶段,转轨国家政府面临着要完成发达市场经济国家几百年逐步完善起来的政府职能。另一方面,清理计

---

① [波]耶日·克莱耶尔:《向市场经济过渡需要几代人的时间》,波兰《政治》周刊,1995年1月21日,转引自:杨烨:《波、匈、捷经济转轨中的政府职能》,上海:上海人民出版社2002年版,第48页。
② [波]科勒德克:《从休克失败到后华盛顿共识》,载《经济社会体制比较》1999年第2期,第10页。
③ 格泽戈尔兹·W·科勒德克:《从休克到治疗——后社会主义转轨的政治经济》,上海:上海远东出版社2000年版。

经济时期遗留的庞大的国有经济和畸形的产业结构,需要政府做出战略性的结构调整。同时,还指出充分利用全球化有利的一面克服其不利影响,政府具有无可替代的职责。

在结合前人研究的基础上,国内研究转轨经济问题的学者杨烨在其著作《波、匈、捷经济转轨中的政府职能》中,进一步明确了经济转轨时期政府应具有的多重职能:第一,控制和推动转轨进程,驾驭转轨时期的经济形势,包括制订转轨战略、保持物价稳定、克服转轨性衰退等。第二,培育和完善市场经济体制,包括培育新的市场经济主体、建立全国统一的产品市场和要素市场、建立新型的财政税收和投资体制、建立金融中介机构和金融市场体系。第三,建立与市场经济相适应的法律体系和社会保障制度。第四,解决计划经济遗留的国有经济比重过大和经济结构的畸形问题。第五,政府要积极发展对外经济关系,放松外贸管制、推进汇率制度改革等等。①

3. 从新制度经济学的观点概括转轨国家政府职能的更新

国内长期关注政府与市场关系问题的学者华民,在其专著《转型经济中的政府》中认为,在经济转型过程中,政府需要从三个方面完成其职能更新:第一,政府生产职能的更新。他从新制度经济学派的国家理论出发,认为政府是一家非常特殊的具有高度垄断性的"企业",生产的产品主要是一些垄断性的公共消费品,如国防、法律、秩序、道路、桥梁等,其中,无形公共消费品可直接由政府机构生产,有形公共品需要建立专门公营企业或事业单位来生产(这说明保留部分国有、甚至国营企业是必要的),它们的存在属于政府预算范畴,它们的发展反映的是政府所要实现的各项公共社会目标。第二,政府调控职能的更新,即创造市场经济得以运行的经济制度与

---

① 杨烨:《波、匈、捷经济转轨中的政府职能》,上海:上海人民出版社2002年版。

社会政治条件;生产市场经济正常运行所必不可少的公共产品,求得社会资源在公共品与私人产品生产之间的均衡配置;纠正市场失灵,保持市场经济稳定有效的运行。第三,政府要担当起制度创新的职能,即进行有助于市场经济发展的宪法、法律秩序创新;确定和保护财产权利的创新;解决市场经济有效性问题的制度创新;解决社会道德认可性问题的制度创新。①

4. 从经济全球化视角定位政府职能

东北财经大学郭连成教授,是国内较早从联动效应和经济全球化视角研究转轨经济问题的学者。他早在 2000 年就提出,由于经济全球化与转轨国家经济的联动效应,使转轨国家的政府职能经历了两次重大的转变。一次是在计划经济向市场经济的过渡时期,即政府由实行指令性计划、用行政手段管理和干预经济向摒弃行政命令,用经济手段管理经济,对经济过程进行适度干预的政府职能模式转变。政府的职能作用得以重新界定。另一次重大的转变发生于不断参与经济全球化的进程中。对此,不同类型的经济转轨国家选择了不同的政府职能模式。中国强调发挥国家的关键性作用,国家政府凭借其宏观经济管理权力和制度安排方面的职能,对经济转轨和参与经济全球化进程实行宏观调控,对市场进行适度干预,达到市场经济与国家宏观调控的有机结合。俄罗斯及多数东欧国家则选择了取消市场限制和政府行政干预,迅速退出了原来发挥重要作用的许多领域,政府在经济转轨中的职能作用日渐衰微。结果,政府在经济全球化进程中驾驭本国经济的能力下降,国家经济安全受到侵蚀和威胁。在 2002—2003 年,他又以经济全球化为背景,以经济转轨为主线,对转轨国家政府职能转换的初始条件、内因和外

---

① 华民:《转型经济中的政府》,太原:山西经济出版社 1998 年版,第 226 页。

因推动作用,以及政府职能转换的一般性和特殊性均做了较为深入的研究。从政府职能转换的一般性特征看,任何类型国家的政府(转轨国家的政府更不能例外),若要融入经济全球化进程,必然要从管制型和封闭型的、全能的、无限的因而是效率低下的政府,转变为服务型和开放透明的、有限的和有效的政府。从转轨国家政府职能转换的特殊性看,同时执行多重职能是转轨国家政府必须面对的客观现实;转轨国家的政府失灵与市场失灵一样,都会造成严重的后果,因而,向市场经济转轨和融入经济全球化进程必须要加强而不是削弱国家的宏观经济调控作用,只有当市场逐渐发育成熟,具备充分竞争和充分开放条件后,政府才应该有序地从对经济的干预中抽身,成为一个有限的和有效的政府。①

5. 从信息经济学的角度提出政府职能的重要性

新凯恩斯主义的代表人物斯蒂格利茨认为,由于金融市场信息的不完善,信息的公共品属性和信息的外部效应以及不完善的竞争等问题,金融市场存在市场失灵的缺陷,政府制定完善的游戏规则,采取间接控制的监管方式,有利于金融市场的发展。实质上,这种干预主要是为弥补金融体系自身的缺陷,使金融体系具有更高的金融效率,是一种市场促进型的监管,即政府的职能是在协调和选择性干预之间促进民间部门发展,避免金融体系产生不利于社会大众的道德风险,实现转轨中的稳定性和金融效率。同样,正在向市场经济转轨的原计划经济国家金融市场仍然存在相似的内在缺陷,这为政府监管提供了基础。

此外,胡家勇研究员更强调转轨国家的政府应专注于自己的核

---

① 郭连成:《经济全球化与转轨国家政府职能转换》,载《世界经济》2003年第10期。

心职能,如法律秩序、产权保护、稳定均衡的宏观经济环境、基本公共品和社会服务、社会安全网等,如果政府不顾自己的能力,盲目扩大行动范围,就会导致职能的缺位、越位或错位。

综合以上论述,我们以为,对转轨国家而言,加快政府职能的转换,就是要从传统的计划管制型政府向现代的市场服务型政府的转变。在这一转型过程中,国家必须培育和完善社会经济秩序管理、经济运行调控、国有资产运作、社会保障体系和一般公共服务等多重经济管理职能,建立起公开、透明、有限、有效的,寓监督于服务之中的服务型政府。有所为而有所不为,充分发挥市场的基础性作用,在市场不能或不适宜发挥作用的地方,政府应积极而为之。

(二) 转轨国家在金融转型中的政府职能定位

在金融全球化的条件下,加快政府职能的转换,寻求职能的合理定位,成为转轨国家从计划经济金融向现代市场经济金融转化的重要条件,这个问题处理得好坏,直接关系到转轨国家现代金融能否真正建立,能否健康运行。中国、俄罗斯和东欧等转轨国家的经验教训说明,在融入金融全球化的进程中,国家对金融活动的政府职能不能简单地弱化,更不能取消,而是要适应市场经济的要求积极地改革和转换。否则,急于求成的金融自由化与无效而乏力的政府监管结合在一起,必然造成金融部门的脆弱性。金融体系转换中政府的制度安排,也要按照现代市场服务型政府的标准来设计,这种设计要基于对金融体系本身的激励和考虑到政府本身的缺陷和限制来达到管理的目标。因此,转轨国家政府在金融体系构建中,政府职能的转换应该具有现代市场服务型政府在经济管理和职能上的一般性和转轨国家自身的特殊性。具体表现在以下几个方面:

1. 促进金融市场健康有序运行,保证金融机构稳健经营,防范和抵御金融风险

首先,针对金融业的垄断和不正当竞争行为,政府必须负责维护金融市场公平竞争的秩序,要限制金融垄断,反对不正当竞争行为。如在证券市场中政府关于欺诈的立法和会计标准的制定,防止市场被内部人所操纵的制度安排,都是政府反对垄断和不正当竞争以维护金融市场健康运行的职能体现。

其次,完善金融监管体系和提高金融监管的有效性,以防范和抵御金融风险,保证国家的金融安全。这是转轨国家在政府职能转换方面的重要任务。

金融监管作为一种具有特定内涵和特征的政府监管行为,必须要有明确的目标。从国际经验来看,金融监管的目标包括一般目标和具体目标。无论是转轨国家还是其他发达市场国家,一般目标都是维护金融稳定,保证金融体系的高效率;而具体目标则因各国经济发展阶段和历史文化传统的差异而有所不同,对于转轨国家来说,促进金融体系的稳定和保护债权人的利益是转轨时期必须兼顾的监管重任。[①] 特别是随着金融全球化趋势的不断发展,金融风险大大增加,因而风险控制和金融监管具有极其重要的意义。同时,转轨国家还面临着经济增长和经济发展的双重重任,保证国家货币政策和经济金融宏观调控措施的有效实施也是金融监管的主要目标。

政府对金融市场的监管主要通过授权给监管机构来完成,但也离不开政府直接对金融市场施加影响(如证券业务的活动范围、流通中金融证券的种类、金融市场的利率等必要时需要政府的直接干

[①] 王元龙:《中国金融安全》,北京:中国金融出版社 2004 年版。

预)。为此,需要转轨国家加强金融监管机构自身建设,完善职能转换,由主要依赖直接监管职能转变为主要依赖间接监管职能来实现,以适应全球金融创新和金融市场化趋势不断发展的新形势。在此基础上,使转轨国家建立起强有力的金融监管机构及现代化的监管手段,以保证和加强金融监管的有效性和保持金融运作的高度透明度。当然,强调国家外部金融监管职能,切不可忽视或干预市场监管职能的发挥。要通过内部化的市场监管来强化市场约束,加强金融机构自身的建设(如转轨国家的金融机构要真正建立起法人治理结构),逐步完善金融机构内部控制自律机制,这是金融监管最基本的约束机制,也是实行金融监管的基础。此外,政府要在法律层面和实践层面上保证中央银行政治上和经济上的独立性,增强其制定和操作金融政策的自主权;同时,政府要给予监管当局高度的自主权,保证其充分运用各种监管和惩罚措施。随着转轨国家市场经济的逐步深入发展,政府在这方面也将日益强化。

2. 政府要提供和保障与金融相关的公共产品的供给,强化政府的服务性职能

首先,政府要加快人事制度改革,保障金融人才的供给和人力资本潜能的最大限度发挥。根据世界上各国金融业发展的经验,金融银行业从业人员与金融银行业的增长是同步的。其次,政府还必须按照全球化的金融标准健全金融基础设施,重新定位政府的服务性职能。这里所说的基础设施包括先进的支付清算技术、法律法规、信息提供、会计审计、市场体系等。LLSV[①](1997、1998)的实证研究指出,法律体系运作不好的国家,具有不发达的金融系统;另外,一些研究还表明,合约执行的效率和总体金融部门的发展之间

---

① Laporta,Lopez-de-Silanes,Shleifer,Vishny(1998),统称为 LLSV。

有强烈的正联系,腐败和金融不发展之间也存在强烈的正向联系。①同样,在金融系统不发达的转轨国家,政府的腐败程度比较高,法律规则的执行受到很大程度的破坏,投资者权益不能得到有效保障。因而,转轨国家当前最重要的是解决法制环境问题,严格树立法制的权威性,才能为其他金融服务性职能的有效行使奠定基础。另外,政府要提高金融运行的透明度,重建社会信用基础,进一步强化政府的服务性功能。政府必须做到将重大政策变动预先公示给市场参与者,落实透明度原则,等等。

目前,中国金融银行业发展迅速,已经达到一定的规模,但当前金融从业人员在数量和质量上都严重不足,远不能满足银行业发展的需求。因此,加快金融人才建设已成为中国金融银行业发展的当务之急。在这种情况下,有效地发挥政府职能,保障人力资本潜能的最大限度发挥,政府具有不可替代的作用。为此,政府必须加快政治体制改革,特别是人事制度的改革,为盈利性金融机构创造适合市场经济规律的用人机制,特别是在人事制度、干部制度上要体现企业运营特点,彻底实现在人事上的政企分开。

3. 由政府对金融业的干预逐渐过渡到对金融行业的以"放"为主的"管与放"的有机结合

这里的"放"主要是要充分发挥市场机制的作用,这里的"管"主要是在经济全球化的条件下加强国家对经济的宏观调控作用,做好国家对金融产业的扶植和保护。政府对金融活动管理职能的转变具体表现在:第一,贯彻政企分开原则,它是实现政府职能转换的关键。为此,金融部门要按照企业化模式来经营和管理,以实现政府

---

① 北京奥尔多投资研究中心:《金融系统演变考》,北京:中国财政经济出版社2002年版,第226页。

与金融企业职能的分离,即政府彻底从金融企业的微观层面退出,让金融企业真正成为自主经营、自负盈亏、自我发展、自我约束的市场竞争主体。第二,政府对本地金融产业的扶持和保护的职能。这是因为在融入金融全球化的进程中,转轨国家弱小的金融企业必然要面对国际金融市场的冲击和实力强的金融企业的竞争,以及随时面临被并购的危险。政府提供必要的金融社会保障,如对国内正在发展的幼稚金融产业政府要适度给予保护,也是保证金融机构稳健运营的必要之措。第三,政府还要降低金融行业的进入壁垒,培育和发展中小银行。据中德经济学家共同研究表明,在转轨国家中小企业是经济增长的主力。由于大银行和证券市场与中小银行相比,较难为中小企业融资,因此,在适度发展大银行和加强证券市场发展的情况下,高度重视发展中小银行,满足作为重要主力军的中小企业的融资需求,从而促进转轨国家的经济发展、解决大量的社会问题。当然,为了重塑转轨国家中小银行的良好形象,必须在提高门槛、加强监督的基础上为中小银行的发展创造宽松的环境,而不是人为地限制其发展。此外,在业务管制上要充分放开,特别是一些国家需要大规模地取消和减少金融行业的行政审批项目,使得金融体系形成充分的竞争局面,让微观金融主体在金融创新方面最大限度地发挥主观能动性。第四,政府对金融的宏观调控主要由原来直接管理金融转向间接管理金融为主,由原来对金融的计划管理转向市场化管理为主,政府要通过财政政策调控金融市场,尤其是其中的国债管理和交易,在金融市场上同央行的货币政策协调配合。

4. 全力推进金融机构改革和金融市场的发展

一方面,转轨国家的政府在推动或培育新的金融机构成长以及设计金融体系的制度安排方面发挥主导作用。政府不仅要创造条件推进市场型金融机构的发展,更主要的是在弥补金融市场缺陷上有所作为。另一方面,转轨国家还面临着从计划性金融体制向市场性金融体制变迁的任务,这个艰巨的任务尤其需要政府的大力推动。例如,转轨国家在相对较短的时间构建了二级银行体制和金融市场的框架,政府在职能转换方面发挥了主要作用。同样,它的结构性调整和金融系统的完善,仍然离不开政府职能的进一步转换。另外,转轨国家金融产业的快速形成需要政府的推动,从一般的产业发展来看,政府的产业发展政策对产业的形成发挥较大的支持作用。而银行作为一个特殊的产业,它在本质上具有一般产业形成的特点。同样,国家的金融产业政策及其金融产业发展战略,对新型金融业的形成和发展提供了机会。

总之,在全球化的条件下,转轨国家的政府不仅是金融市场上最大的资金需求者和交易的主体,还是金融改革的推动者、金融市场制度和金融市场秩序的建立者,同时也是金融基础设施的主要提供者。转轨国家政府职能转换和政府治理方式的转变,一方面必须要与变化了的金融市场环境相适应,另一方面,这种职能的转换要有助于促进金融系统的建设,并为其发展提供良好的基础设施环境,从而使金融系统的发展更好地为转轨国家经济服务。特别是政府对金融体系的干预,主要是为了弥补金融体系自身的缺陷,使金融体系具有更高的效率,是一种市场促进型的监管。政府的职能是在协调和选择性干预之间促进民间部门的发展,避免金融体系产生不利于社会大众的后果,实现转轨中的稳定性和金融效率。

第四节 经济转轨国家金融转换的制度安排及其效应分析

从 20 世纪 90 年代起,俄罗斯东欧以及中国等国家纷纷从传统计划经济向市场经济转变,走出了不同的转轨路径。与此同时,这些转轨国家在金融领域也采取了相应的方式启动金融改革。与经济体制改革一样,中国和俄罗斯在金融领域采取了渐进与激进两种不同方式启动改革。尽管改革的路径选择有较大差异,但中俄两国金融改革具有共性——总体上都是在政府的参与和推动下进行的自上而下的改革。所不同的是,中国金融体制的框架是在不根本触动原有的利益格局,经过多年有步骤、分阶段的试点及相应的改革才得以确立;俄罗斯改革之初就在金融领域实施大规模、快速的整体转换,直接触动原有的利益格局。为加快这一进程,政府实施金融自由化政策,即银行活动自由化、金融业务自由化、金融价格自由化、行业进入自由化,结果在很短的时间就搭建起发达市场经济国家所具有的那种金融制度的框架。这种在不同转轨路径下的制度安排,其金融体制转换的效应是不同的。

一、经济转轨国家不同的金融转轨路径及效应分析

(一) 金融体制转换及其绩效与问题

转轨国家中,俄罗斯的金融改革在较短时间内摆脱了旧体制的束缚,迅速建立起适应市场化需要的新的金融体制。以银行为例,俄罗斯已基本建立了产权明晰,责权明确,所有制主体多元化并共同发展的银行体系,不仅有俄罗斯独资银行(包括国有独资商业银行和私人独资商业银行以及国有和私有相互参股的混合银行)、外国独资银行金融机构,而且由外资参股的合资银行也相继发展起来。短短几年的时间,新的银行金融机构的框架迅速建立起来,而且,银行的股份制、商业化、企业化、市场化的经营机制也已经建立。有资料显示,自1998年8月金融危机后的四年间,由于银行体制改革和银行重组的深入,俄罗斯银行系统发生了较为明显的变化,出

现了一些积极的发展趋势。这主要反映在一系列指标的增长上,例如,2000年1月1日至2001年1月1日,银行系统的总资产增加了31.8%,资本增加了41.7%,而且90%的银行都出现了资本的增加。自1999年1月至2002年12月,俄罗斯银行系统的总资产从503亿美元增至1260亿美元。2002年,俄罗斯银行的资本达到179亿美元,比1999年年初增加近140亿美元。[①] 尤其是经过几年的银行重组,不仅实现了银行的重新整合,并撤销了250多个"问题银行"的经营许可证,而且加强了金融资本的相对集中。基于银行系统的这些变化,俄权威人士普遍认为,俄罗斯银行系统总体上已经克服了金融危机造成的后果,其状况目前相对稳定。银行总资产和对实体部门的贷款与GDP之比已提高到危机前的水平,居民对银行的信任度在恢复并逐步提高。所有这些都在一定程度上促进了银行在经济中职能作用的发挥。

中国的金融改革形成了新旧两种体制长期并存的局面,旧体制的弊端无法迅速根除,新体制的优势也难以充分发挥,致使金融企业的改革明显滞后。中国已经初步建立了多元化的银行和非银行金融体制。既有国有独资的四大商业银行,也有由国有控股或国有法人单位共同组建的股份制商业银行,还有多家国有性质的非银行金融机构,以及几家完全民营或民营控股性质的金融机构和少量的外资金融企业。但是,中国大量存在的是以国有控股为主体的金融机构,而大部分又属公有制性质。国家仍然在银行领域占据主导地位,银行之间仍然存在着较多的行政关系。"因此,央行与商业银行的关系仍是一家人的亲缘关系,虽然各自都独立核算、自负盈亏,只

---

① [俄]《货币与信贷》2002年第1期,第8页;中文载《经济问题》2003年第3期,第103页。

是机制不同而已,而产权都是同一的。这种产权的同一性很难脱离'父爱主义',难免出现'利益平衡'的倾向。"①这使得银行商业化、市场化的金融创新运行机制不能充分发挥作用。严格地说,目前中国的银行仍处在向真正的商业银行的转制之中。而且,在保持国有独资的情况下,建立真正商业化的运行机制的可能性很小(如中国的银行和金融市场运行效率一直处于较低的水平)。

(二) 金融制度安排与金融业的运行

金融是现代市场经济运行的核心。理论和实践都证明,一国金融的发展与稳定对该国经济的稳定和增长具有决定性的作用。

1. 金融改革与中国金融业的稳定运行

中国20多年的金融改革,成功地实现了对金融的控制,在很大程度上保证了经济和社会的稳定,为中国总体经济体制改革目标的实现奠定了良好的基础。中国的这种改革路径得到了欧洲复兴银行和世界银行以及越来越多的专家学者的肯定,并认为这种选择是符合中国的实际国情和历史发展的。国内著名学者的研究表明,"中国的金融结构仍然是一种政府直接控制和国有(商业)银行垄断的体制"②这种双轨运行的金融体制却在很大程度上保证了我国金融企业和金融市场处于稳定安全的运行状态。因为这种渐进式的金融改革与开放政策,能够有效地控制住国内金融市场化、商业化、国际化的次序和运行的步伐(特别是包括资本的对内开放和对外开放的顺序),从而一方面能够在很大程度上避免全面开放所招致的金融全球化浪潮的冲击;另一方面,政府的有效控制为实体经济提

---

① 赵传君:《中俄经济体制改革比较》,哈尔滨:黑龙江人民出版社2003年版,第298页。
② 张曙光:《疏通传导渠道,改善金融结构——当前中国宏观经济分析》,载《管理世界》2001年第2期。

供了有效的投融资支持并保持了强劲的经济增长。"稳定是压倒一切的大问题",没有稳定,一个大国的改革成本是高昂的。中国的经济转轨正是在金融业的可控运行框架下,推进有明显市场化倾向的经济体制改革,实现了国内经济的稳定增长。中国金融业改革的制度安排及其所实现的国内经济的稳定增长,成为解决所有问题的基石。大多数学者认为,中国在巨额的不良资产下,能够幸免于东南亚金融危机,在很大程度上得益于没有过早地实行资本项目的可兑换。这种看法有一定的道理,至少资本项目没有开放,可以使中国避免因外部联动效应带来大的冲击。但若将中国金融改革的成效特别是抵御了东南亚金融危机归功于资本项目没有开放,[①]这有否定中国20多年金融改革制度安排的嫌疑。笔者从金融制度安排角度认为,中国没有实行资本项目的可兑换,本身就是中国政府主导和控制金融业,使其服务于整个经济体制改革和实体经济运行的一项重大举措。因为,中国政府主导下特殊的金融制度安排很大程度上弱化了金融市场的波动性。按照一般金融理论,资本市场的波动性远远高于银行信贷市场。中国排斥国内私人借方和非居民进入金融市场,实质成为专为国有借方制造的筹资场所,这种安排造成资本市场发展滞后、开放程度低以及市场份额相对较小,如股票市值和债券市值占GDP的比重分别是32%和17%;同时,国有金融中介又控制着庞大的金融资产,造成银行信贷市场较为发达,如中国银行资产占GDP的比重为121%,提供了近80%的间接融资。[②] 另

[①] 主要归功于资本项目没有开放有失偏颇,因为即使开放了资本项目,中国政府外债一直在国际警戒线之内,足以对深受不良债务影响的银行体系提供财政支持(世界银行)。但笔者以为,除此而外,要对中国改革成就做出正确评价,应该将着眼点放在中国独特的金融制度安排上。

[②] 唐旭主编:《金融理论前沿课题》(第2辑),北京:中国金融出版社2003年版,第62页。

外,这种制度安排所形成的金融支持,对转轨中的经济增长也贡献颇多,国内经济的稳定增长作为强大的基石在一定程度上抵消了金融的不利影响(金融的脆弱性和不断增大的金融风险)。

2. 金融改革与俄罗斯金融业的运行

俄罗斯在经济增长停滞的情况下采取了激进的金融改革方式并过早地实行了金融对外开放,国内金融改革和金融对外开放几乎同步进行,致使国内的金融改革在相当大的程度上受外部因素的支配和影响。俄罗斯激进自由化的金融改革,目的是扩大经济的对外开放,实现真正意义上的"市场化",从而带来经济的发展。为此,政府和中央银行放弃了大量金融控制权:金融机构准入大大降低设限,国有金融中介原有的资本结构进行强有力的重组而大幅降低了政府对金融资源的控制,允许国内外投资者和国际投机资本频繁在股票和国债市场进行投机活动,允许卢布自由兑换。这种还权于市场的金融制度安排,期望构建市场化、自由化的金融运行环境,提高金融效率,为实体经济提供多样化的融资渠道。然而,由于过早地打通国内外金融市场的通道,必然会受到来自发达国家金融资本的冲击和控制,甚至会带来国内金融环境的混乱,这是包括中国在内的转轨国家向市场经济过渡必然面临的考验。问题在于,俄罗斯的金融制度安排造就了一个抗风险能力弱的金融体系。国内金融系统发育程度很低,但开放程度很高,国际资本在俄金融市场拥有举足轻重的影响力;银行信贷体系较强的自主性和盲目的逐利性不能有效服务于实体经济;为弥补国家预算赤字发展起来的有价证券市场吸引了国内外主要的资金来源,既切断了实体经济的资金来源,也很少投向实体经济,严重弱化了对实体经济的金融支持,致使国际收支恶化,外汇储备不足;自由化改革没有增加外汇收入,反而为国内资本的大量外逃开了通道。总之,俄这种制度安排,不但没有为经济转轨提供稳定的金融制度环境,反而客观上破坏了金融秩序的健康运行;不但没有通过制度安排弥补先天金融体系自组织运行不足的缺陷,改善国际收支账户、促进经济增长并进一步为改革提供稳定的经济基础,反而带来了经济的衰退和金融市场的强烈波动性。例如,受东南亚金融危机的传染而引发俄罗斯1998年的金融危机,一个重要因素就是俄过早开放金融市场和疏于对金融自由化的干预和控制,致使金融市场急速发展,短期资本大量进出,金融资产价格泡沫性膨胀。而这种金融制度安排又没有带来经济的复苏反而导致国内经济长期和大幅度的衰退,如在1992—1998年俄GDP均为负增长,仅在1997年有微弱的0.9%的增长,国内实体经济的这种发展态势实在无力支撑金融市场膨胀型发展,一旦国际上有风吹草动,国际投机资本和国内投资者大规模的撤资不可避免。可见,维护国家强有力的干预能力,保证国家金融市场的运行稳定,在转轨时期显得更为重要。

(三) 转轨国家的金融制度安排与本国经济的增长和金融稳定

转轨国家向市场经济转轨,就是由于本国资源配置效率低下和经济增长乏力,迫切需要寻找一种新的机制来调动金融资源服务于实体经济增长。而这种资源调动机制能否有效地发挥作用,首先需要有发达的金融调节机制,还要有能够吸引住资源的效率高的实体经济,以保证投资资源较高期望回报率。而这两点几乎所有的转轨国家都不具备。所以,单靠市场性的制度安排很难自动充分的动员国内储蓄资源投资于实体经济部门。这就需要一种特殊的力量将各种资源有效动员起来,以支持本国经济稳定发展。实践证明,现代经济增长和发展与企业融资和发展已完全融合为一体。有资料显示,企业融资对现代经济发展的直接和间接贡献已达到全部经济发展的2/3左右。很明显,要保证现代经济的顺畅运行和稳定高速发展,必须保证企业能够融资和高效融资。对转轨国家来说,由于金融中介的发展程度明显高于金融市场(金融市场普遍发育不足,国际化程度低,金融交易多样性差),银行是转轨国家主要的金融中介,也是金融体系的关键机构。保持经济高速增长的必要条件是保证提高企业的银行信贷水平。国家对金融资源一定程度的有效控制恰恰是在特殊时期解决经济增长融资问题的重要途径之一。

1. 中国的金融制度安排促进了本国的经济增长

改革以来,随着全国性股份制商业银行和地方商业银行的组建和发展,四大国有商业银行的垄断地位得到一定的削弱,但是直到目前,这四大银行的金融资产仍占全部金融资产的70%,占有全国存贷款市场的60%以上的份额。四大银行依然对全国的金融资产和金融市场保持绝对控制的局面,也表明了中国政府对银行的垄断格局。这种状况存在很多问题特别是面临越来越大的风险,但从积极的方面看,也正是这种对金融资源的控制地位,才在很大程度上保证了我国工业企业资金连续不断的充足供应,保证了我国转轨过程中经济持续呈现"J"型的增长态势。回顾历史我们发现,20世纪80年代后期,中国企业(除外资及合资)经济的发展主要依靠银行融资来推进;在世纪之交,国有企业固定资产的60%,流动资金的90%均自银行贷款;进入新世纪以来,以银行中介为主导的金融制度安排依然在经济发展中占据绝对优势,而金融债券等直接融资所占比例较低。因此,到目前,依靠国有银行商业性融资和非商业性融资发展着的国有企业,依然在很大程度上继续担负着为改革创造基础性的发展环境和促进经济高速发展的重任。国有商业银行在资金配置方面的绩效是显著的,不容忽视的。随着金融商业化改革步伐的加快,市场性融资已成为中国经济发展的主要来源,国有银行的非市场性融资的比重大大减少,但转轨经济特殊的环境要求国家加强一定的金融控制,这对保持本国经济的持续增长和保证国家的经济安全以支持转轨经济顺利进行,仍然具有现实意义。这是因为,在经济转轨的过渡时期,国有垄断的金融制度安排在控制存单提供成本和扩展储蓄规模方面具有明显的比较优势。

2. 俄罗斯金融制度安排对实体经济投资的影响

俄罗斯转轨以来,企业原有的融资关系被人为破坏,新的金融制度安排由于社会经济的不稳定而与实体经济严重脱节,从而使实体经济资金供应严重不足,经济出现大幅的滑坡和大面积衰退,并维持了8年的零增长率(1990—1999),一直呈"L"型趋势,只是在2000年后企业融资才得到了一定程度的改善。

在俄罗斯银行体制转轨进程中,俄迅速建立起了多种所有制并存的商业银行体系,国家对银行业的垄断已基本被打破,大部分商业银行均属于完全按照市场化运作的不受政府控制的股份制银行和外资银行,尤其是外资银行在俄银行业中占有重要的地位,其资本占俄银行业的资本比例已经超过1/4(金融危机前夕的指标)。而俄罗斯企业的情况是,通过证券私有化和货币私有化,原国有大中型企业基本实现了私有化的改造,而20世纪90年代后期实行的个案私有化又将大型企业中的国有股份公开出售。目前,俄绝大多数的企业已经基本实现了完全面向市场的私有化的改造,结果是企业的融资需求只能通过市场渠道和自有资本积累,除了极少数企业依靠国家商业银行为其发展提供资金,其余企业基本失去了国家提供融资的保障。为了解决企业的融资保障问题,私人的金融机构和私有化的企业相互融合组建了俄罗斯金融工业集团(或者是原国有企业私有化改造后依靠其自身的资产组建了隶属企业的商业银行)。这些商业银行主要贷款是满足本集团资金需求,但由于企业逾期债权的不断增加和银行参与工业企业的管理效率低下,以及工业企业盈利率的下降甚至大大低于银行的贷款利率,①俄罗斯商业银行对实体经济的支持减弱,而是将资金投到能够带来较高盈利率的安全性高的国家有价证券市场。尤其是在俄社会经济很不稳定时期,这些商业银行从事能带来丰厚利润的金融投机,很少认真对企业投资,但在本国宏观形势稳定时期,银行对实体经济的投资会有所增加。

  从一些实证资料来看,商业银行为企业提供的流动资金贷款和固定资产投资贷款与国内生产总值的比重目前大约分别在10％和1％。②这主要源于俄罗斯银行体系短期和超短期资金配置占主导地位。截止到2002年底,期限少于3个月的资金占账户和存款余额的60％,其中57％是活期存款(不包括储蓄银行)。而期限不足一年的贷款比重占贷款总量的68％。在俄罗斯,短期负债主要来自非金融企业的资金和居民储蓄,长期资金主要来自居民储蓄。据统计,俄来自居民的长期资金占俄吸引资金的33％。尽管如此,但这部分资金作为长期资金使用依然受到限制。这是因为,在俄联邦民法第837条第2点规定,法人有权在期满前挪用存款资金。由于银行负债的短期性,造成银行短期资产占优势。这种特点决定了银行为非金融企业提供的流动资金成为银行体系发挥作

---

① 俄转轨后经济形势最好的1997年,企业盈利率工业部门为2.3％,建筑业2.5％,交通部门2.2％,大大低于银行的贷款利率,而1997年以来卢布贷款的年利率均超过20％。

② 在发达市场经济国家,企业利用银行贷款发展生产是最常用的融资手段,银行为企业提供的流动资金贷款和固定资产投资贷款与国内生产总值的比重通常在60％～100％和4％～7％。

用最富有成效的方面。据统计,2001—2002年工业流动资金增长的近70%是依靠银行贷款来保障。另一方面,俄银行积累的大部分长期资金信贷用于对外国资产的投资。据统计,国外投资占银行资产的12%。[1] 同时,由于俄经济中很高的信贷风险,国内缺乏有清偿能力并且信誉可靠的金融工具,货币贬值的预期等等,绝大部分的俄银行资金被用于其他国家经济的信贷。这样,本国企业运用银行贷款进行生产项目融资时感到困难,从而使银行在配置和吸引资金上不能有效发挥其功能。俄银行体系与实体经济的关系可以从两个阶段体系:在1991—1998年,俄实体经济部门的投资下降了76%[2],2000年以来,随着俄金融危机不良后果的逐步克服,俄银行部门积累和配置资金的能力有了一定程度的提高,对实体经济投资的信贷取向更加明显。1999—2002年银行贷款给企业的实际数额提高了1.4倍,比危机前增加了22%。但与国际上一些国家相比这个支持力度仍很有限。总的来看,俄罗斯银行体系对实体经济投资大大减弱,远远低于企业对银行贷款的需求,而政府又没有可为其控制的足够的资金,实体经济部门单靠市场融资渠道和自身的资金积累来满足投资需求远远不够,况且这条融资渠道在很大程度上被堵塞,这就使得金融自由化转轨不是保证了社会经济发展的稳定,而是为本国的经济增长和社会经济稳定增加了动荡的因子。正如俄罗斯经济学家古宾指出,俄罗斯该到了"封闭金融资源和预算资金在国民经济中的循环,堵死资本流失的渠道,扩大资金向实体经济部门流动,放弃对俄罗斯经济自发的自我健康化过分的期待。要实行这样的政策,需要有政治意志,需要集中

---

[1] [俄]《预测问题》2004年第1期。
[2] [俄]《货币与信贷》1999年6月。

和加强联邦的权力,其中包括提高联邦经济和财政金融主管部门的协调作用"[1]。可见,加强国家对财政金融资源一定程度的控制,有效发挥中央银行货币政策调控机构的业务能力,如加强央行对银行的再融资,加强机构投资者等非银行金融机构的投融资,鼓励企业长期债券市场的发展等,这些都对转型期经济的恢复和发展大有裨益。

3. 转轨国家的银行不良资产、金融稳定和经济增长

银行不良资产是困扰包括中俄在内的转轨国家金融改革的一个主要问题。它不仅影响商业银行的有效运行和金融功能的发挥(如降低银行的偿付能力,甚至增加银行破产的危险性等),并使金融体制面临着巨大的风险压力,而且直接影响到国家经济的可持续发展(主要是金融对经济有效作用的发挥)。所谓银行不良资产,简单说就是银行信贷资产不能得到保全或银行的逾期债权的增加。中俄银行不良资产的形成有共性,但差异性也很大。中国的银行不良资产,主要是体制性和政策性因素迫使银行追加对国有企业的贷款,而企业由于效益低下或经营不善而对银行的信贷资金无力或延期偿付所造成的;还有一部分是银行经营不善的结果。俄罗斯一步到位的金融体制转型后,以私有制为主体的商业银行市场化运行机制已基本建立起来。因而不良资产主要是由于银行商业化经营不善、实体经济的滑坡和多年艰难的恢复以及不利的国际经济形势(典型的是1998年国际金融危机对它的冲击)所造成的。自经济转轨以来,由于实体经济的衰退,俄银行一直不愿涉足对企业的投资,造成与实体经济的严重脱节,因而来自企业的不良资产不占主要地

---

[1] [俄]先恰戈夫主编:《经济安全——生产、财政、银行》,北京:中国税务出版社2003年版,第124页。

位。相反,俄银行与金融市场却保持着紧密的联系,银行将资金大量投资于收益稳定的国家债券市场或外汇市场,而且在其资产构成中证券资产占有较高的比例。一旦由于国内外经济形势的变化导致有价证券价格下跌或外汇风险的提高,银行体系的不良资产规模必然增大。因此,化解或避免银行不良资产成为中俄金融改革面临的重大任务。

转轨国家的实践表明,银行的不良资产直接关系到转轨国家金融体系的稳定性。而银行不良资产的形成,一方面与银企关系的不良发展有很大关联;另一方面是银企关系之外的原因,主要是银行自身经营管理不善,如将资金投资于金融市场造成的损失。下面我们重点分析转轨国家在保证实体经济增长的同时,可能伴随着银行体系的不稳定的发展。这种不稳定可能来源于实体部门和银行体系本身之间金融不平衡增长。对银行体系自身,主要来自自有资金和风险资本之间的不协调发展;对于实体部门,主要来自作为借款人的企业收入和还款之间的不协调发展。正是转轨国家存在的这种多重不协调,特别是企业较低的资产盈利率,金融机构出现了超过自身风险管理能力的信用投放,即银行积累了大量的不良贷款。当然,其中大部分不良贷款是由于信贷的非市场化投放等历史原因造成(这在中国表现突出),部分是市场化投放造成的(如企业的市场化亏损)。伴随着银行预算约束机制健全下的信贷市场化投放将占据主导地位,银行信贷和经济增长之间的良性互动会使银行的不良贷款比重越来越小。

当前,转轨国家存在的大量不良资产问题依然没有解决,银行的不良贷款是影响其稳健最重要的一个因素。根据国际货币基金组织1998的统计,从1980年以来,由于不良贷款过高引发金融问题国家占到所有发生金融问题国家的66%以上,而不良贷款过高引发的金融危机占到58%以上。因此,对转轨国家来说,对不良贷款必须引起高度重视。多年的金融改革实践证实,对于银企关系比较密切的中国来说,不良资产实质上是银行与企业和居民的产权关系问题。如果回避国有银行的产权改革,不良资产不仅不会化解,而且还会不断出现。而俄罗斯的首要任务是在保证经济持续增长的同时,重塑金融监管当局对金融机构的权威性控制(既要赋予其权力,又能使其采取符合技术指标、具有技术合理性的政策措施,只有这样,金融机构才能有效降低风险并增加收益)。当然,中国同样需要加强金融监管当局的权威性。另一方面,国家要特别增强金融运行与实体经济运行内在联动机制,不能因为害怕出现不良资产而因噎废食,拒绝给企业提供信贷,导致投资的下降和经济的萎缩。为此,必须加强宏观调控和经济的监管,强化企业化原则和公司制度,引导银行信贷与企业投资之间形成紧密的银企良性互动关系,这才是最终化解和避免不良资产的根本出路。

(四) 转轨国家金融制度变迁与金融所有权的调整战略

纵观西方发达国家的金融发展史,随着金融体系的不断演进,国家金融控制的地位相应要下降,这是金融产权关系发展的必然趋势,也就是说,民有金融成为金融所有权关系发展的方向。因为私有化或民营化可以提高银行的利润率,可大大节约政府的各种支付成本。理论和实践都证实,转轨国家国有银行的存量必须要改革,国有银行的私有化或民营化是未来银行发展的必然趋势。这就是为什么20世纪90年代初期中俄等转轨国家相继进行金融所有权关系调整的原因之一。中俄两国金融改革总的方向是对的,但绩效却不同。

1. 世界金融产权关系发展趋势是基于发达国家的实践总结,它有严格的前提条件

条件之一,是要有在健全的法律框架下稳定的金融监管体系。条件之二,要有完善和有效的货币政策调控体系。条件之三,要有健全的金融中介体系(即已经形成自我约束、自负盈亏、自我发展的运营机制)。条件之四,具有完善和有效的金融风险预警指标体系,能够对金融危机的前兆作出分析,实施国家对金融运行的全面监管。这里包括综合微观审慎指标如银行的资本充足率、流动性比例、资产收益率、不良贷款率等;宏观指标与国家的政治经济等密切相关,如通货膨胀率、GDP 增长率、货币供应量增长率、国家综合负债率、利率风险率、企业负债率、股指波动风险、汇率风险等。而转轨国家普遍存在市场分割,货币政策工具具有明显的非市场化色彩,利率、汇率等金融工具距离完全市场化还有很大的差距,原有的监管体系以指令性和行政性为主(这种监管手段甚至在一些地方还出现扰乱金融秩序的案件),一些国家出现了监管手段的市场化倾向,但普遍存在监管法律、规则不能有效贯彻的难题,已经建立起来的金融监管制度仍然处在探索和不断完善阶段。更为重要的是银行和非银行金融机构还没有真正形成自我约束、自负盈亏、自我发展的运营机制和"自复制"、"自组织"、"自适应"等自组织机制,还没有建立起完善和有效的符合转轨国家国情的金融系统风险预警指标体系。可见,转轨国家按照西方模式实行金融改革的前提条件还很不成熟。

2. 中俄不同的金融所有权调整战略与绩效分析

第一,在放弃原有经济体制向现代市场经济体制转轨初期,中国政治上具有稳定性和统一性,因而,中国依然在原有的宪法秩序下进行金融体制的变革。中国在政府的主导下,增量调整的同时

依然没有放弃国家对金融的控制地位。为维持金融体系的稳定、减少金融系统风险和提高金融运行效率，为弥补金融监管和调控以及金融机构自组织运行机制的不足，为有效促进金融为实体经济服务的宗旨，国家在迫不得已的情况下担负起了这个重任，即通过国有金融控股等形式来实现国家的各项经济金融目标（因为世界金融发展史证实，在市场经济中国有金融多是外生的它组织体系，而不是内生于市场中自组织演化的结果，这就造成了其先天的不足，但在经济转型和全球化的双重约束下，对中俄等国家国有金融仍是一种不得已的无奈之举）。可以说，国家的金融监管和调控同国有控股二者在一定条件下具有此消彼长的关系。中国正是期望通过国有控股以弥补不成熟的金融监管和货币调控体系的不足。虽然中国金融机构产权形式多样化，但基本上是公有形式的变种（甚至是金融市场也成了专为国有借方制造的筹资场所[1]）。公有制这种所有权形式本来在计划经济体制下就被证明是低效率的，将其应用到金融产权关系领域，在20多年的改革实践中，同样表现出了不令人满意的一面，如国有金融机构内控管理机制相对较弱，银行和非银行金融机构孳生出大量的不良资产，国有金融机构运营效率也相对低下。但是，由于转轨时期这种制度安排弥补了金融监管的不足和有效的调控了金融资源，加上国家强有力的信誉担保，从而保证了多年来高经济增长连续不断的资金来源，国际收支账户呈现出了良好的增长态势，保证了中央稳定的财政收支，维护了金融体系的稳定性。这个良性循环的金融和经济发展态势，在很大程度上抵消了国有金融控制的不利影响。因此，可以

---

[1] 张杰：《转轨经济中的金融中介及其演进——一个新的解释框架》，载《管理世界》2001年第5期。

得出结论,20世纪90年代以来,转轨经济中的这种金融安排,从制度变迁的角度看,它至少是暂时有效或具有效率增进的性质。当然,我们也应该清醒地认识到,到了20世纪90年代末,当中国经济进入到"过剩经济"阶段,中国的这种金融制度安排越来越显示出效率低下、金融创新迟缓、市场化停滞不前、金融风险不断增大,而国家控制下的金融机构,国家作为出资方与经营者的委托—代理关系没有得到较好解决,对代理人有效的约束-激励机制没有完全建立起来。但是,考虑到当前中国经济金融的实际情况,国有金融产权垄断的退让是必然趋势,但不宜过大,尤其是随着金融业开放程度的扩大和更大程度上参与金融全球化进程,中国仍然适宜发展以国家相对控股为主,战略投资者和机构投资者共同参与的股权结构,因为这个结构调整仍是符合中国最广大人民利益的战略选择。同时,我们必须加大培育金融体系的自组织机制和内控机制,加强探索和不断完善适合我国的现代金融监管制度,加强推进金融市场化进程。随着这些前提条件的不断成熟,可以相应减少国有金融控股。

第二,俄罗斯的金融中介重组和金融市场的发展都与私有化密切相关,主要是为私有化服务的。俄罗斯通过彻底的存量改革放弃了国家对金融资源的控制地位。在金融中介领域,俄最大限度地减少对金融机构所有制形式和金融业务的限制,新旧金融制度并存的局面在较短时间内被打破,私人所有制和混合所有制为主导的新型金融制度在较短时间相继建立起来。部分国有股份占主导地位的商业银行尽管在局部还具垄断优势,但国有股份在银行业已经不占有垄断地位。到1998年金融危机前,俄罗斯银行的法定资本中,国家投资部分仅为1.3%(包括国有性质的储蓄银行的资本)。绝大多数银行既没有建立起存款保险制度也失去了国家的信用担保(直到

2003年底全俄才实行了银行存款保险制度），结果这些新型的银行普遍存在存款荒，自有资本短缺且银行资产比重过低。唯一由国家信誉担保的储蓄银行则在吸收存款方面处于有利而垄断的地位。据俄过渡时期经济研究所的资料，该银行吸收了70%的私人存款。还有资料显示，俄居民的80%的卢布储蓄和50%的美元储蓄集中于储蓄银行。① 由于国家对金融资源投向和使用缺乏有力的宏观调控，造成了居民、企业、金融机构将资金大量投向国债市场和股票市场从事投机活动，特别是造成国债市场的扭曲性发展（这主要是由于畸高的国债利率和单纯弥补短缺财政赤字以及短期国债占有重要地位），从而没有避免投资大幅度下降，没有有效地增加总需求，没有保持较快经济增长。② 俄罗斯金融市场化顺序安排失误和改革盲目激进，使整个经济局势愈加混乱。如为推进利率市场化较早地放开存款利率，结果出现金融机构在利润动机驱使下盲目扩张资产规模，缺乏约束力的商业银行采取高息揽储（因为吸纳存款是商业银行盈利重要源泉），出现恶性竞争。在支付高存款利息的情况下抬高贷款利率，致使企业融资成本骤升，生产经营陷入困境；从长期看，最终也会危及银行自身的生存，引致社会资金供需平衡处于失序状态，最终酿成系统风险和国家风险。同时，资本市场在现代经济中所应发挥的"发动机"、"搅拌机"的功能在俄并未得到有效发挥。

金融危机后俄罗斯再次进行了金融中介的重组，加强了对金融机构和金融市场的监管，加强了国家对金融的控制地位，有力发挥

---

① ［俄］过渡时期经济研究所：《过渡时期经济学》，1998年版，第506—508页。
② 相反，中国政府控制的国债则以长期国债为主，在1998年以来投资于基础设施、西部大开发、生态环境建设、国有企业技术改造等项目，从而对通货紧缩后经济的增长起到了重大的作用。

了国家作用,并在不违背银行资本民营化的前提下,加大国有股份在部分银行业的比重,并规定中央银行将在相当长的一段时间对俄最大的银行保持绝对的控股地位(目前央行在储蓄银行的股本占到50%以上)。据有关资料显示,俄罗斯1998年金融危机后,非居民大大减少了对银行的注资(截止到2002年4月外商独资银行在俄银行体系的比重下降到6%);而俄国内的私人资本遭受金融危机的冲击,已经没有能力对银行投资。在这种情况下,为了拯救银行和保持银行业的稳定,作为国家重要机构的中央银行为一些商业银行提供大量贷款或其他融资服务,使国有资本的股份在银行体系的比重大幅增加,从1999年1月的不足6%增加到2002年4月的21%。[①] 由此,大大提高俄银行的资本充足率和抵御风险的能力,稳定了俄银行业的局面,并对俄实体经济的复苏提供了一定的金融支持。[②] 目前,俄罗斯银行的经营状况明显好转。其一,俄银行对实体经济贷款大幅度增加的同时,银行的利息收入明显增加。2000年银行利息收入首次超过银行外汇业务收入,2001年银行利息收入首次超过有价证券收入,也超过银行外汇业务收入。其二,银行体系的风险水平逐步降低,外汇储备增加,卢布汇率保持较为稳定的水平;银行的资本充足率逐步提高,从1999年1月的11%提高到2002年的20%和2003年的19%等等。另外,金融危机之后,俄一直在着手建立对银行的约束机制,加强存款保险制度构建,在2003年底全俄实行了银行存款保险制度,并在2004年7月暴发的银行挤兑风波中经受了考验,初步显现出稳定"军心"的作用,卢布币值未发生大的波

---

① 范敬春:《迈向自由化道路的俄罗斯金融改革》,北京:经济科学出版社2004年版,第84、86页。

② 当然,由于俄罗斯银行资本金总体不足,低于其他一些转轨经济国家,因而,银行对实体经济的贷款相对较弱。

动,维护了金融体系的安全与稳定。时至今日,俄罗斯仍然没有构建出竞争充分、机构多元、工具齐全、交易规范公正和信息公开透明的货币市场,距离完全市场化还有较大距离。在这种情况下,俄利率市场化依然遭遇各种因素的梗阻,货币政策的调控仍没有在激进的市场化进程中发育成熟;同时,俄市场化金融监管体系依然没有形成适合国情、有效健全的法律监管框架;金融机构的内控机制虽有很大提高,但也很不规范,俄罗斯仍需要增强国家金融控制地位来弥补市场化金融监管和调控体系以及金融市场发育不成熟的缺陷。最近,俄罗斯学者在反思私有化浪潮后也认为,政府不会完全放弃银行,如果完全放弃国有银行,政府就会失去管理和调节金融体系的杠杆。

二、经济转轨国家金融制度安排启示

第一,西方大国经济、金融体系成功案例表明,资本实力雄厚的大银行是一国金融体系稳定的基础,它抵御风险能力的高低直接关系到这一基础的稳定程度。而排在前几位的大银行又往往都是银行股份为本国所有的本民族的银行。这些事实告诉我们,转轨国家必须拥有能够左右金融大局的本民族的银行。而当前转轨国家特殊的环境,又决定了培养国家控股的、能左右和影响金融大局的骨干商业银行,对经济转轨国家稳定金融和促进经济发展具有重大的战略意义。

中国目前致力于打破国有银行占垄断地位的银行业格局,以期形成多元化投资主体并存的竞争局面。在这场金融制度的变迁和重组过程中,国有银行必然要过渡到产权多元化的所有制形式,建立起真正的符合国际一流银行要求的商业银行运营机制。然而,在这个过程中,保持几家由国家控股的属于本国所有的本民族的大银行仍然是必要的。

第二,转轨国家的金融改革是一项长期任务,不可能一蹴而就,要依照本国的国情采取相应的金融自由化、市场化的改革顺序,不失时机地加快推进金融改革。著名金融学家麦金农曾经指出,经济自由化有一个最佳的顺序,这个顺序因各个国家的不同而各异。而且,经济转轨国家在转轨过程中同时面临经济发展、经济增长和保持金融稳定的多重约束,不考虑来自其他方面的因素,完全按照西方发达国家的成熟的金融制度模式来要求转轨国家,显然是很不现实的,因为这既不利于转轨国家经济发展和经济稳定,也使转轨国家金融改革的效应大打折扣。在各种前提条件还不成熟的情况下,只有使金融这个敏感中枢处于国家可控制范围内,才能谈得上金融改革的顺序安排。在这方面,中国金融改革的经验值得转轨国家借鉴。例如,中国在利率市场化改革方面,改革步骤是二级市场先于一级市场,先外币后本币,先贷款后存款,先长期后短期。贷款利率率先扩大浮动幅度,后全面放开,存款利率先放开大额、长期存款利率,后放开小额和短期存款利率。先放开外币利率是因为外币利率调整取决于国际金融市场,如再限定外币利率会使中资商业银行由于经营外币业务而处于被动地位。先放开长期利率,后放开短期利率,有利于控制商业银行的流动性风险,使商业银行与企业资金来源趋于长期化。[1]

俄罗斯金融改革经验与教训值得汲取。一方面,由于俄罗斯的金融改革与本国初始的经济和社会以及文化传统的具体情况严

---

[1] 刘明:《转轨期金融运行与经济发展研究》,北京:中国社会科学出版社 2005 年版,第 33 页。

重割裂,而新移植的金融制度被改革者强行推行,因而虽然俄罗斯建立起多种金融机构并存的多元化的金融市场格局,且自由化、市场化、股份化、商业化程度相当高,但金融创新机制处在效率不高的状态,致使金融制度变迁朝着非绩效方向发展。另一方面,俄罗斯金融市场化的改革已经在局部领域显示出其积极效应：一是为金融市场的发展创造了自由宽松的准入环境和制度环境。二是金融机构数量增多,非国有金融成为市场化金融业运作的主导,金融机构的自组织能力逐步增强。三是俄罗斯银行业和证券市场较早地融入国际金融市场,并跨越了国有银行产权调整这一金融"硬核"。这对俄罗斯原有的国有银行来说总体利大于弊,它不仅带来了新的经营机制和服务理念,更重要的是,使金融中介治理水平得到了很大的提高。如俄罗斯通过引进外国战略投资者,金融中介治理水平要比中国好。金融机构基本上形成了较强的预算约束和市场化的运营机制。四是俄罗斯银行法律体系完备,不仅有中央银行法、商业银行法,还且还通过了信贷组织破产法、信贷组织重组法、自然人的存款保险法律,市场化的运营机制正在建立。20世纪90年代俄曾有一大批银行倒闭,又有大批银行相继建立起来,除储蓄银行由国家担保建立存款保险制度,其他银行几乎都推向市场(尽管当时还没有建立起有效的存款保险制度)。而中国银行几乎没有出现市场化的破产淘汰[①],无论国有银行还是其他股份制银行,国家实质上还是银行吸收存款负债的最后担保人,预算约

[①] 为化解金融风险,近年来,对 427 家严重违规、资不抵债的中小金融机构和 28588 家农村基金会进行了撤销、解散、关闭等方式处置。但部分金融机构的清理整顿,也大都是政府行为。而被清理的金融机构的善后支付工作由政府包了下来,维护了广大存款人的利益,保证了社会的稳定。参见谢平主编:《路径选择——金融监管体制改革与央行职能》,北京:中国金融出版社 2004 年版,第 152 页。

束机制没有真正形成。这意味着中国不失时机加快推进金融改革对解决金融领域积累的问题意义重大,如加快利率市场化改革,国有商业银行产权多元化的改革,加快债券市场的发展,放松资本管制,大力推进长期资本交易市场的发展,全面推进农村金融改革等等。

第三,在金融改革与实体经济的良性互动中推进转轨国家的金融创新。20世纪90年代,俄罗斯在金融领域已经初步建立了市场导向型高度开放的金融体系,但时至今日,俄罗斯的金融创新和金融发展并未在促进实体经济发展方面发挥积极的作用,也未出现明显的良性互动。究其原因,一方面来自金融体系自身,证券市场投机性强,参与者的目标主要是获得投机收入,而缺乏对长期投资利益的关心;另一方面,俄银行体系的特征是低储蓄积累率和低储蓄转化为投资率,这大大弱化了银行体系实现储蓄转化为投资的功能。据估计,银行集中了较小部分的企业和居民的金融资产和货币资金(大约为25%)。大部分的现金和国外金融资产积累不能以资金的形式配置到国民经济中去(近70%)。银行集中的金融资金的狭窄性特点决定了其在金融体系中的低水平信用,在这种情形下只能是银行积累资金的很少部分用于生产性投资。所以,银行对商品生产的固定资产形成的贡献率非常低,据统计,2001—2002年仅为3.5%~4.8%。[1] 同时,俄罗斯转轨以来实体经济持续滑坡,增长乏力,也在很大程度上限制了本国银行体系的融资功能。而中国金融改革与实体经济之间形成的良性互动已是不争的事实,但金融改革与实体经济发展之间的关系还没有完全理

---

[1] [俄]《预测问题》2004年第1期。

顺,特别是民营经济发展仍然受到信贷体系融资的约束。因此,对转轨国家来说,必须解决金融改革中存在的这些问题并加快金融改革和及时推进金融创新,建立起金融体系对实体经济发展强有力的支持机制。

第五章
转轨国家金融自由化改革中的美元化问题

在金融全球化背景下,美元化已经渗透到转轨国家经济生活的各个方面。美元化对转轨国家利弊兼具,当然,适度的美元化对本国经济尤其是金融市场的发展有着积极的促进作用,同时,也可能引发一系列的经济后果。美元化的发展趋势是任何人都无法阻挡的,它是经济主体基于规避风险动机的理性选择,是市场化进程中必然自发产生的现象。在金融全球化和转轨国家开放领域不断扩大的形势下,我们不可能完全消除这一现象,因为美元化不是简单的货币替代问题,它是一个综合性的经济现象。但是,适宜的政策安排能够消除其不利影响。

在金融全球化背景下,美元化已经渗透到转轨国家经济生活的各个方面。美元化对转轨国家利弊兼具,当然,适度的美元化对本国经济尤其是金融市场的发展有着积极的促进作用,同时,也可能引发一系列的经济后果。美元化的发展趋势是任何人都无法阻挡的,它是经济主体基于规避风险动机的理性选择,是市场化进程中必然自发产生的现象。在金融全球化和转轨国家开放领域不断扩大的形势下,我们不可能完全消除这一现象,因为美元化不是简单的货币替代问题,它是一个综合性的经济现象。但是,适宜的政策安排能够消除其不利影响。

第一节　金融自由化与转轨国家的美元化

席卷全球的金融自由化浪潮,推动了全球经济金融的一体化。而货币的逐步一体化则成为其中的一项重要内容,特别是国际经济中的一些强势货币如美元、欧元、日元、英镑等币种在货币一体化进程中扮演日益重要的角色。由于美国经济在世界经济中占据绝对优势地位,而且日益全球化的美国经济实力依然不断增强,这个强大的基础支撑了世界经济中美元的强势地位。据近年来的资料显示,美元占世界官方储备总和的比例为60%,美元占世界私人资产总和的比例为40%。① 在金融全球化背景下,转轨国家顺应世界经济发展的潮流,纷纷实行对外开放政策,允许外国资本流入,一些国家甚至采取激进的方式试图快速融入全球经济一体化的进程,国内市场和国外市场日益融合,必然会导致美元化程度的提高。这表现为企业和居民持有的美元现金和存款持续增加,本国金融机构如中央银行持有美元外汇资产储备不断增加,一些民有商业银行也持有大量的美元存款。美元化已经渗透到转轨国家经济生活的各个方面,发挥着货币所具有的各种功能,即美元作为一种工具在私人交易中充当交易中介,中央银行持有美元作为外汇储备或在外汇市场买卖美元作为干预汇率稳定的货币,美元也是这些国家计算汇率平价的"基准点",美元还是企业和居民持有的流动性资产。

一、美元化的含义

俄罗斯学者 М.Ю.格罗夫宁将美元化分为广义的和狭义的理解。狭义上的美元化指本币流通手段功能被替代的过程。广义上的美元化是和外币替代本币的大部分(或全部)功能的过程联系在一起的。② 现在较为流行的分类是把美元化分为货币替代和资产替代。"货币替代"和外币作为流通手段被使用联系在一起,它是将外币资产作为支付手段,这其实就是上面所说的狭义美元化。它主要发生于通货膨胀高、汇率不稳定时期,促使企业和居民寻找替代品。

---

① The Economist Group, The world in 1999, December1998.
② [俄]М. Ю. Головнин:《Долларизация в переходных экономиках россии и стран центральной и восточной европы》,《Проблемы прогнозирования》No3,2004.

"资产替代"是和贮藏手段的功能相适应的。它是指用外币资产作为本国居民的金融资产,它主要产生于人们对国内外资产的风险收益比较或"投机性需求"。实践中,人们将"货币替代"经常用作美元化的同义词,这种理解是不全面的。美元化现象还表现为资产替代。因此,本国经济的"外币化"应包括货币替代和资产替代。中国学者张宇燕将美元化分为事实上的、过程的、政策的三种。事实上的美元化指美元在世界各地已经扮演了重要的角色;过程美元化指美元在美国境外的货币金融活动中发挥着越来越重要的作用;政策美元化指一国政府主动让美元逐步取代本币并最终让美元成为具有无限法偿力,完全取代本币的行为,这也是一种完全放弃本国金融主权的行为。[①] 我们以为,经济的美元化是指外币替代部分或全部本币,发挥贮藏手段、价值尺度、流通手段等功能的过程。有些国家之所以默许美元化或积极主动实行美元化政策,就是因为这些国家希望避免汇率不断波动的风险,希望在国内能够建立起稳定的货币流通机制(当然,这个机制是借助于稳定强健的外币实现的)。对于中俄等大多数转轨国家,美元化不是以美元取代本国货币作为法偿货币的政策行为,基本是一种市场自发选择的部分美元化行为。外币主要表现为存款的形式。这些国家持有美元现金或银行存款或票据,主要是为了保值。由于俄罗斯社会政治经济形势的连续动荡,多年的高通货膨胀和货币贬值,居民为保存自己的财富,纷纷持有外币资产,特别是美元存款成为重要的形式。在俄罗斯,本币和美元几乎同时作为结算单位和支付手段使用。

那么,美元化程度究竟是如何度量的?我们以为从广义上理解应包括一切以外币表示的有清偿力的资产:国内流通的外币现金、

---

① 张宇燕:《美元化:现实、理论及政策含义》,载《世界经济》1999年第9期。

在本国银行系统的外币存款、本国在国外的外币存款。因此,从绝对数量上,现实中常将一国居民的国内外外汇存款数量与国内流通中外币现金数量之和作为度量指标。而由于对国内银行体系的外币存款的统计信息比较充分,故常将国内银行体系外汇存款占广义货币量 M2 的比值作为衡量美元化程度的主要相对度量指标。IMF 曾以此指标作为部分美元化的度量标准(流通中的现金外汇额较难获得准确数据没有统计在内),这个美元化指标是可行的,但学者们仍然认为还不是最好的。

二、美元化对转轨国家货币信贷领域的影响

美元化对转轨国家的影响利弊兼具,当然,适度的美元化对本国经济尤其是金融市场的发展有着积极的促进作用。第一,美元化可以保持本币的购买力和经济的投资力。这是由于本国货币、资产被美元替代,经济主体即使在高通货膨胀时期也可以保持自有资金的购买力。在高通货膨胀且膨胀速度不断变化的条件下,当本币贷款变得不利时,外币贷款却可以保持经济中的投资潜力(尽管给该国金融体系功能的发挥带来一定的附加风险)。第二,美元化有利于金融体系的稳定。转轨国家的货币普遍不属于强势货币,一旦遇到经济形势不好或经济衰退,由于本国货币的贬值造成金融体系的脆弱和通货膨胀,影响金融中介体系正常的流动性功能的发挥。而如果该国允许强势货币美元的流通,货币的替代能够在一定程度上缓解银行体系的流动性不足,从而稳定本国货币,有效降低通货膨胀和通货膨胀的预期。然而,美元化对转轨国家货币信贷领域的负面影响可能会引发一系列的经济后果:

第一,美元化使本国货币的不稳定性增强,易于使本国经济与国

际经济形势形成连锁反应。在本国货币被替代的领域,因外国货币参与了流通过程,美元化程度影响本国通货膨胀率。同时,美元化改变了货币需求功能,这突出表现在:一方面它使得货币需求对汇率的变化异常敏感;另一方面美元化增强了货币利率弹性。一些美元化现象严重的国家本国经济和国际经济金融形势关联性越来越强。

第二,中央银行对货币信贷领域的宏观调控和管理难度加大。在一些转轨国家,事实上已经同时使用美元和本国货币。美元的供给完全受制于美国的货币政策的主导,因此,美元化国家的美元化程度越高,本国货币政策的市场传导效力就越小。同时,由于对外汇存款尤其是在境外的海外存款以及流通中美元通货统计信息的不充分。使中央银行及其相应的监管机构对外汇存款的变化和大量的现金外汇监督管理变得复杂化,也使央行货币政策宏观经济调控职能受到极大的弱化。例如在俄罗斯20世纪90年代"休克疗法"实施的前半期,由于美元化问题,本币一度成为俄罗斯的第二货币,而美元成为第一货币并渗透到生产、价格形成、日用品交易以及税收等各个领域,结果卢布大幅对外贬值,国内产品价格急剧提高,大量的外汇资本为规避风险而大量外逃,使俄经济几乎陷于崩溃。而要扭转美元化的不良影响,唯有国家采取强制干预措施限制美元的流量和存量。

第三,汇率的不稳定性增强。经济金融全球化推动了转轨国家更为广泛地开展对外经济业务,增加了对外币的总需求,这样,本国的通货受国际金融波动的影响越来越大。在实践中,那些美元化程度高的国家,金融危机也更为严重,1998年俄罗斯的金融危机和1996年保加利亚的金融危机就是例证。

第四,美元化减少转轨国家在货币发行中所得的铸币税。随着美元在转轨国家的大量增加,美元在流通中发挥与本币一样的功能,这使得一国对本币的需求相应的减少,从而相应减少了转轨国家在货币发行中所得的铸币税。同时,美元化现象的大量存在迫使中央政府给中央银行施加更大的压力来扩大货币量,这反而加速了通货膨胀,也进一步强化了人们持有美元等外币的动机。

第五,美元化导致流通中外币在美元化国家缺乏最后贷款人。美元化国家在遇到世界性经济衰退或世界性金融危机时,其银行体系的美元资产同样会产生大量的不良资产,银行体系陷入流动性困境,甚至会引发银行的纷纷倒闭。由于该国中央银行不具备充当最后贷款人的能力,这样银行因没有相应的流动性支持,很可能就会错过化解危机的时机,导致经济更加不稳定。

从上述分析中我们可以看出,在金融自由化进程中,转轨国家的美元化现象对货币信贷领域的影响带来很大程度的负面影响。为了消除美元化现象很有必要采取一整套的宏观经济政策手段。

第二节　转轨国家金融自由化进程中的美元化状况及制度安排

一、转轨国家的美元化状况

早在计划经济时期,部分国家就存在一定程度的美元化现象,当时比较典型是前南斯拉夫和波兰,特别是在20世纪80年代末的波兰,外币在企业的业务往来中起着价值尺度的作用。其他国家由于中央政府对货币信贷领域采取了强有力的宏观调控政策,"货币替代"受到了限制,发展缓慢,主要是黑市的现汇交易。20世纪80

年代末 90 年代初以来,随着计划经济体制的根本放弃,这些国家美元化得到了迅速的发展。

俄罗斯和部分中东欧国家转轨经济中的美元化比值(主要是外汇存款占广义货币的比值)可详见表 5-1:

表 5-1　俄罗斯和部分中东欧国家 1991—2003 年第一季度美元化比率*

国家	1991	1992	1993	1996	1997	1998	1999	2000	2001	2002	2003 上半年
俄罗斯	16,8	42,7	27,0	19,1	17,7	24,0	30,2	29,1	27,0	25,9	23,9
波兰**	24,7	24,8	27,0	18,2	17,6	15,6	15,5	15,6	15,5		
斯洛文尼亚	48,4	42,9	41,7	35,0	30,8	26,7	26,0	29,2	31,5	31,4	30,1
斯洛伐克	3,1	6,3	9,7	10,6	10,7	12,9	15,1	15,6	16,8	16,0	13,0
阿尔巴尼亚	1,3	23,6	20,2	20,2	20,2	17,1	18,4	19,5	21,6	21,9	21,9

* 美元化指标为某一时期的平均值。
** 波兰于 2002 年改变了货币种类的计算方法,不允许划出外币存款额。

资料来源:[俄]М. Ю. Головнин:《Долларизация в переходных экономиках россии и стран центральной и восточной европы》,《Проблемы прогнозирования》No3,2004:126

在转轨国家中美元化程度最高的主要是罗马尼亚、塞尔维亚和克罗地亚(在被考察的转轨国家中平均的美元化比值最高①),其经济的美元化程度均超过 40%;保加利亚稍低于 40%,居于第二位;居第三位的阿尔巴尼亚、马其顿、俄罗斯和斯洛文尼亚的美元化比值在 20%—30% 之间;捷克、波兰和斯洛伐克的美元化比值低于 20%。但是,这些金融体系发展不完善的转轨国家,还有一个不可忽视的重要事实:流通中大量的外币现金和居民私自积存的黄金外汇量正发挥着重大的作用。

下面我们首先分析俄罗斯美元化的发展变化(见图 5-1)。第一,从数量变化看,1996 年底俄罗斯中央银行流通中的现金外汇数

---

① 克罗地亚国有银行研究所所长 И. Крафт 估计货币供应量中的外汇(包括现金流通中的外汇)比例为 74%。

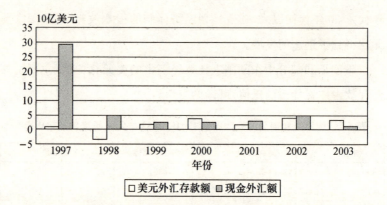

图 5-1　1997 年到 2003 年上半年俄罗斯经济美元化指标

资料来源：[俄] М. Ю. Головнин：《Долларизация в переходных экономиках россии и стран центральной и восточной европы》，《Проблемы прогнозирования》No3,2004：128。

量为 200—220 亿美元。根据俄银行的统计资料，从 1997 年到 2003 年 8 月，居民的外汇净持有量达到 468 亿美元。这样一来，俄罗斯转轨时期所累积的现金美元量至少为 670 亿美元，最多达到 1 330 亿美元。但是，有相当比例的现金外汇由进口、旅游等渠道外流。截至 2003 年中期，俄现金美元总额几乎是货币供应量 M1 的 1.2 倍。

第二，俄各个时期的美元化发展情况是各不相同的，这一点在 1998 年俄罗斯金融危机之前表现得最为明显。从 1996 年下半年开始，俄存款的美元化比较稳定，而现金外汇的净持有量却持续增加，到 1997 年达到了 289 亿美元。1998 年的俄罗斯金融危机对现金外汇持有额和以美元表示的外汇存款额产生了重大的影响，并使其绝对量相应大大减少。从 2000 年开始，随着经济金融形势的稳定和俄罗斯银行体系的有效重组，俄美元化已经不是简单的存款美元化代替现金美元化的问题了。近三年来存款美元化和现金美元化得到均衡发展。总体上看，在后俄罗斯金融危机时期（从 2000 年开始），俄美元化的比率已经开始大幅下降。当然，2008年爆发的俄罗斯金融危机，卢布汇率的大幅下跌使得资产美元化现象又重新抬头。在2008年9月份俄罗斯居民在银行和兑换点购买外汇总额达60亿美元，创下1999年以来的新高。数据显示，使俄罗斯银行的外币存款比重从2008年9月1日的18%上升到10月1日的19.5%，这说明俄罗斯目前正在发生居民和企业资产美元化的过程。

其次，随着开放领域的逐步放开，中国的美元化也快速增长并具备了相当的规模。按照我们定义的美元化的度量标准，中国居民的美元存款从1999年开始增长迅速，到2002年底由原来的400多亿美元增长到近900亿美元（见图5-2）。

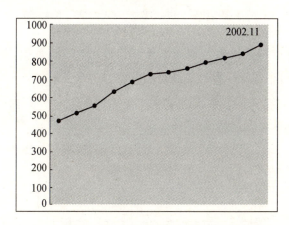

图5-2　1999—2002年底中国居民美元存款趋势图

资料来源：国家外汇管理局：www.safe.gov.cn。转引自《贵州财经学院学报》2003年第2期。

如果加上境内居民、企业、中资金融机构的各项外汇存款，中国"外币化"程度增长快，绝对数额高（见图5-3）。

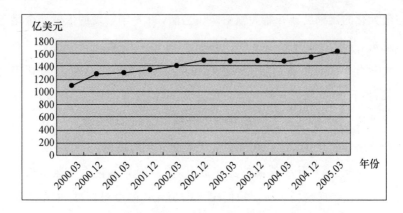

图 5-3 中国居民、企业、中资金融机构外汇存款趋势图

资料来源：根据中国人民银行 2000—2005 年公布的外汇存款统计数据绘制；数据取样主要是每年第 1 和第 4 季度的数据，2005 年是第 1 季度数据。

根据中国人民银行和国家外汇管理局的统计数据，2000 年以来，中国外汇存款一直呈现增长的态势，到 2005 年第一季度已经超过 1 600 亿美元。当然，中国的资本外逃现象较为严重，即使扣除每年外逃的美元，中国的美元存款增长额仍是很大的。①

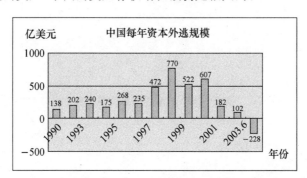

图 5-4 1990—2003 年 6 月中国每年资本外逃规模

资料来源：IMF《国际金融统计》、《国际收支统计》、《中国经济贸易年鉴》。

---

① 据有关资料显示，1991 年至 1999 年的 9 年间，中国的资本外逃的数额达 2 561.3 亿美元，年均在 285 亿美元左右，具体情况见图 4-4。

从相对指标看,中国各项外汇存款占广义货币余额 M2 的比例呈现缓慢下降的趋势(见图 5-5)。

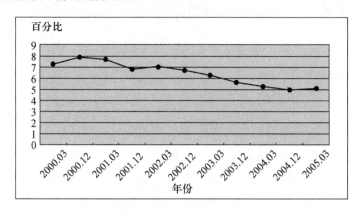

图 5-5　中国外汇存款占广义货币 M2 的比值趋势

资料来源:根据中国人民银行和国家外汇管理局 2000—2005 年公布的外汇存款额和相对应年份广义货币 M2 数额计算中国外汇存款占广义货币 M2 的比值;数据取样主要是每年第 1 和第 4 季度的数据,2005 年是第 1 季度数据。

根据中国人民银行的统计资料计算,从 2002 年开始至今,这一指标从 2000 年的 7.9% 下降到 2005 年的 5.1%。虽然这一比例明显小于同期其他转轨国家,但并不能表明我国"美元化"程度的减弱。其原因主要是 2000 年以来中国广义货币供给一直呈较大幅度的增长,以及增幅明显高于外汇存款的增长率造成的。中国外汇存款占广义货币余额 M2 的比例小于同期其他转轨国家,是在中国外汇管制仍然较为严格,且广义货币供应量基数高于其他转轨国家的条件下形成的。如果考虑到这些因素,我们的结论是我国的"美元化"程度仍是较大的。尽管这在目前尚不至于对国际收支的平衡和金融体系的稳定构成威胁,但每年 1 000 多亿人民币的货币替代仍然使央行难以稳定地平衡货币供求,特别是通货膨胀发生意外波动时,"美元化"还可能存在激化的可能。

二、转轨国家美元化现象形成的实证分析

美元的发行国美国较转轨国家有非常雄厚的财富实力和较高的国民收入水平,能够提高美元的币值和人们持有的信心,这是美元化的一个因素,此外,本币和美元实际收益率的差距、通货膨胀率、利率、汇率变动的风险因素、制度因素、市场因素、本国金融发展状况等均是分析转轨国家美元化现象必须考虑的因素。

第一,本币和外币之间预期实际收益率的差异,是影响美元化程度的重要因素。一般的,在其他条件相同时,人们更偏好于预期收益率较高的资产。当外币实际收益率大于本币的实际收益率时,则会引发或加剧货币替代。实际收益率大小主要取决于通货膨胀率、利率、汇率变化等变量,因而,人们通常用通货膨胀率、利率、汇率变化等来分析收益率对美元化的影响。在高通货膨胀时期,本币的实际收益率下降,会增加对美元等外币的需求。利率和汇率是衡量本币实际收益率大小的重要指标。按照传统理论,利率在一定程度上代表投资的平均收益水平,另一角度它又是使用资金的社会边际成本。利率提高本币的实际收益率增加,从而能够缓解美元对本币的替代。货币汇率的预期变动称外汇风险,它主要来自市场汇率变化的不确定性,人们习惯从损失的可能性来度量它。如果外币预期升值,本币收益率必然下降,从而因外汇风险较小,会增加对外币的需求。按照利率平价理论,利率与汇率间的关系表现为,一国国内利率加上该国预期的汇率变化率(即两国货币的即期汇率和远期汇率的变化率,也称作远期汇率的升水或贴水率)等于国外利率(这个关系式的成立本身就忽略了本币存款利率,因为本币存款利率与1

相比很小)。如果假定现金本币的收益率忽略不计,那么相对的现金外汇的收益率等于本币汇率贬值率,而存款外汇收益率等于外币存款利率和本币汇率贬值率之和。基于这种数量变化关系,在大多数情况下,美元化往往表现为一种货币投机性需求决策。人们持有外币存款,就是希望这种投机动机既能够保值又能够获得额外的增值收益。

第二,制度因素是指美元在国外市场被接受的程度、转轨国家的对外开放程度及其国内有关金融运行的各种制度安排。目前转轨国家的金融市场化进程和制度变迁,为美元等外币逐渐开通了流通渠道。

第三,市场因素对美元化的影响。一方面,国际交易往来增加了国内持有外币的需求;另一方面,转轨国家资本市场发育程度低,不能为国内投资者提供多样化金融资产,从而持有外币成为投资金融资产的重要形式。不过,即使本国的资本市场得到了较大的发展,投资者持有美元等硬通货是保值和增值的重要手段,从而增加对外币的需求。

第四,外汇市场的交易成本因素。随着转轨国家金融市场化和自由化程度的不断提高,本外币转换的成本不断降低,也会增加人们持有外币的机会。

以下我们用影响转轨国家美元化的一般因素来具体分析俄罗斯东欧国家的美元化问题:

(一) **通货膨胀率和汇率的影响**

通货膨胀率直接关系到实际收益率的高低,也是影响转轨国家美元化最明显的一个因素。因为在高通货膨胀时期,本币的实际收益率大幅降低,人们丧失了对本币的保值和增值信心,减少了对它的需求量,才会催生出对美元等强势外币的替代现象。同时,在经济形势严峻和高通货膨胀时期,往往伴随着汇率下跌,本币相应会对外贬值,这样,本币和美元等强势货币相比实际收益率出现较大差距,从而会进一步增加对美元的需求。一般的,本币对外贬值程度越高,美元化程度也越高。据俄文资料显示,1998年8月俄罗斯卢布贬值使美元化比率在一个季度内就提高了14％;1996年保加利亚列弗贬值5.8倍伴随着外汇存款额增加2倍。在高通货膨胀和本币贬值的条件下,尽管一些转轨国家的政府和中央银行为挽救危机实行宏观稳定政策,但是居民对政府和中央银行所实行的宏观稳定政策的不信任和对金融形势的心理预期,导致政策影响的滞后性和通货膨胀效应的扩散性。而且,除了汇率下跌使本币贬值影响美元化外,汇率的不稳定同样影响美元化。俄学者认为,美元化和汇率的剧烈变化或不稳定成反比例关系,因为汇率的不断变化使美元资产的保值优势受到限制,这样反倒使国内的美元存款和美元现金大量减少。这个观点有一定的道理,但它适合于金融危机时期这种特定的条件下,尤其是随着汇率制度的改变,汇率不稳定和美元化程度间的相互关系会随之发生变化。总体来看,转轨国家高通货膨胀形势和外币内部可兑换性限制的取消是美元化过程加速的动因。然而,金融形势保持稳定和通货膨胀得以遏制后经济美元化的比率并不会自动急剧下降,这是因为美元化比率的下降具有很强的滞后性。因此,美元化和其他宏观经济变量一样都要经历滞后效应后才慢慢地回到初始的状态。

(二) 本币存款利率的影响

本币存款利率和美元化程度呈反比例关系,这在理论上称为典型的美元化模式。俄罗斯学者 M. Ю 格罗夫宁以 5 个国家(俄罗斯、波兰、斯洛文尼亚、斯洛伐克和阿尔巴尼亚)为样本,对这些国家主要的美元化因素所起的作用进行了计量经济研究。他用回归方程式来反映通货膨胀率、汇率的变化、实际利率、对外贸易额的发展、趋势指标(трендового показателя)等与美元化程度的关联性。实证研究的结果表明,对于大多数国家(除了斯洛伐克)来说,本币存款的实际利率是用以解释美元化发展变化的最主要变量,因为除了阿尔巴尼亚外,其他几个国家这些自变量(其中主要是本币存款利率)对美元化程度大小的解释力均超过了50%。[①] 但还必须强调指出:

第一,在俄罗斯和阿尔巴尼亚,尽管只有存款利率这个因素来反映美元化的变化,但在影响美元化的多个变量中,实际利率的变化对俄和阿美元化指数变动只具有50%和17%的解释力,因此,用实际利率的变化来解释美元化的变化是不充分的。但是,这个研究的结果至少表明:在俄汇率稳定时期,本币存款实际利率在美元化过程中起了重要的作用,而且回归方程中实际利率的系数为负值,这和理论上的解释相吻合,因此俄罗斯被称为转轨经济中典型的美元化模式。此外,解释波兰的美元化变化时,通货膨胀率也是个重要变量;解释斯洛文尼亚美元化变化时,汇率下降率也是个重要影响变量。

第二,在波兰和斯洛文尼亚,回归方程中实际利率的系数为正值,即利率和美元化程度同方向变化,这和理论上的解释不相吻合。但这不能否定在考察期的大部分时间里,实际利率指数在发挥作用。对于这种现象可以有不同的解释。我们认为,实际利率可能是

---

① 具体回归方程式所反映的变量关系和解释力参见[俄]М. Ю. Головнин:《Долларизация в переходных экономиках россии и стран центральной и восточной европы》,《Проблемы прогнозирования》No3,2004:132表格。

通过其他的变量如预期通货膨胀率对自身产生影响,即本币实际利率上升,波兰的美元化程度也在增加,因为这里预期通货膨胀率高于上升的本币利率。

(三)汇率制度的选择和国内金融体制的状况

1. 汇率制度的选择与美元化

在一些经济转轨取得良好成效的中东欧国家,除了斯洛文尼亚以外,稳定化计划的实施伴随着各国固定汇率机制的建立。转轨初级阶段所选择的这种汇率制度,主要通过紧缩信贷和紧缩财政而遏制或降低通货膨胀率对货币替代的间接影响,在这种情况下美元化程度是比较低的。对此,俄罗斯学者对俄罗斯、波兰、斯洛文尼亚、斯洛伐克、阿尔巴尼亚5个国家汇率和美元化程度之间相互关联度进行的比较研究表明,实际上在任何一个国家这种依存关系都不大,也就是在固定汇率制度下美元化程度是比较低的。

但是,必须指出,汇率和美元化程度间的相互关系会随着汇率制度的改变而发生变化(如在俄罗斯和斯洛伐克汇率制度的变化特别明显)。尽管俄罗斯转轨初期期望通过有一定浮动的统一兑换汇率来增强卢布的经济地位,但"休克疗法"改革方案实施的实际情况是卢布对美元汇率一跌再跌,央行多次努力干预汇率都无济于事。因此,在实行汇率走廊制之前,俄实行本币的"内部自由兑换制度",[①]实际上汇率大幅下降导致对美元需求的大量增加,造成美元化突出,而本币地位相应下降。实行"汇率走廊制"期间(1995年7月至1998年8月),卢布名义汇率基本稳定,卢布兑美元的汇率只上升了1.1%,本币地位相应得到了提高,而国内的实际情况是对美元

---

① 只允许俄企业和居民可以将本币自由兑换成外币,不涉及非本地居民,但鼓励利用外汇进行国际支付,这造成了俄美元化问题日益突出。

流量需求的锐减。在俄罗斯1998年金融危机期间,当时的形势迫使由"汇率走廊"转向实行浮动汇率制度。"汇率走廊"解体后卢布出现大幅度的贬值,导致本币大量兑换成美元后外逃他国大量增加(由于人们的极度恐慌心理,兑换成的美元不是以美元存款和现金持有的方式滞留本国,而是干脆外逃他国),例如在1998年底俄罗斯美元存款净额为负值,美元现金大幅降低,到1999年低俄国内的美元现金持有量降到90年代中期以来的最低点,这时的情况可以说在一定程度上反映了汇率的剧烈波动造成了国内美元化的降低(其实,这是国内美元化极端严重的变异)。

当然,在汇率制度与美元化问题上,由于各国的具体情况不同,不同国家汇率制度产生的绩效不同,导致在汇率制度问题上存在很大的争议。国际货币基金组织的研究人员认为,灵活的汇率制度有利于提高对货币信贷领域进行管理的自主权,克服美元化的不利影响。当然,一些人提出了不同的观点,认为不同形式的固定汇率制可以稳定经济主体对汇率变化的预期,从而有利于遏制美元化。

2. 国内的金融体制发展状况和美元化

在其他条件不变的情况下,本国金融体制的发展状况是影响美元化程度的重要因素。在这种金融体制下,俄罗斯的银行金融体系建立在混合的货币流通体系(卢布、美元)基础上,这就造成了资本外逃和流通美元化。[①] 美元化的相对程度同一国经济的金融发展水平成反比例关系。特别是金融市场发展程度较为完善的国家,由于其本币金融工具占有很高比例且具有足够大的清偿能力,在这种情况下,经济能快速地适应高通货膨胀,因而对美元化具有一定的抑

---

① [俄]先恰戈夫主编:《经济安全——生产、财政、银行》,北京:中国税务出版社2003年版,第121页。

制作用。而在转轨国家金融发展水平较低,在其他条件不变的情况下,投资者持有大量的现金外汇或者国外的存款票据,美元化的存在是不可避免的。在经济转轨国家,转轨初期只有原捷克斯洛伐克和南斯拉夫经济中银行体系的发展水平相对高些,但其有清偿能力的本币金融工具却十分有限。随着体制的转型,转轨国家普遍加快了金融自由化的进程,本外币之间的兑换成本遽然降低,转轨国家的美元化有了新的提高,即使在国内无通货膨胀变动的情况下,也可能出现美元化。不过,金融自由化也加快了转轨国家金融发展水平的提高,极大的促进本国的经济发展水平和外汇储备的增加,这又在很大程度上抑制了美元化现象的发展。

三、转轨国家美元化趋势的政策与制度安排

对转轨国家的美元化问题,学者们有不同的声音。一些西方经济学家曾建议在个别的转轨国家实行完全的美元化,使国外硬通货在国内的流通合法化。如1998年金融危机后,著名的经济学家 H. Мэнкью 就对俄罗斯提出了类似的建议。这种极端的措施对转轨国家特别是大国并不适合。因为完全的美元化会给国家经济带来严重的损失:铸币税的减少、对最后贷款人作用的限制和实行经济政策时汇率工具的丧失,等等。目前,俄已经成功地克服了1998年金融危机所带来的许许多多消极的后果,但是并没有实行完全的美元化。相反,也有一些声音建议采取极端的措施消灭美元化,这有违转轨国家金融市场化的改革宗旨,也会给本国经济带来不利的影响。何况,在金融全球化和开放领域不断扩大的形势下,不可能完全消除这一现象,因为美元化不是简单的货币替代问题,它是一个综合性的经济现象。因此,只能是尽可能消除其不利影响。一些学

者提出，解决美元化问题的最简单方法是在国内和国外都禁止开设外汇存款账户，但这会导致现金外汇流通的普及化。在大多数的转轨经济中，为消除美元化问题，常常采取强制性的行政管制方式禁止本国的非居民以外汇进行结算，责令外币存款转换为本币存款，但仅靠这种行政方式是远远不够的。

从经济角度看，本国经济的稳定增长和发展潜力是解决所有美元化问题的根本。从经济政策角度看，在保证本国经济稳定增长的前提下，为缓解或消除美元化所带来的不利影响，经济政策的主要目标应该围绕着影响美元化构成因素如利率、汇率、通货膨胀、制度和政策、经济增长等方面，提出相应的防范美元化的措施。以下重点讨论几种制度安排：

(一) 适宜的汇率管理体制的选择

如前所述，由于不同国家在不同阶段汇率制度使用上的绩效不同，导致在汇率政策使用上存在很大的争议。这一争议反映了无论是灵活的汇率制度还是不同形式的固定汇率制，对缓解或克服美元化的不利影响都是有一定成效与缺陷的。这就是说，尽管固定汇率制可以稳定经济主体对汇率变化的预期来遏制美元化，但它的存在一旦拉大名义汇率与实际汇率差距，就可能导致该国更为严重的美元化问题。适度灵活的汇率制度能够减少固定汇率制下进行货币替代的"固定收益"，又增加了预期汇率的不确定性，从而一定程度上遏制美元化，但是汇率的过度波动能够加重美元化。因此，有效防范美元化既要维持相对固定的汇率机制，同时还要允许其适度灵活的浮动。这种兼有两种汇率运行机制的制度安排，在20世纪90年代以来的汇率理论研究中证实是可能的，这就是广义的克鲁格曼汇率目标区模型。① 依照笔者的见解,转轨国家关键要选择适合本国国情的汇率制度。像中俄这样的大国要在灵活浮动中保持汇率在合理水平上的基本稳定,这是制定汇率政策的基本精神。在转轨国家外汇市场与金融全球化融合的进程中,必然会出现浓厚的外汇交易投机气氛,这是市场由不规范向规范化发展中经历的现象。在这种形势下,转轨国家保持汇率的稳定至关重要,它可以制止通货膨胀,抑制投机,引导资本向生产领域集中,迫使出口商不期望本币贬值提高产品国际竞争力。只有这样,才能增强公众对本币的信心,从根本上减少流通中的美元。当然,中央银行维护的这个相对稳定的特定汇率水平会随着本国通货膨胀水平、国民收入、国内货币供应量、经常项目收支以及金融资产收益率等基本因素的变化要适度做出调整。另一方面,随着本币的坚挺和国际市场美元币值的变动,开辟本币汇率适度的浮动区间是必要的。在这个浮动区间内,本币汇率围绕着央行制定的特定汇率水平上下有限自由浮动,能够防止过度汇率波动或过度汇率高估影响下的美元化,又能够使汇率反映国内经济状况的变化和外汇市场供求状况的变化。不过,这种锁定波动区间的灵活汇率管理体制的有效发挥,关键是要确定合理的波动区间和确定相对稳定的中心汇率。

(二) 建立和完善远期市场和期货市场

最简单的衍生金融市场是远期合约市场,它以最简单的衍生金融工具远期合约作为交易对象。远期金融合约主要有货币远期和利率远期两类。对于从事外贸活动的公司,远期合约是有效防范汇

---

① 汇率目标区模型由具有上下限的浮动区间和中心汇率(即位于区间的由一系列基本面因素决定的实际汇率或央行认为合适的其他目标汇率水平)构成;浮动区间和区间内的中心汇率可以随基本因素的变化而变化,为了防范美元化,央行可根据需要干预浮动区间的上下限或者改变中心汇率。

率波动风险的重要工具。金融期货市场是以期货合约为交易对象，金融期货合约是在远期合约的基础上发展起来的一种由交易所保证的标准化买卖合同。大多数期货合约在到期日之前都被相互冲销（即进行对冲保值），不进行实际的合约资产标的交割，只进行差额结算。金融期货也是防范价格波动风险，发现和形成合理货币价格水平，同时是进行投机活动的重要工具。金融期权市场是各种期权进行交易的市场，是期货市场的发展和延伸。我们知道，出现美元化的原因之一是本国货币的不稳定，而衍生金融市场的功能之一是可以减少本币币值的这种不稳定，防止汇率风险，从而可以在一定程度上降低美元化程度。当然，这种功能的有效发挥是以衍生市场的健康、稳定的发展为前提的。

在一些主要的转轨大国，衍生市场的发展不容乐观。中国的金融衍生工具市场仅处于起步阶段。随着证券市场的不断发展，中国对商品与金融期货市场交易已经作了一系列尝试。商品期货市场的运行比较稳定，金融期货市场在外汇期货、利率（国债）期货和股指期货方面的试点虽然出现波折，但也积累了一些经验和教训。[①] 如 1992 年，中国开始在上海试办外汇期货交易，以失败告终。1993 年海南证券交易中心首次试办股票指数期货，几个月后也被停止交易。因各方面条件尚不具备，目前中国的金融衍生工具市场尚未发展起来。不过，现在国内已经在加紧研究设计股票价格指数期货品种，编制能综合反映深沪两个证券市场走势的股价指数，并进一步将其作为股票价格指数期货的标的。股票指数期货出现于我国金融市场已经为期不远了。

[①] 刘明：《转型期金融运行与经济发展》，北京：中国社会科学出版社 2005 年版，第 168 页。

俄罗斯金融衍生工具市场发展较快。早在1992年,俄就推出标准化的美元期货合约,随后不久发展了有价证券期货(也包括新的交易品种股票指数期货合约)和期权交易,外汇期货合约很长时间内成为俄期货市场的主要交易品种,之后股票期货也发展为主要的交易品种。1998年金融危机曾使俄衍生市场受到重创。2000年后俄金融衍生工具市场较其他转轨国家获得了较大的发展,从交易品种、交易量、市场的活跃程度都有新的发展。但从国际比较看,这个市场的发展是很不充分的,并明显受到了总体市场经济发展水平、金融体系发育程度的制约。

可见,在转轨国家金融体系和全球化融合的进程中,金融衍生市场的发展是必然的选择。根据本国经济、金融发展程度适时推出金融衍生工具,在一定程度上是有益于本国经济、金融体系相关问题解决的。为此,一方面,树立金融创新观念,加强试点,加强对金融衍生工具科研投入力度,推出适当的金融衍生工具;另一方面,加强相关制度建设,如完善衍生工具市场法律法规建设和严格法制的执行,加强正在发展的金融衍生市场的监管和调控。

(三) 不同的利率政策选择

利率是资金的市场价格。从借款人角度看,利率是使用资金的单位成本;从贷款人的角度看,利率又是资金借出者让渡使用权所获得的收益。利率政策是政策控制下的存贷款利率的变化。因此,高利率政策意味着使用资金的成本提高,这会减少消费者和投资者对资金的使用,也意味着本币存款收益率的提高,这会增加储蓄资金的数量。而且,高利率政策的成本和收益效应都会减少流通中货币总量,从而降低本币的通货膨胀水平,能够抑制转轨国家的美元化,同时也抑制了国内消费和投资的增长,损害了国民经济的增长,从长远看，本币资产的实际价值也会相应的下降。相反，低利率政策意味着本币存款收益的低水平状态，本币资产实际价值的下降，同时，由于使用资金成本的降低，刺激了消费资金和投资资金的过度需求，拉动了国民经济的持续性增长，当然也带动了通货膨胀的持续性增长。当经济能快速地适应高通货膨胀且经济增长率远高于通货膨胀率时，反而对美元化具有一定的抑制作用；当经济增长带来更大幅度通货膨胀的攀升，特别是政策限制下的低利率和经济的低效益并存时，公众对本币的信心必然下降，转轨国家的美元化现象加重。可见，不同的利率政策对抑制美元化的效应是不同的。发展中国家的实践经验表明，高利率政策在短期内具有较强的反美元化效应，而在长期内反美元化的边际成本迅速递增，因此，高利率政策只能作为反美元化的短期政策工具。低利率政策总体上是有利于国民经济增长的，只要通货膨胀的增长是正常性的低速增长状态，美元化现象可视为是正常的。鉴于转轨国家保证经济增长是国家的主要目标，以及银行信贷在投融资中的重要地位，因而，利率政策的制定必须将反美元化、保证经济增长和保证银行体系储蓄资金来源的充足协同联系起来。在实际经济发展中，一些转轨国家利率水平长期处于低水平的压抑状态，因而适度趋高的利率政策应是转轨国家反美元化和促进经济发展的政策安排。但是，在金融全球化的条件下，转轨国家内外经济目标的关联性趋强，金融全球化的联动效应使得转轨国家的利率更多地受到国际因素的影响（特别是美国经济及利率变化的影响）。在这种情况下，名义高利率可能导致资本内流，并进一步导致内部均衡和外部均衡的经济目标相冲突。尤其是在出现较严重的通货膨胀和货币替代时，更应对利率工具的使用持谨慎态度。其他处于金融深化中的国家的经验已表明，在高通货膨胀的情况下，临时性高利率政策不仅在反货币替代方面有疑问,而且在反通胀方面基本未取得预定目标。① 当然,各国具体国情的巨大差异性以及利率影响因素的复杂性,决定了各国利率政策的制定必须在反美元化与其他目标选择中综合权衡。

(四) 反通货膨胀政策选择

在转轨经济国家,既可能出现通货膨胀现象,也可能出现通货紧缩现象。但是,由于刺激经济增长一直是转轨国家最紧要的政策目标,因而,随着生产的不断扩大和流通中货币量的增加以及价格的上涨,转轨经济未来发展仍要以防范通货膨胀为主要目标。通货膨胀是指一般价格水平持续和显著的上涨。通胀产生的原因既可以是货币的超量发行,也可以是经济因素变化的结果,而不管何种原因,最终让人们感受到的是流通中货币量相对多了,而且货币价值呈现持续性贬值,本币的购买力下降了。严重的通货膨胀可能使人们对本国货币币值的稳定性失去信心,而本币资产的持续性贬值又会造成本国货币资产收益率相对较低的现象。在这种情况下,必然会出现用相对稳定的美元等硬通货汇兑本币进行交易或储藏乃至转移至境外存放。可见,通货膨胀是影响转轨经济国家美元化程度的一个重要的因素,严重的通货膨胀居高不下必然会产生大量的货币替代。转轨国家的实践也表明,在高通货膨胀和宏观经济不稳定时期,美元化现象往往比较严重。因此,防止出现持续性的高通货膨胀是防范大规模滋生"美元化"现象的重要途径。但随着反通货膨胀政策的执行,通货膨胀随之逐步下降,而美元化比率有时并不下降,人们仍然不断增持外币。这说明反通货膨胀并未起到相应的缓解美元化的政策效果。对于这个问题,美国芝加哥大学的学者

---

① 余珊萍、钟伟:《通货膨胀的国际传导与对策》,北京:中国财政经济出版社 1999 年版,第 84 页。

圭多蒂和罗德里格斯进行了深入的研究。他们认为,美元化或反美元化是有各自的成本和收益的,并通过对南美国家的实证研究,得出了存在"无行动区间"的结论。① 当国内外的通货膨胀之差在这个区间内时,居民没有美元化与反美元化的动机,因而,反通货膨胀的政策措施失灵。当国内的通货膨胀率不断上升,使得国内外的通货膨胀之差突破无行动区间的上限值时,表明美元化的收益大于货币兑换所付出的成本,居民必然会发生美元对本币的替代。此时,尽管执行反通货膨胀的政策使通货膨胀逐步下降,但其下降幅度只要能够使国内外的通货膨胀之差大于无行动区间的下限值时,反美元化的政策效果不会显现出来,只有政策效果累积到使国内外的通货膨胀之差小于无行动区间的下限值时美元化比率才会下降。"无行动区间"理论对于转轨国家制定反通货膨胀政策缓解美元化具有重要的指导意义。由于转轨国家总体通货膨胀水平较高,反美元化的成本较大,因而,单纯的驱使通货膨胀的下降可能未必取得预期的反美元化的政策效果,相反,还可能抑制经济增长率的提高。在这种情况下,采取多种政策工具促使本国通货膨胀降到适度水平的同时,其他反美元化的制度安排协调配合对于降低美元化比率非常重要。一旦通货膨胀降到适度的水平,转轨国家控制潜在的通货膨胀转化为现实的通货膨胀意义重大(在转轨国家潜在的通货膨胀爆发的可能性大),因为,这样可以提高本币的实际收益率,增强公众对

---

① 无行动区间用数学公式表示为$[-kp/a, +kp/a]$,其中,k为美元化或反美元化的边际成本,p为贴现率,a为消费速率,这三个量决定了无行动区间的宽窄,kp/a 和 $-kp/a$ 分别是区间的上下限,上限值是美元化边界值,下限值是反美元化边界,而且上下限呈对称性,主要源于公式在推导时假定美元化或反美元化的边际成本函数是对称的(因为假定资金跨国可以自由流动),在实际中,由于资本流动管制的差异,造成这一边界很可能是不对称的。参见姜波克:《开放条件下的宏观金融稳定与安全》,上海:复旦大学出版社2005年版。

本币的信心,防范由潜在通货膨胀爆发而引发的美元化比率的上升。因此,反通货膨胀政策的执行既要反现实的通货膨胀,又要反潜在的通货膨胀,有时防范后者甚至比前者有更大的反美元化收益。当然,反通货膨胀政策的实施同样要根据转轨国家的实际灵活使用和综合权衡。

(五) 多种政策协同配合

多种政策协同配合加速本国经济发展和经济国际竞争力的提高,是遏制美元化的根本选择。所谓多种政策的协同配合,就是要充分发挥财政政策、货币政策、产业政策等多种政策工具的作用,形成合力,通过多种途径提高本国的经济实力和发展潜力。本国经济的繁荣发展和国际竞争力的提高是本币走强最有力的保证,也是遏制美元化的根本选择。

产业政策主要是国家对产业间的资源配置实施的有目的的调节,从而合理发展本国产业,调整优化产业及部门结构。转轨国家既要致力于高级和专业型生产要素的培育,又要加大对本国初级型基础产业的财政投资力度,前者能够提升本国产业部门的产业竞争优势和国际竞争能力,后者解决本国经济增长的初级基础产品供给的"瓶颈"问题。根据美国著名经济学家迈克尔·波特1990年提出的国家竞争优势理论,一个国家把产业发展的竞争优势建立在天然资源、非技术与半技术劳动力等生产要素时,一旦新的国家踏上相同的发展阶段,这种产业竞争优势很容易丧失。他认为,只有致力于高级和专业型生产要素的培育才能建立起产业强大而持久的竞争优势。为此,转轨国家的产业政策要侧重于支持现代化的数字通信等先进的基础设施、培育高等教育人力和各类技术型人力(特别是计算机、机械、化工、电气等科学家和工程师以及各类管理者),扶植各大学研究机构和高端专业知识的研究,为各种单一重点产业的发展兴建各类公共基础设施(如为汽车产业的发展提供相应的基础设施、为金融产业的发展政府应与市场合作以发展金融基础设施、① 为石化业发展专用码头等)。这些高级和专业型生产要素的有效培育和发展壮大,必将提高本国产业的国际竞争力,特别是贸易部门的国际竞争力,有利于本国币值的稳定,并能从根本上防范美元化。与此同时,加大对本国初级型基础产业的财政投资力度,这主要是对传统农业、工业能源、原材料、交通运输、初级工业制成品等部门实行技术改造和产品创新的产业扶持力度;加强对社会性基础设施建设的支持,特别是农村、医疗卫生、教育、环保等方面。像中、俄这样的转轨大国,基础产业现代化和社会性基础设施的建设存在较大的问题;而这些产业在资源配置方面出现的"市场失灵",又难以获得发展所需的资金。因此,产业政策的有效实行,需要政府和金融机构的财政政策和货币政策协调配合。财政政策能够直接影响资金流向,有助于调整国内的经济结构。财政政策实行既要贯彻执行政府产业政策目标,同时要保障经济结构的合理性发展。金融机构要根据各种扶植重点产业的法规实行"金融倾斜"政策。不过,为了提高政府宏观调控的效率和防止通货膨胀的加剧以及可能引发的货币替代现象,应将原先过多依靠行政手段配置资源转向主要依靠市场化机制分配和运营资金,我们不主张过度紧缩或过度扩张性的使用财政政策和货币政策,要确保政策实施的连续性和稳定性,要给各种政策的灵活使用提供活动空间。同时,加强财政投资体制、金融投融资体制和企业制度的配套改革。只有这样,才能更好地提

---

① 金融基础设施包括法律和监管结构,监管资源及其操作,有关会计、审计、信贷管理、评级机构、公共登记机构等内容的信息机构,还有流动性便利系统、支付和证券清算系统以及交易系统等。

高资金的利用效率,防范或缓解美元化。

总之,反美元化措施的实行必将使中国和俄罗斯等转轨国家的经济发生更积极的改变。在俄罗斯,一些反美元化措施已使本币汇率趋于稳定并逐步提高,实际利率水平也有了提高,通货膨胀明显下降,美元化得到很大程度的缓解。然而,这个趋势主要取决于金融体系的发展和国家经济的整体发展水平。如果经济发展缓慢或恶化,尤其是俄罗斯石油价格下跌,将会重新引起本币汇率的下降,从而利率上升的趋势将会逐渐消失。因此,只要经济不能持续稳定增长和货币信贷领域不能达到长期稳定,俄罗斯经济的美元化过程就不会终结。

第六章

金融全球化进程中转轨国家的金融风险与金融协调

何谓风险？按照新帕尔格雷夫经济学大辞典的定义,风险指不确定性以及由不确定性所引起的不利后果。可见,风险由两方面的含义构成。第一方面的含义说明了市场需要不确定性。因为有了它市场才能给所有投资者创造获益的机会,这就是常说的风险与收益紧密相连,敢于承担这种不确定性才有可能获得更大的收益;证券市场因不确定性才得以存在和延续,没有不确定性就缺少了资金的频繁流动和市场的活力;也正是不确定性才使市场在永久的竞争中保持了市场的稳定性和创新性。第二个方面的含义强调的是不确定性所引起的不利后果,这是一种可能使行为主体遭受损失的不确定性,在市场中损失和获益具有相对性,一方损失,另一方必然获益。这里所指的风险就是第二个方面的含义。

何谓风险？按照新帕尔格雷夫经济学大辞典的定义，风险指不确定性以及由不确定性所引起的不利后果。可见，风险由两方面的含义构成。第一方面的含义说明了市场需要不确定性。因为有了它市场才能给所有投资者创造获益的机会，这就是常说的风险与收益紧密相连，敢于承担这种不确定性才有可能获得更大的收益；证券市场因不确定性才得以存在和延续，没有不确定性就缺少了资金的频繁流动和市场的活力；也正是不确定性才使市场在永久的竞争中保持了市场的稳定性和创新性。① 第二个方面的含义强调的是不确定性所引起的不利后果，这是一种可能使行为主体遭受损失的不确定性，在市场中损失和获益具有相对性，一方损失，另一方必然获益。这里所指的风险就是第二个方面的含义。

---

① ［美］Edgar. E. Peters：《复杂性、风险与金融市场》，北京：中国人民大学出版社2004年版，第6—7页。

第一节 转轨国家的金融风险及其产生的实证分析

20世纪90年代以来,金融全球化无论从广度和深度上都呈现出迅猛发展的态势,然而,金融全球化是一把机遇和风险相伴的"双刃剑",既带来了世界各国金融业日新月异的发展,也伴随着金融风险,且这种金融风险具有高度的传染性和破坏性,借助于现代高科技手段甚至会迅速传遍全球。与此同时,伴随着转轨国家由计划经济向市场经济的转轨,其金融业成为发展最迅速、规模扩张最快的行业。有金融活动,就存在着金融风险。转轨国家同样会出现信用风险;市场变化引起的交易风险;利率升降变动引起的风险;汇率变动引起的风险;金融政策变化引起的金融政策风险;国家的政治经济文化引起的国家风险;操作上出现的失误引起的操作性风险;没有足够的现金储备支付流动性负债引起的流动性风险。转轨国家金融结构的脆弱性和金融体系的不成熟性,特别是金融运行机制本身的问题引发的金融体系的不稳定性,以及本国金融体系同金融全球化融合进程中的不确定性,造成这些国家存在的金融风险更为复杂多变,加上监管和调控不当,极有可能转化为金融危机,对本国的经济运行和国家经济安全会造成极大的危害。

一、转轨国家的金融体系依然处于高风险状态

随着原计划经济国家向市场经济转轨进程的不断深入,这些国家的金融风险也随之日益暴露和尖锐化。直到目前,转轨国家的金融体系依然处于高风险状态。

(一)银行业风险

第一,转轨国家的银行普遍存在自身资本金不足,盈利能力较

弱,不良资产问题依然没有得到解决。银行不良资产比例过高,大量的不良资产问题仍然困扰着转轨国家金融业以及经济的发展,成为转轨国家走向对外金融开放的"定时炸弹"。目前,中国银行业不良资产虽呈下降趋势,但问题仍然十分严重,根据中国人民银行和银监会资料,四大国有商业银行平均不良资产率 2001 年和 2002 年为 31.02% 和 26.1%,到 2003 年 9 月末仍然高达 21.38%,总额在 2 万多亿元,占 GDP 约两成。[1] 即使是资产管理公司处置的不良资产也表现出回收率低(如 2003 年现金回收率仅为 21%)、成本高、进度慢(不良资产的处置往往需要复杂的谈判和契约构建)等特点。俄罗斯银行业的不良资产已迫使俄一些银行破产或关闭。据国外一些学者的看法,俄罗斯是转轨国家中不良贷款最多的国家,俄银行坏账的比重从 1994 年的 32% 上升到 1995 年的 37%,在 1996 年又达到 45%。[2] 1998 年金融危机后的较长一段时期,俄罗斯的不良资产名义上有所下降,这固然主要与有利的外部环境有很大关系,如大量外部盈余和 2003 年净私人资本流入的出现,但另一方面,许多观察者很久以来就认为俄罗斯银行有计划地少报了不良贷款的数量。但实际上,俄不良资产问题仍难以解决且在转轨国家是较高的,尤其是突出反映在 2008 年的金融危机时期。例如,2008 年俄罗斯危机开始时只有 2%~3% 的不良贷款,现在升至 10%,银行业不良贷款率在最坏情况下高达 20%。随着银行业不良贷款危机的日益加深,可能引发俄罗斯的第二波危机。2009 年 7 月份,俄罗斯经济发展部在谈到第二波危机时也指出"不一定到来,但由于部分企

---

[1] 中国华融资产管理公司博士后科研工作站编:《不良资产处置前沿问题研究》,北京:中国金融出版社 2004 年版,第 2 页、第 66 页。
[2] 北京奥尔多投资研究中心:《金融系统演变考》,北京:中国财政经济出版社 2002 年版,第 252 页。

业可能无法按期偿还贷款,2010年初经济预计会遭遇一些麻烦"[1]。

中俄银行体系抵御预期呆账损失的损失准备金部分和防御银行破产的风险资本部分都没有达到稳健的程度。从中俄两国银行的资本充足率指标来看。2000年中国四大国有银行的资本充足率为5%,到2003年除中国银行超过8%外,其他银行均低于7%,个别股份制商业银行资本充足率低于6%(如光大银行、中信实业),这反映了银行抵御风险的能力还很弱。俄银行体系资本化水平在形式上很高,根据银行的财务报表,银行资本(自有资金)对资产的比率,平均为23%。这比巴塞尔协定规定的至少8%高出1.9倍,也明显高于大多数发达国家银行体系资本化的平均水平(10%~13%)。这反映了金融危机后,俄资本充足率呈现明显提高的趋势,银行风险有了较大的降低。但是俄银行体系资本化的实际水平较低:据俄学者的研究,俄大部门银行部门资产(大约15%~30%)是虚假的,而资本指标则存在各种各样人为扩大的因素,同时,资本充足率的计算不包括资本为负的银行。[2] OECD2004年报告也指出,俄银行采取了技术性手段来扩张其资本预期指标量,银行资本的增长存在所谓严重的"技术性资本增长"。例如,俄罗斯中央银行对60家最大的银行审计表明,28家银行资本的增长其实是所谓的"技术性资本增长";随后对另外180家银行的审计,发现其中的银行资本虚假性膨胀增长超过了1/3。许多观察家认为这其中的问题甚至更大。据俄发展中心估计,1999年底至2002年中期资本增额中有40%可能是"技术性资本增长"。所以,如果考虑到资本化不真实的因素和债权人与投资者很低的法律保障等各种因素外,那么现行的银行部门资

---

[1] 《远东经贸导报》,2009年第30期。

[2] О. Г. Солнцев, особенности российской баковской системы и среднесрочные сценарии её развития, Проблемы прогнозирования, 2004. 1, см55—78。

本化比率是不足以抵御国内市场上信贷和其他经营风险的。[①] 不过,俄罗斯资本充足率的提高的确在一定程度上反映了俄银行体系的安全性状况没有恶化,尤其是2003年以来,俄罗斯中央银行对国内银行资本质量的监管更加严厉(在两年前中央银行就宣布将打击银行虚假资本作为优先的任务)。

在这种银行资本、资产状况下,转轨国家银行的盈利能力总体上较弱。尽管中国4家国有商业银行无论是按一级资本排名还是按资产排名均可进入世界前50家的行列,可谓规模巨大,但从资本利润率上看,14家银行平均资本利润率只有4.64%,不仅与英国银行业26.43%、美国银行业20.41%的平均数相距甚远,即使与新加坡15.57%的水平相比也有相当大的差距。

第二,从银行信贷资产组合质量状况看转轨国家银行风险。俄信贷资产组合的总体集中程度下降的速度相对缓慢,总体集中程度仍然很高,银行信贷资产组合中的"大额信贷风险"呈上升的趋势。一方面,从数字报表上看,俄信贷资产组合集中程度有下降的趋势。从对俄罗斯100家最大的银行做出的分析看出,银行信贷资产组合中10项额度最大的贷款,在2003年中期一般占到放款业务总量的39%,比前两年的52%下降了,这意味着俄银行贷款出现了某种程度的多样化。但是,这种多样化是更多的大额借款者的出现而产生的,小型借款者基本没有多大变化。按照标准普尔公司(Standard & Poor)报告,俄罗斯银行信贷资产组合中10项额度最大的信贷在2003年占资产总额的40%,占资本总额的170%。按照OECD的标准,这种信贷资产组合集中程度很高。西欧国家银行的十大信贷比

[①] 资料来源:[英文版]OECD,ECO/WKP(2004)33号报告,《俄罗斯银行部门改革问题和前景》第9页。

例通常占资产总额的 2%～8%或占资本总额的 30%～100%。可见,俄信贷资产组合的总体集中程度下降的速度相对缓慢。另一方面,银行信贷资产组合中的"大额信贷风险"的相对比重有上升的趋势。据有关资料显示,银行信贷资产组合中的"大额信贷风险"的相对比重从 1998 年中期占资产总额的 25.5 上升到了 2003 年中期的 33.0%。①

第三,从转轨国家银行体系的结构特点看。在俄罗斯,银行体系最重要的结构特点是体系分割,信贷组织集团之间联系很弱,经营业务集中于市场上的几个部门。这种分割表现在:在吸引和配置资金方面,各个银行集团的业务仅局限于各自划定的某些经济领域。俄罗斯银行体系这种部门被分割的结构产生了一系列的不良后果。一些大银行由于过度集中对出口商的信贷,防范由对外贸易市场行情不良变化和汇率变化引发的信贷风险的能力较为脆弱。这里顺便指出,就是俄的内需导向型部门(主要由中小银行为其提供服务)的信贷仍有更大的风险。根据俄罗斯过渡时期经济研究所的估计,机械制造业逾期的债务到 2005 年底将超过 4%。非工业部门的信贷也会带来额外的风险,特别是表现在建筑业和外贸领域。据估计,2004 年非工业部门逾期债务在增长(2004 年正式逾期的债务在实体部门的贷款中的比重从 1.6%增加到 1.9%),其中建筑部门占 25%(建筑业的贷款不超过整个非金融部门贷款的 5%),外贸占近 40%(外贸的贷款占非金融部门贷款的 23%)。另外,体系分割的结构造成在俄经济各个部门之间重新配置资金的能力较弱。由于银行机构只局限于服务自己所属的个别经济部门领域,各自垄断

---

① 俄罗斯中央银行,转引自[英文版]OECD,ECO/WKP(2004)33 报告,《俄罗斯银行部门改革问题和前景》第 9 页。OECD2004 报告。大额信贷风险被定义为对单个借款者(或者单组关联借款者)的借款超过资本(金)5%的暴露风险。

了为所属部门提供信贷的权利,当对短期贷款有稳定需求的内需型部门在中、小银行不能提供必要规模的贷款时,大银行也难以集中剩余资金重新分配给内需型的企业以及间接地重新分配给中、小银行,这种条块分割使银行体系重新配置资金的功能不能有效发挥。

第四,大多数转轨国家的跨银行同业拆借市场在较长时间呈分割状态,市场还没有完全趋向统一化、规范化。对于中国和俄罗斯,由于银行间市场的狭窄使各个金融机构间的金融资源再配置渠道有限,这造成了拆借方式单一,基本上以信用拆借为主,拆借市场缺乏抵押、担保,因而期限较长的拆借较少,融资风险较大。

(二) 证券行业风险高度集中

中国证券市场是一个不成熟、投机性很强的市场。目前,中国4 000多万证券投资者中,绝大多数是个人投资者,其资金量不大、投资不足、投机性强。当前中国金融风险中证券市场的风险是较严重的。一旦股市崩盘,其多米诺骨牌效应将会发展成为超过银行信用风险的系统性、全局性风险。例如,在中国证券行业2002年底券商全行业亏损达几百亿,其中,118家证券公司的不良资产高达460亿美元,不良资产率超过50%。

俄罗斯证券市场的风险主要集中于国内外投资者、国际投机资本对股票市场和国债市场的投机活动上。在1998年金融危机之前,投资者和国际投机资本不仅光顾俄罗斯的股票市场,而且国家债券市场也成为中外投资者竞相活动的场所。1996年以后俄银行和金融机构大规模进军国债市场,将其主要的金融资源投到国家有价证券(主要是短期债券和联邦债券)和外币债券上,如1996—1997年财政部外币债券的40%都被俄商业银行购买,1997年中旬俄最大的储蓄银行持有的国家有价证券占其资产的比重高达60%。与此同时,

1996年以后俄扩大对非居民开放证券市场,资本市场的开放达到了很高的程度,这使得俄罗斯经济与世界金融市场形成了较强的联动关系。1997年有价证券市场上非居民的比重约为30％,外汇债券市场为40％,到1998年金融危机前夜非居民投入到国家有价证券市场的资金达到300亿美元(而在美国国债市场上非居民的比重为22％)。俄罗斯1998年金融危机前庞大的国家债券规模和国债市场高度的对外开放,在1997年亚洲金融危机的风险传导下,非居民首先将资金大量撤出国债市场,并将其转化为外汇,同时也引起国内商业银行的连锁撤资,使国债市场陷入沉重的危机。1998年金融危机后,俄对非居民资金的一系列限制措施,使得非居民的比重大大减少,到2002年10月,这一比重下降到5.9％。但10家大经销商(大银行、金融机构)持有的短期国债和联邦债券占76％。债券市场高度集中为证券市场埋下了潜在的波动(个别投机者可能会操纵价格兴风作浪)和投资风险。到2008年,俄罗斯金融危机的发展与国际资本流动高度相关,资金撤离的规模和速度随着油价下跌和全球危机深化而不断放大和加快,俄危机也因国内私有部门的过度借债而加剧。应当说,危机之前国际资本的大量流入很大程度上支持了俄国内企业和金融业的运作,但由于私有部门的过度借债,短期外债的比重较大,这为全球金融危机下金融溢出负效应的扩大埋下了隐患。因美国次贷危机进而全球流动性紧缩而引发的全球"去杠杆化"浪潮,致使发达国家大量回笼在俄资金,导致俄国内出现流动性危机和投资者信心危机,俄罗斯的债市、股市、汇市以及商业银行体系均发生危机并进而引发实体经济的严重亏损,危机已使俄罗斯金融领域损失近万亿美元资金,2008年卢布累计贬值近50％。据俄罗斯央行估计,2008年俄罗斯资本净流出可能达到500亿美元,2009年将达到1 000亿美元,足见国际资本的大规模逆转对俄金融市场的冲击之大。

值得一提的是,股票市场上风险突出表现在两个方面。一方面,在俄股票交易所有几百只股票在流通,然而,股票的交易却主要集中在仅有的几只股票上,即俄罗斯统一电力股份公司、卢克石油公司、莫斯科能源、俄罗斯电信和苏尔古特石油天然气公司。据俄罗斯学者米尔金的研究,俄5只股票的交易占到场内整个交易的90%。到了1999年以后,俄股票市场的交易大量集中在俄罗斯统一电力股份公司上,1999年为50%～60%,2000年为60%～75%,2001年3月为82%。① 在2009年资源类为基础的公司股票仍是RTS股市指数的重要基准。俄股票市场的这种交易结构造就了该市场风险的高度集中性。另一方面,市场缺少本国企业和居民作为投资主体,近70%的投资者都与外资有着各种方式的联系。以上两种情况,直到今天都没有根本性的改变。

(三) 保险行业的风险

中国的保险行业不容乐观。保险公司本来是分散风险、提供经济保障的企业,但在经济转轨过程中,保险公司累积的风险不断增加。一是资产与负债不匹配产生的风险,2000年以来该市场出现盲目追求保费规模、淡化利润指标为中心的经营模式,且分红保单的保费在保费总量中所占的比重很大(目前一般情况为50%,新单保费中,分红险占到75%)。近年来资本市场的收益率大幅降低,出现了分红超过预期盈利的情况,这种情况发展下去极有可能使公司稳定经营受到威胁,甚至导致破产的风险,而一些保单多为短期性,这有可能使保险公司的投资陷入流动性风险。二是不良资产存量风

---

① Я. М. Миркин, Рынок ценных бумаг России, Москва, Алъпина Паблишер, 2002, с. 76。

险,这部分风险出现在 1990 年代中期风险法颁布前,对保险公司的资金投向使用缺乏限制,部分资金因无法收回造成后期累积下不少存量风险。三是利差损风险,这部分风险主要集中于寿险,由于寿险的预定利率一定时期内固定不变,而市场利率是变化的,这就有可能使保险公司遭受风险。在中国 1997 年以来中央银行连续 7 次大幅下调利率,而 2000 年前大量的寿险保单预定利率是参照当时较高的利率设计,并卖出大量保单,结果 2001 年后几乎所有寿险保单都出现了巨额损失,而且出现了业务发展越快、规模越大、利差损失越多的现象。在中国保险市场也存在着严重的类似其他转轨国家的道德风险,一些代理人员出于短期经济利益的考虑,为了扩张公司规模,向投保人传递欺诈信息,严重损害保险公司的长远利益;健康保险方面的道德风险更是防不胜防,控制难度较大,如带病投保、挂床住院、内外勾结骗保等。中国的保险业还隐藏着巨大的财务风险,主要是总准备金提取不足(税后利润中提取)和赔偿准备金提取不足(即没有考虑已发生未报告的赔偿)。自然灾害风险,中国是自然灾害多发的国家,每年因地震、洪水、台风等灾害造成的损失成为保险公司潜在的巨大隐患,甚至会致使保险公司的倒闭。

  俄罗斯保险市场潜在风险较高。俄罗斯保险公司的法定资本额低。在几个保险公司之间分配保险风险的基础保险结构不够发达。存在着严重的道德风险,它们只管眼前多拉客户,不管未来支付,具有非常明显的短期行为,许多保险公司为追逐高额保险利润,承担的风险远远超过其承保能力。由于保险市场的准入门槛过低(最低注册资本限额 200 万卢布)和早在 1993 年就对外资开放了保险市场,使保险公司数量急剧增多(如 1996 年俄境内注册了 2600 家保险公司,1999 年降至 2200 家)、竞争激烈、保险收益低;保险市场良莠不齐使保险人不遵守保险法,不履行保险合同赔付义务的情况并不鲜见,保险市场甚至成为一些组织洗钱和揽钱的场所,保险市场的混乱和非正常运行曾带来高昂的行业风险。保险业务在大保险公司集中的程度很高,到 2000 年 90% 的保费由 233 家公司掌握,前 20 家大保险公司的资产总额占俄保险公司总资产的 80%。保险公司的资金长时间面临通货膨胀的侵蚀,致使人们对国家保险公司抱有不信任的态度。目前,在俄入世谈判过程中,西方国家一直要求俄取消国外保险公司在俄开展业务的一系列限制。俄加入世贸指日可待,外国保险公司必将大举进入,由于外国保险公司多为有实力的金融机构,吸收资金的能力很强。如果这些公司将吸收的资金输往国外,这对本来资金就很缺乏的俄罗斯来说无异雪上加霜。此外,外国保险公司信誉可靠、收费低廉、服务优质等优势必会挤垮俄本国保险公司。

二、转轨国家金融风险产生的实证分析

转轨国家的金融风险,从其生成机理上看,是经济金融的多种不协调造成的。一是内生性不协调性。这与其他市场经济国家本质上具有相同的一面。转轨国家正在试图构建高度开放的市场经济体系,这必然会内生出市场型的金融风险。二是新旧制度变迁的不协调性。这又不同于其他类型国家。转轨国家目前依然处于从计划经济向市场经济的转轨进程中,这个过程要持续较长的时间,从而容易产生体制及机制摩擦性金融风险。特别是由于转轨国家所进行的这场制度性变迁是人类经济发展史上的开拓性创举,这就为转轨增加了较多的不确定性风险。三是外部性传导导致的不协调性。金融全球化条件下,转轨国家的经济和金融与金融全球化具有内在联系和互动关系,而且随着转轨国家不断扩大经济、金融对

外开放,这种联动关系愈加明显。由于国际金融风险的传导,特别是转轨国家自身金融体系的脆弱性和开放的扩大,使得转轨国家面临越来越大的风险。

(一) 金融运行机制转换及新旧金融制度变迁不协调滋生的风险

转轨经济国家的金融从传统计划经济体制向市场经济体制的转变,其主要目的是要实现资源配置和经济运行方式的转变,这是金融运行机制的转换问题。从某种意义上说,金融运行机制转换是一种金融制度向另一金融制度的变迁过程,是制度创新的一项重要内容。金融运行机制转换是多因素综合影响的产物,以调整运行机制为主要内容的金融自由化改革必然会使新建立的金融体系网络系统出现运行中的不协调,从而造成很大的过渡性风险。这既有原有经济主体行为惯性作用的牵制,有新旧体制运行机制相碰撞中的博弈,又有新的体系相互配合、相互适应中的协调问题,以及外部其他因素及时跟进协同配合改革或先行改革促进、拉动金融体系运行机制的转换问题。

第一,金融运行机制是交易主体长期制度变迁中相互磨合形成的作用机理。新旧金融制度及其运行机制的根本转换,涉及金融体系中储蓄者、投资者、各类金融机构、政府等各类主体行为方式及其相应的运作工具的变化,它要改变传统行为方式,要引入新的不熟练的参与者,更重要的是,它要求各交易主体在磨合中协调运行。也就是说,对于储蓄者,要由计划经济时期有钱买不到产品、没有可买的金融资产,只能被迫强制储蓄,转向市场经济条件下必须要增强市场意识,为增加收益而对多种金融工具有需求,或者选择低风险的银行存款、政府债券、购买保险、投资基金债券,或选择高风险的股票、衍生金融工具等。对于投资者,主要由原来国家按照计划指标包办运行,转向投资主体的多样化,居民、企业、各类基金等非政府投资者成为主要的投资者,政府主要起到拾遗补缺的作用,所有的投资行为更具有竞争性、风险性、收益的再分配性。金融机构由原来的充当会计、出纳的"账房先生",转换为国民经济的主要资金供应者和经济运行的调节者,或者转换为公司化治理、按照现代企业制度规则运作的金融企业,或者转换为充当金融中介服务的机构,或直接参与金融交易本身的收益分享和风险承担。政府对金融的行为方式同样要发生根本性转换,政府的直接干预相应的逐渐退出,主要通过间接市场化的手段介入金融交易,实施宏观金融调控、金融监管,以保证金融体系的稳定运行和宏观经济运行目标的实现。可见,要使市场化的金融运行机制真正形成和有效运作,各类经济运行主体都要从原有体制下的行为方式向新体制的行为方式发生根本性转型。在这复杂的转换中,需要参与主体不断学习新的东西、需要突破初始条件的制约、需要各经济主体相互配合、更需要经济主体学会适应新的运行环境,其中任何一个环节和问题没有处理好或者金融各参与主体发展的不平衡,都会在金融体系滋生出金融风险。何况,原有经济主体行为的惯性作用以及在转型中不断可能发生的自行强化其行为方式的机制影响,给转轨带来更大的不确定性,在很大程度上影响市场化金融运行机制的形成。

　　第二,金融体系运行机制的转型,又不单纯是金融体系自身各因素的转换问题,它还受到金融体系之外其他因素的影响,如整体经济体制改革和运行机制转换进度、市场管理秩序的构建(包括市场化的法律、法规的建立状况,市场管理机构的建立状况,执法人员队伍建设,市场管理职能的到位程度等)、整体宏观经济调控体系的转换、企业制度的转换等一系列因素的有效运作和职能到位。如果金融体系转换的外生因素(姑且将其称为外生因素只是相对于金融体系自身各行为主体而言)没有到位、越位、缺位,或者影响转换的不平衡发展,都会影响金融体系及其运行机制转换的进程与成效。可见,金融体系运行机制的转换还涉及包括企业、市场、金融、财政、市场秩序监督管理等一系列制度的变革,而金融制度的变革则包括货币制度(如外汇管理体制)、金融机构制度、金融市场制度、金融监督管理制度等。

因此,没有金融体系内生影响因素和外生影响因素的长期协同配合转换,有效的金融体系运行机制就不会真正建立起来,必然会滋生体制转换的风险。上述诸多影响因素的不协调性,按照诺斯制度经济学的分析框架解释,就是正式规则(宪法、产权制度、合同等)和非正式规则(历史、文化传统、社会习俗和规范、社会心理等)以及实施操作机制等各种制度转换影响下的不协调运作,借助这个框架我们再具体审视转轨国家的金融转轨。

一是国家规定的正式规则,如政治、经济、法律等制度的影响。国家政治经济法律制度改革滞后,会造成金融体制改革难以与之协调,或者单纯的金融制度改革难以走得太远,或者金融制度改革本身就偏离市场化轨道停滞不前,这突出表现为中央银行的职能改革和金融产权改革滞后等方面。政治经济法律制度改革先行发展的国家,推进了市场化金融制度的建设,甚至在局部领域出现了"早熟"的金融制度。如俄罗斯基本建立起西方银行体系的一套较为完整的制度和机制,这是俄银行制度转轨取得的最大成就。同样,由于其他规则的制约而出现了不协调。抛开其他非正式规则不说,如果其他正式规则不能相互配合或者正式的金融制度转轨不到位,根本性正式规则如产权制度、法律制度、市场制度的转轨就无法有效发挥作用,就会引发极大的转轨性制度风险。例如,货币市场、资本市场和金融中介机构作为一种新的制度安排,由于在制度供给和发展上存在着非均衡性,使得其转轨本身不断滋生风险;外汇管理和国家金融宏观调控以及金融监管作为一种制度安排,同样要从直接管理和监督向间接管理和监督转变,以适应经济金融市场化的总趋势,转轨中仍面临着新的制度没有确立起来而旧的制度仍发挥作用的非均衡性状态,这种制度的不健全和非协调性,必然要不断滋生新的风险。对此,西方经济学家斯蒂格利茨和昆特曾分析,如果存在管理规则、监督手段、激励相容等制度供给的严重不足,金融自由化会增大整个金融体系的风险。这个问题在转轨国家是普遍存在的。

二是市场意识、风险意识、信用意识、敬业精神等社会非正式规则的影响。在转轨国家普遍存在着金融体系各行为主体市场、风险、信用等意识的淡薄。由于转轨国家金融体系的发展总体上表现为粗放式扩张,信用基础具有"天然破缺"的特征。时至今日,虽然社会公众的商品意识、金融意识有了提高,但仍没有形成良好的"遵信、守信、重信"的社会经济环境,甚至信用素质还在下降。这种信用环境,造成金融法律与制度执行基础的脆弱性;因而也导致了即使是"早熟"的金融制度都难以按照市场化的运行机制有效运作。无视金融法规、破坏信用环境意识成为阻碍转轨国家金融运行的基础性因素。

三是实施操作机制转换的影响。所谓实施操作的规则指制度变革的实施程序、适应性调控操作、监管措施等操作程序。由于非正式规则的强大的制约力、正式规则制定上的失误(正确合理的规则制定还需要制定者具有较高的素质)以及执行者的低素质,往往使实施操作机制也不能走向规范化运作,造成正式制度运行的低效率。这种实施操作的非规范化运作,表现在金融体制转换过程中各类金融参与主体的不规范化运作,尤其突出表现在各类金融机构违规经营，政府适应性调控、监管艺术低劣和不适当的干预。如转轨国家出现的各类金融机构违规经营，不按市场规则办事而是按人情运作，政策性银行的资金不能为特定的资金需求者服务而是违规渗透其他业务，信托公司违规使用保费和证券公司违规挪用客户的保证金炒股或经营非政权资产等，所有这些违规现象为金融体系不断制造额外的风险。

目前，转轨国家中央银行的职能定位和独立性问题仍没有很好得以解决，加强中央银行独立性这一重要原则更多地体现在文件上、口头上、理论上，实践中并没有严格按照经济合理化原则贯彻执行宪法和法律赋予的职能，这在一定程度上削弱了中央银行的金融风险控制能力。如中央银行的外部组织结构的设置在一些国家依然存在行政区划色彩（如俄罗斯），一些国家虽然割断了分支机构与各地方政府之间的天然地缘联系，但在具体操作实施上不时受到行政干预；在一些转轨国家（如中国）至今中央银行与政府仍是行政隶属关系。对此，一些学者直言不讳指出，解决这个问题将关系到中国政治体制的改革和整个社会政治经济决策的分散化和民主化的进程。同样，受制度规则制约，尽管银行在转轨进程中引入公司化的经营管理方式和市场化的金融运行机制，但商业银行经营绩效并未提高，一些银行依然在滋生不良资产。从银行自身来看，更多是与正式规则如产权制度改造滞后密切相关，因为，现代西方市场型商业银行管理方式及其效率和金融运行机制的有效发挥，根本上是由其产权结构内在规定的。有些国家金融产权制度发生了根本性的变革，产权被分解，风险被分散化，银行的效率有了一定提高，但其绩效仍没有达到帕雷托最优或次优状态，究其原因主要是良好的正式规则因本土非正式规则的惰性和牵制力难以有效发挥作用，也难以有效协调增进效率。① 当然,转轨国家金融体系运行中出现诸多不协调、不规范化运作,金融参与主体自身素质、本国企业制度创新、国家宏观监督管理、有效的激励制度、税收制度、保护贷款人权利的立法制度等或者欠缺或者执行效率低下,也是重要的影响因素。

(二) 市场化运行机制发挥作用内生的不协调造成的金融风险

1. 金融机构不协调运作内含的支付风险②

美国经济学家凡勃伦提出了金融机构内在脆弱性理论,这种脆弱性源于金融机构在选择持有资产时既要考虑流动性,又要考虑收益性,这往往是金融机构运营时的两难困扰。因为,为了提高收益,金融机构经常面临资产质量下降的危险,而为了流动性,常丧失获利的机会。这种由金融机构内在脆弱性所造成的不协调运作必然滋生支付风险。支付风险由流动性不足引起,主要表现为流动性风险;由于正常的支付就是按期履约,所以支付风险一个主要方面还表现为信用风险。下面主要以银行业为例加以分析。

银行在本质上是一个将社会零散的流动性负债转化为对借款人的非流动性债权的部门。银行的正常运营和功能的有效发挥,必须满足两个条件,其一,银行的这种稳定性经营,主要来自存款者对银行的信心;其二,银行要依据效率原则以低成本选择效益好的投资项目,保证贷款资产的质量。在市场经济的环境下,由于信息的不对称,这两个条件同时满足不是经常的。这种条件与结果的不协调造成了金融机构内在的脆弱性。

---

① 殷孟波:《中国金融风险研究》,成都:西南财经大学出版社 1999 年 12 月版,第 80 页。

② 支付风险也被定义为拖欠风险或财务风险。

对于第一个方面的条件,一旦存款人怀疑银行经营业绩,就会形成"囚徒困境",即个体理性行为导致的集体非理性行为,挤兑风潮可能破坏银行中介的稳定性,引发金融风险。对于第二个方面的条件,金融机构要想减少这种支付风险,必须要保持其资产质量,即贷款变成良性贷款,而充分了解贷款投资项目的去向,提高投资项目的盈利率,是保证银行稳定经营的关键。因为社会储蓄对银行来说是流动性相当高的负债,而银行对企业的资产投资具有非流动性,尤其是长期性投资,只有在较长时期后才能归还。所以,在银行面临刚性负债约束的条件下,银行信贷资产质量的高低直接关系到支付风险的大小。如果银行贷款的投资项目经营良好,银行贷款就能保证支付;相反,银行贷款的投资项目经营恶化、投资出现了亏损,银行贷款就不能保证支付,这时投资项目的经营风险必然会转化为银行信贷风险(信贷风险则是逾期的债务在已贷出的贷款总额中的比重),这意味着银行的信贷资产质量低下。由于信息的不对称和委托代理问题,逆向选择和道德风险往往导致银行信贷资产质量的下降。逆向选择是银行在贷款之前无法识别风险高低的借款者而导致的风险,道德风险是借款者取得贷款后,银行因无法实施有效的监督导致借款者可能选择高风险项目产生的风险。不仅如此,金融机构内部存在多重委托——代理关系,也导致其资产质量的下降,这是因为作为代理人的管理者为了机构的经营绩效和自己获得更大的奖励,总是理性的选择一些具有高风险、高收益的投资项目,一旦贷款决策失败又往往由整个机构来承担;而政府对金融机构支付危机的救助机制,养成了金融机构贷款冒险决策的心理。

以上问题,是任何一个实行市场经济国家的金融机构所面临的共同问题,转轨国家也概莫能外,在转轨国家这个问题更为严重和复杂。这是由转轨国家特殊的金融运行环境和金融机构特殊的资产负债结构,以及金融体系中储蓄者、投资者、各类金融机构、政府等各类行为主体的不规范运作,特别是政府主导型的金融创新模式和政府对金融随心所欲的干预造成的。下面重点分析转轨国家支付风险的特殊性方面:

第一,在转轨国家,由于特殊的资产负债结构,极易引发流动性的支付风险。一些转轨国家存在银行负债高度集中在少数大额客户的存款。这种情况在俄罗斯银行最为典型。俄罗斯银行一般依赖于为数很少的一部分客户获得(存款)资金。最近,一项研究表明,普通俄罗斯银行的10大客户占所吸引存款的40%～80%之多。高度集中的存款基础意味着某个大额存款者(也可能是股东)的提款可以使许多银行一夜之间就无流动资金(即使是贷款都是良性的),因而极可能产生流动性风险。例如,2002年4月,正是一家大型存款者的提款引起了俄投资银行公司(Inverstment Banking Corporation)的破产,它是自1998年金融危机以来俄罗斯规模最大的银行破产。2004年,Guta-Bank同样也是由于许多大型存款者的突然提款而陷入困境。① 在中国,普通民众的存款构成银行的主要资金来源,一旦发生意外事件,百姓对银行丧失信心,从而加快提款的速度,银行就可能面临挤兑的风险。近年来中国不断发生过储户对银行丧失信心而造成银行危机的事件,如1998年海南发展银行的关闭就是这方面的原因造成的。

第二,在转轨国家由于资本市场发育不足,银行成为企业融资的主要来源,由此产生的后果是融资风险高度集中,增加银行支付困难。更为严重的是,转轨国家由于金融体系的市场化运作没有真

---

① Недавние драматичные события в баноковской сфере: характер, причины и уроки, Российский экономический журнал, 2005г, №1.

正形成或者距离真正的市场化还有很大差距,信息不对称导致的市场失灵问题非常严重,存在着较为严重的银行信贷资产质量问题。在中国,由于历史和体制的原因,金融机构延续了计划经济时期为国有企业服务的宗旨,银行主要贷款给国有企业,私营企业融资受到所有制的歧视,尤其是中小企业融资困难重重。众所周知,由于国有企业的低效率和大面积亏损,企业借款的逾期债务呈上升趋势,银行滋生了大量的不良债权,陷入了支付的困境,只是由于国家的信誉担保和国家支持下的银行重组,才使银行支付危机没有大规模爆发,但潜在的风险依然很严重。

在俄罗斯,银行信贷资产质量也不容乐观。其中,值得关注的几个因素是:

其一,俄罗斯银行的客户质量不高。在国内许多最好的客户被外国竞争者和资本市场所吸引,许多客户能够从外资银行和资本市场上借到数额更大、期限更长、条件更优惠的贷款。与俄罗斯银行相比,外资银行对俄罗斯公司的贷款增长速度更快。俄罗斯银行在 2003 年中期对非金融企业的债权只占银行总债权的 55%。随着俄罗斯对跨国境资本业务限制的进一步放松,外国银行对俄罗斯银行造成的压力会越来越大。

其二,俄银行缺乏长期负债而难以提供长期贷款,只能采取滚动短期信贷或"期末一次性偿还贷款"[①](bullet loan)来替代长期贷款,以此来延长贷款期限。由于这种做法主要是短期负债被反复续借,只是在期限末才发现借款人的偿还能力,因而,这种做法隐藏着巨大的信贷风险。

---

① 期末一次性偿还贷款要求借款人在贷款期限内只支付利息,当贷款到期时全额归还本金。

其三，俄企业效率不高，在一定意义上对银行的贷款增长似有牺牲信贷资产组合质量为代价的，这是银行发展的两难抉择。据2004年OECD研究报告，俄存在着以牺牲信贷资产组合质量为代价的信贷增长，但是，笔者以为，没有银行对贷款业务的扩展，会限制银行的发展。尤其是在俄罗斯这样的国家，银行向实体经济部门放款的经验很少，借款者资信体系不完善，国家的监管能力有限。这造成信贷资产组合质量不高也是必然的。

其四，俄罗斯畸形的经济结构和贷款结构的高度集中性，使银行承受着较高水平的经济风险。外贸额一直在俄罗斯GDP中占据较高的水平(据OECD报告资料显示，2003年为58.1%)。俄罗斯的贷款主要集中在出口行业，而俄出口又具有明显的能源原材料化特征。据俄有关资料显示，近年已有超过40%以上的贷款集中在出口导向工业部门，而1/3又集中在原料产业中，并且这种贷款投向有不断增加的趋向。这样的经济结构和贷款的高度集中性，同样蕴藏着高度的风险。按照2004年OECD报告资料的分析，俄罗斯经济严重依赖于出口收入和出口中能源原材料占绝对优势使俄罗斯处于欠多样化经济(LDES)国家的地位。一般来说，经济欠多样化国家的金融部门资源相对有限，金融市场流动性低、不稳定；公司外部资金来源主要通过银行融资；银行信贷部门的集中性决定了其贷款风险不易分散。这些问题也适用于俄罗斯。这种经济中的金融部门一般极容易受到贸易条件波动引起的危机打击，有证据表明，这些危机的概率和严重程度与出口集中紧密相关。

其五，银行投资项目选择不当。由于俄银行股本低，往往将所吸收存款主要用于货币交易，持有股票或债券，而安全性投资项目对它们而言则吸引力很小。与一般避免多变量风险投资战略的股东和债务不同，它们具有很强的投机心理，往往想为大发横财重新崛起而拼搏一击(gambling for resurrection)。而一些对企业放贷的银行只贷给由银行牵头的金融工业集团(简称 FIG)下属的企业,这些企业并非市场中最有效率的部门,同时银企相互交叉现象非常严重,一旦企业运转不好,必然将银行本身置于流动性支付危机中。①

第三,从理论上讲,银行资本化比率的提高成为保持银行体系稳定的必要条件,然而在转轨国家,银行资本化比率的提高乏力,同样造成银行潜在的支付风险不断提高。以俄罗斯为例,由于银行股东法定基金增长和银行利润资本化的不足以及企业投资能力的下降都将限制银行资本化的增长。关于银行股东法定基金增长和银行利润资本化的不足,可以通过表 6-1 直观地显示出来。银行自有资本增长较为缓慢,甚至落后于银行信贷和其他风险资产的发展,相对于银行信贷风险,银行稳定性程度在大大降低,这种趋势在 2003 年就已经出现。

表 6-1　银行主要资本来源在其增长中的贡献

参数	1999 年	2000 年	2001 年	2002 年
资本增长率(%)	72.9	52.8	61.5	28.2
银行主要资本来源在其增长中的贡献率(%)				
依靠银行法定追加资本的增加	95.6	46.9	28.9	14.3
主要依靠银行利润资本化	−22.6	5.9	32.1	13.9
主要资本来源在其增长中的比重				
依靠银行法定追加资本的增加所占的比重	131.1	88.8	46.9	50.6
主要依靠银行利润资本化的增加所占的比重	−31.1	11.2	53.1	49.4

资料来源:О. Г. Солнцев, особенности российской баковской системы и среднесрочные сценарии её развития, 2004/1, см 55—78

---

① 庄起善、魏亚群:《论转轨国家金融自由化的不稳定——以俄罗斯为例》,载《复旦学报》2003 年第 2 期。

俄罗斯银行股东法定基金的增长不足也在很大程度上抑制了银行资本化的提高,原因主要是作为银行所有者的企业金融资产额增长不足。银行利润资本化的不足与银行有偿资金份额的增长和企业投资能力的下降有很大的关系。随着俄通货膨胀的降低,俄出现了居民存款快速增长而企业账户上的货币资金额增长缓慢或停止的发展趋势。无论是居民储蓄还是企业的结算账户都是银行存款资金结构的组成部分。但银行对居民的储蓄是作为有偿资金来使用的,而企业在银行业务结算账户资金实际上几乎是无偿使用的。这一趋势造成银行资金来源成本的上升,在一定程度上既限制了银行利润的增加又抑制了银行依靠自有资金提高其资本化的能力。

应当指出,金融机构不协调运作内含的支付风险,不仅主要发生在银行部门,而且在其他非银行机构也容易出现类似的支付风险。

如在前所述,非银行中介机构包括融资类、投资类、保险类等三方面的金融中介机构,它们除了提供某种贷款业务外,主要从事融券业务和投资股票、债券业务。这些金融中介机构作为金融企业,同样存在多重委托代理关系下的道德风险;存在着交易对象无力履行契约带来的支付性风险;存在着交易对象(债务人)因信用等级的降低、盈利能力下降,造成自己发行债券跌价,使债权人资产价值发生变动遭受的损失,例如债权人是保险公司,直接影响到对投保人的支付能力。此外,市场经济中还存在非正常违规经营情况,还是以保险公司为例,一些保险公司出于高额收益的考虑,违反资金使用章程,违法违规经营,如果管理者将保费资金投资于高风险行业,往往潜在高额支付风险。特别是由于意外事故发生的不确定性,保险公司随时可能面临一笔巨额的赔款,一旦这种情况发生,对保险公司所造成的影响非常明显,甚至招致倒闭的危险。在中国和俄罗斯这些转轨国家,由于市场经济的不规范和保险、证券市场秩序的混乱,保险、证券公司违规经营行为甚为严重(如违规挪用资金等),加上国家的金融监管体系不完善,都会滋生金融风险。需要强调的是,在转轨国家与信用程度相关的支付风险是较严重的。这主要是转轨国家没有建立起企业和个人长期的社会信用体系以及强力的"遵信、守信、重信"的制约机制,信用体系的缺失很大程度上加重了转轨国家支付风险。这是转轨国家有别于发达市场经济国家的重要特征。

当然,由于放松金融管制,利率、汇率市场化后,转轨国家的利率、汇率等出现频繁的波动,并直接影响到金融机构的稳定性,甚至恶化其资产状况,也会酿成金融机构的支付性风险。关于这方面的影响因素,在此不加详述,留待以下专题分析。

2. 市场波动性风险

这种风险来自市场整体发生变化而带来的风险,它会带来未预料到的费用支出,并改变金融资产的价格。它主要是由市场的利率和汇率波动带来的损失,以及对利率和汇率衍生工具的过度使用带来不可逆转的风险,还有金融市场参与主体间的竞争形成的风险。通常,市场化的利率和汇率能反映真实的货币资金的供求关系,它的波动具有积极意义,但带来损失的可能性也较大。

第一,利率非均衡性波动风险。利率本身作为一种国内(本币)金融资产的价格,相对于投资,它是使用资金的代价率;相对于储蓄,它是暂时放弃使用资金的收益率(即报酬率)。它主要由市场供求力量的对比决定,随着供求力量的变化,利率自然会呈现出波动性,只有在供给量和需求量相等的均衡点上的利率,才会形成市场均衡,才是一种市场稳定的利率。国内著名金融专家姜波克认为,均衡利率是一种既等于资金供应者愿意以当前的消费换取将来的消费的边际利率,也同时等于资金需求者关于其投资机会的预期的边际收益率。① 然而,在开放型和市场化的现实经济中,市场均衡的利率是暂时的,利率的非均衡性、非协调性是经常性特征。利率是一个敏感性和震动性都很大的金融工具,它从根本上决定着其他一切金融资产的价值变动。它的变化影响到人们的储蓄决策和投资决策,也影响到投资资金的分配、消费的资本积累、有价证券价格、物价水平、货币流通速度和经济增长。保持利率动态的相对稳定,这种偏离属于正常的波动,一般冲击较小,不会形成明显的金融风险;如果利率过大偏离均衡利率,出现严重的非协调性运行,对经济社会影响较大,更容易形成金融风险。

同其他发达市场经济国家一样,转轨国家的金融机构也是一个风险性和脆弱性集中的部门。由于原计划经济国家转轨初期的利率基本处于严格的行政管制之下,利率低且很少变动;利率市场化(个别国家还处在有限的管制状态)后,整个市场气氛的变化会带来一定的风险,并被广泛传播,大多数国家的利率出现了大幅的向上反弹和频繁的波动。利率的这种变化使金融机构及其存贷款业务、证券投资业务、信托投资业务、寿险业务或者是受利率影响的其他金融产品等遭受较大的风险损失。当然,金融机构的某些业务损失的同时,也会使其他业务受益,这里我们只研究受损部分。

其一,可能直接使金融机构蒙受收益性损失。如果市场利率大幅上升,银行未到期的固定利率长期贷款业务使银行的净利息收入减少,利率下跌,银行未到期的固定利率定期存单使银行的净利息

---

① 姜波克等著:《开放条件下的宏观金融稳定与安全》,上海:复旦大学出版社 2005年版,第36页。

收入减少。对于证券资产,利率的高低反方向影响着证券的价格,如利率提高,证券价格下跌,证券投资的收益减少,相反,证券收益增加。一些金融机构为了获得投机性高额收益,将贷款、保费、信托基金投资于股票、房地产等价值能迅速膨胀的虚拟资产部门,受市场利率波动的影响,同样面临较大的损失。

其二,由于市场利率波动的不确定性,银行贷款遭受企业侵蚀的可能性还是很大。转轨国家非规范化的市场经营使这种情况更为严重。由于在转轨初期银行已经积累了大量对企业低利率债权,利率上升后,银行已有的企业债权累积性提高,加剧了风险在银行的进一步集中。这是因为,银行过去累积的企业债权或贷款像"人质"一样,不断在自我强化着同企业的这种融资关系。这就是,利率提高,企业利润下降,还债能力同时也进一步下降。在企业内源性融资不能增加的情况下,企业为了在市场竞争中求得发展,依靠银行贷款成为必然的选择;银行为了保证过去融资能够归还,不得不向企业提供明知风险较大的贷款。这是市场化运行机制在转轨国家发挥作用的特别表现,也是作为金融企业的银行向完全市场化经营迈进的过渡性阵痛。不过,在转轨国家,银行在相当长的时间是企业的主要融资渠道,即使宏观、微观、监管机制各方面条件成熟,金融机构按照正常的市场化原则经营,这种关系型融资下银行和企业贷款业务的自我强化机制只能缓解,而不会从根本上消除。此外,还有些企业将银行贷款投资于股票等虚拟资产上,利率的波动同样会侵蚀银行贷款,加剧银行市场风险。

其三,银行业务竞争带来的市场风险。伴随着转轨国家利率的自由化,银行数量和银行业务激增,金融市场出现了激烈的竞争,而竞争又主要集中于与对手的利率水平的高低,从而出现银行同业间竞争失利所带来的风险,这是市场经济失衡状态下必然的结果。然而,在转轨国家,这种竞争还更多地表现为不正当的竞争。各银行争相提高利率或变相提高利率,甚至放松现金和账户管理以拉拢顾客,这使得银行内部的自律系统即自我监控机制甚为松懈,同时,高利率在一些资本市场开放的转轨国家吸引了大量的外资,也带来了巨额的清偿负担,更为严重的是,一旦国内外经济金融形势恶化,这种潜在的市场风险就随时可能转化为市场危机。此外,市场利率的竞争,银行存款利率接近边际收益率,在混业经营的趋势下,风险投资逐渐成为银行的最优选择,以获取可能的高额收益,从而一些银行也必然带来市场化运作错误预期的风险。

第二,外汇风险也是一种市场风险。它是不同货币币种的存在创造出的一种全新的风险。汇率的变化是这种风险产生的巨大动力。所谓汇率,它是一种金融资产(外汇)的价格,它主要由市场供求力量的对比决定,随着供求力量的变化,汇率自然会呈现出波动性。外汇汇率的变化导致金融资产和负债价值的重新分配,也改变了借款人和贷款人的经济处境。而且,这种变化在市场高度一体化的条件下会很快传递,导致国内市场利率、贷款成本、国内债券价格的波动,形成信用风险、支付风险等。两种货币间的汇率的不确定性部分,主要来自有关经济体的"开放程度"。浮动汇率体制是开放型国家普遍采用的汇率形式安排,同时,采用浮动汇率体制意味着风险向私人部门的转移,需要金融机构将风险分散到不同的金融资产上,这必然要求国内金融市场的自由化。可以说,开放、浮动体制、资本市场自由化是相辅相成的,具有逻辑上的一致性。在这样的金融环境下,汇率的浮动既潜藏着巨大的投资收益,又面临着必须要对冲的市场风险。不断扩大开放和放松管制的转轨国家,汇率波动引发的市场风险已经成为正常的经济现象。

其一，本国基本经济状况因素诱发汇率的过度波动。如企业经营状况、银行信贷资产质量、财政赤字规模、货币信贷规模等情况，都可能引发汇率的过大波动和资本的频繁跨境流动风险，这种情况通过实际经济和金融联系造成跨国传导（如本国经济弱小或恶化则资本急速"逆转"，对经济产生严重的负面影响，当然，相反的情况可能使国外资本大量进入，这种情况造成的影响也应值得重视）。

其二，与基本经济条件的变化无关的汇率巨大波动形成的风险。这对新兴市场经济国家或转轨国家来说，包括两方面的内容：一方面是心理预期改变的从众行为，由于市场信息的不对称，其他外部信息引发了人们的投资信心或心理预期的改变，从而产生国际投资的从众行为（在信息不完全时模仿他人的行为可能是最佳的选择）和顺势交易，也会导致汇率的波动，甚至产生货币危机。另一方面，金融一体化也使得处于发展中的市场经济体面临与本国基本经济条件无关的、有损稳定的投资者行为的风险。这是因为，引发汇率波动的资本的流动，不仅对转轨国家的本国经济条件较为敏感，还对作为主要资本输出的发达工业国家的宏观经济条件敏感。研究表明，美国的商业周期变化、利率、产出增长等因素，直接影响到美国资本对发展中的市场经济体的流入。由于一国外汇风险与国际资本流动和国际监管息息相关，很大程度上取决于外部因素的变化，鉴于此，我们将外汇风险的相关内容放在下面金融全球化传导风险部分加以分析。①

第三，汇率与利率的波动以及自由化带来了对衍生金融工具的需求，同样会滋生市场风险。在美国《财富》杂志评出的世界 500 强

---

① 国际货币基金组织 220 号期刊，《金融全球化对发展中国家的影响》，国际货币基金组织和中国金融出版社 2005 年，第 25—27 页。

中,有85%使用衍生工具以规避外汇和利率风险。可以说,衍生工具市场的发展和增长已经成为资本市场自由化进程中不可或缺的重要组成部分。① 衍生工具具有投机、避险的功能,高杠杆性特征;同时,它的缺点是不仅包含的风险蕴藏在价格波动中,更为可怕的是它隐藏了金融交易中潜在的大风险。然而,衍生工具复杂避险策略的有效运作,关键是要保持流动性,即存在有人想买,有人想卖的流动性时,市场风险才能得以分散。如果更多的价格变化集中在正态分布所预测的极端附近,大家都只是在传递着对市场的某一种看法,每个人都想卖出(金融恐慌),必然出现流动性危机的累积,从而可以酿成系统性风险,金融交易中隐藏的潜在大风险得以释放。因此,对金融衍生产品的过度使用,扩大了社会信用的虚拟性,往往造成风险大于收益的局面。在一些渐进式转轨的国家,由于金融衍生工具市场还没有发展起来,金融衍生性风险不存在,不过,随着金融管制的放松和资本市场自由化程度的提高,对金融衍生工具的需求是必然的,类似的风险是必然会出现的。而在激进式转轨的国家,如俄罗斯,金融衍生工具市场已经几经曲折,得到了较大程度的发展。这些国家不仅经常性出现金融衍生工具合约价格波动的一般性损益风险,而且,还遭受过特大系统性风险。如1998在年俄罗斯,非居民为了规避风险与俄银行签订了大量的外汇期货合约,俄储蓄银行、对外贸易银行、国际金融公司等九大参与者吃进了大量的外汇期货合约,然而,这些银行还没来得及做对冲交易以锁定自己的风险,期货债务的风险就快速增大了(直接诱因是俄政府不能偿还到期债务,导致金融形势逆转直下),结果俄银行以外汇期货合约方

---

① [英]约翰·伊特韦尔、[美]艾斯·泰勒:《全球金融风险监管》,北京:经济科学出版社2001年版,第87页。

式形成了大量的净债务。由于期货合约的高杠杆作用,使得这些债务额不仅大大超过了自有资本,还超过了它们的资产规模。与此同时,俄的金融危机迅速传导到美国债券市场,引发了投资者的金融恐慌,使一家对冲基金(LTCM)陷入金融风暴,并损失了44亿美元,如果不是美联储出面救援,该基金继续抛售美元投资,那么,由此引发的恐慌性抛售将毁坏全世界的金融市场。[1]

(三) 国际资本流动的外部性传导导致转轨国家金融体系不协调性风险

  转轨国家的金融自由化其实是一国金融体系与金融全球化融合的进程,随着这种融合的不断加深,本国的金融体系及其制度和相应的运行机制都要发生革命性的变化。其中,金融中介和金融市场的国际化是转轨国家融入全球金融一体化的必然要求和发展趋势。目前,转轨国家金融抑制普遍得到缓解,在金融管制和利率市场化方面都不同程度加快了国际化、一体化的速度。几乎所有的国家都已经实行了经常项目的自由化,资本项目出现了不同程度放开,利率主要由市场化运行机制来确定。尤其是一些激进式转轨的国家,资本项目的开放已经达到了很高程度的自由化,基本实现了利率的市场化,同时,允许非居民自由买卖证券,外资投资收益自由汇出。可以说,金融制度的这种变化,为国际资本涌向转轨国家和在这些国家的自由流动创造了良好的条件。伴随着转轨国家不断扩大经济、金融对外开放,在金融全球化的联动关系和国际金融传导机制的作用下,转轨国家将不断受到外来的冲击和国际金融风险的传染,面临的风险越来越大。

---

[1] [英]约翰·伊特韦尔、[美]艾斯·泰勒:《全球金融风险监管》,北京:经济科学出版社2001年版,第90页。

1. 国际资本流动的外部性进一步加剧了转轨国家资本市场、金融中介机构、货币体系不协调运行,削弱政策选择的有效性,从而滋生金融风险

转轨国家扩大金融的对外开放,就是为了充分利用国外金融资源,解决经济发展中的资本短缺(即储蓄缺口和外汇缺口)和资本效率问题,这一做法极大地促进了这些国家的经济发展并大大改善了生活福利质量,已经在开放型国家中十分明显地体现了出来,这是非常值得称道的。然而,由于转轨国家基本经济状况不佳,尤其是国内金融部门处在较低的发展水平,全球化下不断加强的金融联系使其更易遭受波及和滋生风险。综合而言,金融风险国际传导的渠道和机制包括:(1)汇率与外贸传导机制。危机国货币汇率变动后,沿着汇率与外贸传导机制向外扩散,影响其他国家货币竞争力和外汇市场的波动。(2)金融市场传导机制。国际游资冲击一国金融市场会引发经济动荡和金融危机,通过紧密相连国际金融市场中的投机运作而把危机传导到其他国家。尤其是对于那些产业结构过分相似的地区,一旦某一国出现危机,在国际游资的冲击下必然会出现结构性震荡的联动效应危机。(3)国际投资渠道的传导。[①] 这包括一国发生金融危机引发其他国家也出现投资者的撤资,从而导致危机的蔓延,也包括通过国际投资体系自身传导金融危机。(4)国际银行借贷传导机制。当债务国出现偿债困难,致使债权国金融机构出现坏账和承担较大风险,这样引发债权国金融机构重新平衡其贷款组合,调整对其他国家的贷款(主要的表现是从其他债务国撤资),从而可能引发金融危机。正

[①] 范爱军:《经济全球化利益风险论》,北京:经济科学出版社2002年版,第220页。

是通过这些渠道,国际流动资本扩大了其波及效应,哪里有不完善,哪里受到的波动就大。

转轨国家更容易遭受金融全球化的波动传导,就是由于这些国家在缺乏规范的全球性金融监管制度的条件下,需要大量的国际资本,如大量的外国银行贷款和外国证券投资特别是直接投资,它们的流动对转轨国家也会产生直接的不利影响。因为,国外资本的流入会破坏转轨国家金融体系结构已有的平衡性、有效性,或者加剧其运行的非协调性和非均衡性,从而可能产生严重的金融风险。

第一,国内货币体系的平衡性和稳定性受到破坏,财政货币政策选择可能会不同程度受到削弱。外资的流入,原有的货币资金平衡必然遭到破坏,造成通货膨胀压力,为了缓解压力,紧缩性货币政策是重要的选择。然而,如果没有支持性的配套政策和有效的监管机制,利率的提高又会掀起外资流入的新高潮,结果,加剧了通胀。同时,资本的流入和通货膨胀的加剧,又引发了不断加深的货币替代现象。外国货币在价值储藏、交易媒介和价值尺度功能方面逐步深度替代了国内货币。同样,外资的流入,转轨国家相对固定的汇率体制经常遭受冲击,其政策效应(或优势)难以有效发挥。财政体制也因外资的流入导致严重的收支不平衡(这主要与执政者不审慎、狂热性有关),出现严重的外债累积性风险。据有关资料,在经济转轨的最初几年,俄罗斯、中东欧国家、独联体国家的经济美元化就已经达到相当高的程度:波兰为 80%、保加利亚为 55%、爱沙尼亚为 60%、乌克兰为 35%、俄罗斯为 40%。[1] 另据俄央行的估计,到

---

[1] Л. Н. Красавина, Инфляция и антиинфляционная политика в России, Москва, Финансы и статистика, 2000, с. 219.

2001年初,俄罗斯的美元现金达到800亿美元,在俄市场上流通的美元高达500多亿。俄罗斯《消息报》2005年4月15日曾报道,据有关权威机构的计算,俄罗斯已成为世界上美元化程度最高的国家之一,将俄罗斯、克罗地亚等国列为高度美元化的国家。目前,美元在整个俄罗斯经济现金循环中所占的比例约为80%[①]。同样,外资的流入,转轨国家相对固定的汇率体制经常遭受冲击,其政策效应(或优势)难以有效发挥。例如,俄罗斯实行"汇率走廊制"期间(1995年7月至1998年8月),卢布名义汇率基本稳定,卢布兑美元的汇率只上升了1.1%,本币地位相应得到了提高,而国内的实际情况是对美元流量需求的锐减。然而在1998年外资流动期间,当时的形势迫使由"汇率走廊"转向实行浮动汇率制度。"汇率走廊"解体后卢布出现大幅度的贬值,更加剧了本币兑换成美元后外逃他国大量增加。[②]

第二,资金不断进出投资市场破坏了转轨国家金融市场的稳定性。伴随着发达工业国家的商业周期变化、市场利率的变化、经济增长的变化,外国银行贷款、证券投资、直接投资周期性和规律性地进出转轨国家的金融市场,即使转轨国家基本经济因素正常,由于国际收支状况的改变,其国内金融市场价格也会相应的出现波动,特别是股票、利率、汇率等工具的波动更敏感,大大助长了市场投机和市场风险,如利率风险和汇率风险进一步增加。国际资本的"逆转",打击了投资者对资本市场的信心,信心危机的出现扩展了金融市场的波动性和风险的传递性,如本国资本出现更大的外逃,尤其

[①] 郭连成:《经济全球化与转轨国家经济双向互动论》,载《世界经济与政治》2006年第11期。

[②] 郭连成:《经济全球化与转轨经济发展的关联性分析》,载《国外社会科学》2007年第3期。

是房产与股票市场剧跌,使本国货币过度贬值。转轨国家风险承受能力较弱,对境外短期投机性资本的流入带来的风险要高度重视;而对于那些宏观经济基本条件较弱的国家,常常被迫接受大量的短期流动资本,更易遭受全球化风险。这对资本市场正在发育,金融监管和监督机制不健全、市场信息严重不对称的转轨国家,是难以抵御的又一外部风险。例如,1997年,泰国首先爆发金融危机,对俄罗斯金融市场的影响不大,在八九月间,还有大量的外资涌入。但是到了10月份,韩国爆发的金融危机,立刻对俄金融市场产生了连锁反应。因为韩资在俄罗斯金融市场上占有一定比重,危机使得韩资大量从俄撤走,以救其本国之急,同时其他外国投资者也纷纷跟进①。结果从1997年10月28日—11月10日间,外国投资者大量抛售股票,随后也殃及俄的债市和汇市,并引发了俄第2次和第3次金融大波动。当然,在俄罗斯引发的金融危机,国际资本流动的外部传导是重要的诱因,但从本质上看,这场危机因本国财政、债务结构不合理以及不完善的政府宏观经济政策安排带来的信任危机而加剧。2008年俄罗斯金融危机的发展与国际投机资本流动高度相关,外资撤离的规模和速度随着油价下跌和全球危机深化而不断放大和加快,导致俄罗斯证券市场遭受巨大冲击。

第三,国际资本流动有可能加剧转轨国家金融中介机构运行的不协调。一方面,国际资本的进出冲击国内金融机构的存款和贷款的正常运营。国际资本流入,转轨国家吸收国际资本外币负债(即存款和债务)保持较高的水平,信贷规模不断扩张(甚至出现粗放式扩张,如贷款给低效企业和信用等级低的借款人);当国际资本要流

---

① 尚福林主编:《证券市场监管体制比较研究》,北京:中国金融出版社2006年版,第510页。

出时,银行要紧缩信贷和回收贷款,同时也扰乱了企业的正常经营,有可能使银行贷款无法按期收回而出现清偿困难,并可能引发国内大规模的挤兑风潮。另一方面,国际资本流动促成的泡沫经济的破灭造成金融机构资产的损失。由于资本外逃造成本国货币的大幅贬值,使本国银行体系与非银行公司部门的外汇债务一夜之间变得不堪重负,同时,使银行资产担保品的大部分价值丧失,加剧金融机构的脆弱性。例如,1997—1998 年俄罗斯金融危机使银行系统遭到重创,造成灾难性的后果。据俄罗斯中央银行的资料,银行危机时期俄银行系统资本的损失超过了 1 000 亿卢布。不仅如此,2007 年 8 月以来美国次贷危机影响下,同样是由于国际资本外流曾一度导致俄罗斯银行的资金状况恶化,一些银行特别是其分支机构出现了关门停业的现象。如果不是 2007 年底俄央行向银行业每日最高达到 3 000 亿卢布注资,就不会在很大程度上缓解俄罗斯市场流动性不足的问题。

最后,国际资本流动的外部性传导,即增强了转轨国家经济与世界经济的相互依存和互动性,又使得这些国家在金融全球化条件下对世界货币金融市场的依赖性加大。在这方面俄罗斯的例子最为突出。作为债务人,俄罗斯的外债从 1991 年的 953 亿美元增加到 1999 年的 1 580 亿美元,到 2000 年达到 1 614 亿美元的峰值,截至 2005 年底再降至 714 亿美元。多年来,俄年均偿还外债的支出占到 GDP 的 10% 左右。而且,俄与国际货币基金组织和世界银行,以及与巴黎俱乐部和伦敦俱乐部的关系如何,仍会对俄经济产生直接影响。此外,由于转轨国家实行金融自由化和开放金融市场,使外国直接投资和有价证券投资不断增加。外国资本的大量涌入增强了转轨国家国内金融市场对世界金融市场的依赖性,从而在一定程度上危及这些国家的金融稳定。例如,自 1996 年中期开始至今,俄罗斯证券市场由于外国资本的涌入而使市场规模增大,市场结构也发生了变化。特别是股票市场已基本依赖于国际短期资本。

当然,金融全球化对转轨国家的这种外部性影响程度,还得取决于转轨对国际资本自由流动的开放程度和本国是否实行灵活的汇率政策。对此,1999年诺贝尔经济学奖获得者蒙代尔提出了所谓的"三难选择"("蒙代尔三角"),即汇率稳定、独立的货币政策(即有自主权和灵活性)、资本的完全自由流动三者无法同时实现,只能同时实现两个目标而不得不放弃第三个目标。依据该理论,保持资本的完全自由流动和实行灵活的货币政策,必然造成货币的不稳定,引发相应的金融风险,因此,转轨国家适度保留控制资本流入的权利和在发生危机时控制资本流出的权利是非常必要的。

2. 金融全球化冲击转轨国家金融监管机制的协调运行而滋生相关的风险

在市场经济中,金融监管体系作为不可或缺的制度安排,主要是为了弥补市场失灵和负外部效应,保证金融体系运营的安全性、公平性、稳定性,调节国民经济健康、有序运行,促进实现经济增长和经济发展既定目标。然而,金融全球化越来越将转轨各国的金融体系和国际金融体系紧密联系在一起,这也是全球金融活动和风险发生机制日益紧密联系的一个过程。与此同时,不断掀起的金融自由化改革浪潮,使转轨国家本来就不成熟的金融监管和宏观调控面临新的挑战和冲击,极大影响了金融监管体系已有结构下协调有效运行。这种冲击主要表现在:

第一,在全球化混业经营的模式和发展趋势下,一些转轨国家的监管模式由于受本国新发展的混业经营的冲击而正在面临局部监管失灵的危险,潜在的金融风险正在传递和蔓延。一国金融监管制度不是一成不变的,它随着本国金融业业务环境发展不断做出相应的调整,同时,金融监管模式的选择既要服务于金融业化解金融风险,又要使这种模式的选择有助于金融创新和提高金融运行效率。至于金融监管模式是选择分业监管(划分不同的业务区域,由专门的机构对每一领域分别监管),还是选择分业综合监管、混业综合监管(主要由一个或两个统一的监管机构负责对所有金融机构或业务实施统一的监管),主要由本国政治、经济、社会、历史、文化等基本国情因素决定。世界各国金融经营模式与监管模式呈现多样化的组合,[①]如美国基本确立了金融混业经营的框架,是典型的分业(综合)监管,即不同的部门负责不同的事情,但美联储能同时监管银行、保险、证券业。中国和波兰是典型的实行分业监管的转轨国家。俄罗斯的金融业既有分业经营,分业管理,又有混业经营,混业管理。其中,保险业与银行业是分业经营,分业管理;商业银行允许经营证券业务,对其监管实行中央银行和证券监管部门共同完成。目前,一些实行分业经营的转轨国家,现实中确实存在银行、证券、保险之间的业务交叉现象,并呈现上升趋势。在中国已经组建了一些从事混业业务的大型金融控股公司,如中国国际信托投资公司已经控制着银行、证券、保险、信托机构甚至工商企业等业务。这些国家实行单一的分业监管已经不能适应金融业务发展的需求,尤其是对本国新发展的混业经营,按照已有的模式监管可能存在着监管上的盲区和模糊性,出现监管真空,任其发展潜伏着很大的风险。例如,为了改变证券市场多头监管的现象,2004 年俄罗斯宣布建立旨在对整个证券市场进行统一监管的俄联邦金融市场委员会(FSFM)。然而,目前 FSFM 还不能成为全能监管者,因为审计机构还

---

① 混业经营,统一监管,如英国、日本;混业经营,分业监管,如美国、波兰;分业经营,统一监管,如韩国、巴西、澳大利亚;分业经营,分业监管,如中国、印度。

由财政部监管,银行由中央银行监管,保险基金仍由俄联邦保险监管机构监管,同样,俄罗斯的金融监管也面临着全能监管转型的考验。而那些实行混业统一监管模式的国家(如匈牙利进行了统一监管的综合性金融监管机构改革),则在不断发展的信息技术、不断增强的金融机构跨国兼并重组及多元化扩张中,其监管模式在多重不平衡的调整和更新中面临风险考验。但转轨国家目前存在的这几种监管模式都面临监管思路和监管方式的革新。其一,监管偏向于行政式管理。这种监管注重审批和业务经营的合规性,是一种浅层次的、静态的,对市场敏感性差,随意性大,缺乏对金融机构全过程追踪式监管,不能随市场动态及时发现风险。这种情况使转轨国家面临着从合规性监管向风险性监管为主转变的挑战,否则,就不能有效预防风险。其二,目前的监管亟待改善法律制度的执行质量。严格保证依法监管,即使采用行政手段也是依法进行的。其三,目前的监管偏重于严格的管制,容易受到被监管机构的抵制。有效防范金融风险,需要被监管者积极配合,为此面临着监管理念上更新的挑战。其四,目前的监管面临着如何处理好金融发展和金融监管关系的挑战。监管的目的是为了促进金融发展,只有在金融发展中才能有效防范风险,过分强调金融稳定易抑制金融活力,太宽松的监管容易诱发金融业的过度扩张,也影响金融发展。其五,目前的金融监管标准面临着与国际接轨的挑战,因为原来的金融标准主要是考虑国内因素制定的,现在还要更多考虑国际因素,才能制定出切合实际的标准。其六,转轨国家金融监管技术手段落后,信息化建设程度低,亟待实现信息沟通的一体化。总之,转轨国家如不能处理好金融监管自身的转换问题,金融业必然会在不断扩大的开放进程中滋生更大的风险。

第二,转轨国家传统的外部监管为主的监管机制面临着监管失灵的危险。完整的金融监管是金融机构的内部监管和监管当局(当然也包括金融行业的监督)外部监管的有机结合。金融机构内部控制作为一种自律机制,它是金融监管最基本的约束机制,也是实行金融监管的基础。不仅如此,良好的外部监管需要通过金融机构的内部控制相配合,才能有效发挥作用;否则,设计再完备的外部监管都不能发挥出应有的监管效果。外部监管的失灵助长金融风险的滋生。然而,转轨国家金融机构依然没有建立起良好的公司治理结构和有效的内控系统。当然,这种情况在转轨国家程度有所差异,如那些本国金融机构较早融入国际金融市场、实行彻底产权结构调整的俄罗斯和东欧,国家通过引进外国战略投资者,金融中介的公司治理水平要比中国好。随着开放程度的提高,转轨国家的内控机制不容乐观,如许多银行出现大量金融诈骗和资金外逃,证券市场违规挪用资金现象严重、保险公司存在弄虚作假、误导投保人的违规行为,金融机构不同程度存在着会计制度执行不严、财务报表数据失真的情况。这些都反映了金融机构内部监督和制约机制还存在很大的缺陷,如果金融监管机构不能对金融机构内控系统实施经常性的督促检查,不能做出公正客观的评价,不能对存在的问题采取严厉的整改,也会导致金融风险的发生。

第三,转轨国家以国别监管为主的模式已不能完全有效控制本国金融风险。目前,转轨国家的金融监管还主要局限于国别监管为主的监管模式。这种监管的特点是地域性强,对地域之外的监管漠不关心;监管制度是考虑国内因素而制定,对国外的因素考虑甚少;这种监管适合开放程度不高的封闭经济,对于日益一体化的开放经济缺乏灵活性和适应性。然而,金融全球化的发展,各国金融联系密不可分,国内外资本的流动不仅对国内基本经济状况的变动异常敏感,而且,对世界其他主要工业国家的宏观经济情况也很敏感,因此,单靠国别监管已经不能完全有效控制本国风险的滋生和阻挡国际风险的传导。转轨国家面临着国别监管模式向外向型监管模式的转型。这种外向型模式,首先要综合考虑国内外各种因素,同时要遵守国际惯例,加强国际合作,加强国际风险协调,为国际金融的稳定承担相应的责任。如目前俄罗斯提出在独联体国家建立区域性金融中心,试图加强独联体国家证券市场的相互联系,通过加强金融合作,构建金融发展与金融安全的新渠道。2007年后半期,美国次级贷款危机对俄金融机构的影响凸显了银行风险管理标准和准则对全球化的不适应性。基于此,2008年初,欧洲央行与俄罗斯央行推出一项提高银行监管和审计的为期3年合作计划,以提高俄罗斯央行维持银行系统稳定性能力,并支持其发挥内部审计作用。

第二节 金融协调——转轨国家金融风险化解的有效途径

综上所述,转轨国家金融风险的产生和进一步加剧,主要源于多重不平衡、不协调,这里有新旧制度转换间的不协调、金融中介机构蕴含的不协调、金融监管机构中的不协调、金融正式规则和非正式规则间不协调配合、市场化运行机制内涵的不协调。因此,转轨国家除不断完善金融市场基础设施建设,加强金融立法、构建完善的金融监管法律体系并实施对金融机构全方位的监管,建立科学的金融风险预警指标体系,做好对中央银行和政府职能的合理定位并理顺它们与其他机构的关系外,金融风险的化解就是要解决好诸多不协调问题,金融体系的协调运行是金融风险化解的钥匙。所谓协调是协作、配合以及合理安排各部分之间关系的一种制度安排,也是金融体系互动发展中的动态调整过程。协调作为有效的制度安排对转轨国家的金融宏观稳定和微观运行无疑具有积极意义。

一、培育坚实的社会信用基础,加强社会信用与金融制度的协调运行

如前所述,转轨国家金融正式规则的有效性存在着双重困境,西方式的金融制度及其相应的法律规范或者存在着制度缺失,或者已从西方引入的又存在着制度非本土化问题。这个问题的解决需要经历引入、不断磨合以至适应的长期过程,它的现象层面的问题往往很快完成了,而从制度的真正有效实施来看其实还远远没有完成。问题背后的一个重要制约因素是转轨国家社会信用基础脆弱,因而,培育社会信用基础,挖掘本国社会信用的积极因素,是加强社会信用与金融制度协调运行的重要举措。相反,在这种金融法律与制度执行基础脆弱的社会环境下,如果不能形成强力的"遵信、守信、重信"的制约机制,金融风险的化解就缺乏坚实的社会基础,所以,转轨国家除了要加强"遵信、守信、重信"的道德规范教育外,严格金融结算纪律,加强执法和护法,尤其是加大惩罚的力度,塑造公平、公正、公开的金融司法秩序,培育和维护良好的信用,才能从根本上有效防范金融风险。

二、加强金融监管制度的适应性和灵活性,保证金融监管机构间协调配合

加强金融监管制度的适应性和灵活性,就是要使监管与本国的经济、金融运行的内外部环境相协调,也就是金融监管要与金融创新相适应,金融监管要与金融深化、金融自由化趋势相协调。一般的,经营模式和监管模式二者是相适应的,但由于各国政治、经济、文化背景的不同,二者并非形成绝对一一对应的关系。但有一点是

肯定的,在确保金融监管机构权威性和高效运作的前提下,监管机构要适时根据本国银行业、证券业、保险业的经营特点,做出适当的变革,哪怕是局部性变革也好,这是金融监管制度灵活性的重要表现。

　　加强金融监管机构间的协调配合,首先要强化金融综合监管力度,注重监管的整体效应;同时,克服转轨国家监管中存在的各自为政、沟通不足的缺陷。对外部监管机构来说,要在明确界定监管机构各自职责的基础上,使监管机构相互协调,相互支持,尤其是在一些金融业务交叉密集的领域,要加强信息共享,实施联合监管和综合监管;金融机构内部自律性控制就是要建立良好的法人治理结构和有效的风险内控机制,这是保证监管信息真实性(即金融机构经营的风险度和财务报表的可信度)的基础制度;加强金融机构内控和外部监管的协同配合,因为外部监管有时很难及时发现和纠正金融企业中代理人员的不当行为,这需要内控系统及时弥补。其次,要重视监管机构间的信息交流,要采取多种措施克服金融监管中存在的信息不对称现象。要健全金融机构信息披露制度,要将金融机构定期向金融监管部门披露真实信息法制化;要加快各金融机构内控监管信息、金融监管当局监管信息、金融监管当局之间监管信息等方面信息系统的网络化建设,保证信息共享的长期性、稳定性、安全性,这样才能达到防范金融风险的目的。再次,要顺应金融全球化的发展趋势,及时调整和完善金融法律体系,既要为金融监管提供强力的法律保障,又要使监管能够促进金融机构竞争力的不断提高。①

---

　　① 姜学军等:《金融对外开放与监管问题研究》,北京:中国时代经济出版社2005年版。

三、加强金融中介机构的协调,保证良好的金融微观运行环境

金融中介机构的协调包括自身的协调和机构间的协调。金融中介机构自身的协调(内部协调),主要解决的是组织层面上的经营问题和业务层面上的问题。组织层面的协调是实现金融机构政、企分开,所有权与经营权的分离,责权利的协调以及机构组织、人员配置适宜,最终将金融中介机构办成实行公司化经营,能够形成自主经营、自负盈亏、自我约束、自我发展的制衡机制。其中,最主要的是合理设置内控机构、建立金融机构内部控制的稽核评价制度、完善内控设施和实现金融管理的信息资源共享。业务层面,就是通过金融工具的多样化协调,实现资产、负债本身以及资产和负债之间的优化组合(因为金融工具的协调体现着流动性、风险性、收益性的不同组合),从而既要实现资产的有效回收,提高流动性,又要保证负债的支付能力。以银行协调为例,为了增强银行抵御风险的能力,完善呆账准备金制度,精简机构和人员,建立现代企业制度,实行公司化经营,合理安排贷款资产和证券资产、高风险资产和低风险资产、信用贷款和抵押贷款等方面的比例,多方筹措资金,增强银行的支付能力。

金融中介机构间协调是一种外部协调,包括同业机构间的协调和非同业机构间的协调。第一,相同金融机构间的业务上的协调。如有些金融同业采取出借资金、置换资产、债务延期、善意并购,最典型的是银行同业之间的拆借和救助。第二,不同金融机构间的协调。这是指银行业、保险业、证券业间的相互协调,在金融全球化和金融机构多元化发展的趋势下,这是分业或混业安排的问题。

金融中介机构的协调作为重要的内容,直接关系到资金结构是否调整优化,社会资源配置是否优化,从而影响到经济结构的构成,并对经济增长和经济发展起到抑制或促进作用。一般的,金融中介机构的协调优化,能够较好地实现社会资源的有效配置,促进经济增长和经济发展。

四、加强金融市场的协调发展

金融市场的各个子市场并不是彼此孤立的,它们通过各种渠道呈现联动关系,并随着金融市场一体化程度的不断提高而提高。在转轨国家,存在金融资产单一和金融产品创新不足的缺陷,货币市场与资本市场发展不平衡并不能相互适应,资金在一头集中的现象时有发生,由于连通机制不畅,导致资金在两个市场间的流动存在梗阻。加强金融市场各子市场间的协调发展,加强适度的金融创新,让资金在不同市场间合理、充分地流动起来,是化解金融风险和防范金融危机的重要过渡安排(当然,建立信息披露制度也是实现金融市场协调发展的重要安排,这里暂不作重点讨论)。

第一,加快利率市场化改革步伐,完善货币市场和资本市场的市场形成价格机制。

资金是沟通货币市场和资本市场[①]之间的客观联结因素,资金的循环运动则成为这两个市场联结的内在运行机制,金融市场的有效性,常取决于资金在各个市场之间的有序流动性。资金(或金融资源)的价格(或报酬率)则外在地表现了(或度量了)这种内在机制,

---

① 这里的货币市场和资本市场分别指称短期金融市场和长期金融市场,具体内容我们在金融中介体系和金融市场结构部分作过论述。

货币和资本的价格通常用利率①来度量。货币市场的利率是短期利率,资本市场的利率是长期利率。大多数情况下,长期利率高于短期利率,其差额是一个正的时间差溢价补偿。② 当市场利率发生变化时,金融市场的短期利率和长期利率通常将同步变化,其变化的关联性大小主要取决于金融市场和利率体系的市场化与一体化程度。然而,货币市场利率在金融市场中占据重要的地位,这个利率是一个敏感性很大的金融工具,并在很大程度上决定着其他一切金融资产的价值变动。这是因为,货币市场是资本市场发展的前提和基础,它对资本市场的发展十分重要;完善的货币市场能够协助、促进、补充资本市场较好履行其资源配置功能。资本市场要形成一个合理的价格形成机制,必须要有一个市场基准利率作为参照系,而这个基准利率的形成有赖于货币市场的发展,其中货币市场发展的一个重要方面就是要完善银行间同业拆借利率、银行间债券回购利率、票据贴现利率、债券发行利率等方面的市场化,使利率成为货币政策在货币市场上的重要传导中介。如当货币市场市场化程度提高而资本市场得到发展,那么,中央银行通过对短期证券市场资金供求、短期利率的影响可以间接影响中长期债券利

---

① 一般的,人们通常用各种信用工具(如各种贷款、证券)的到期收益率来分析利率的各种表现形式。所谓收益率,是指使得信用工具在未来收入的现值与其今天的价值相等时的利率。

② 按照希克斯的流动性偏好理论,长期利率是短期利率与流动性补偿之和(即流动性补偿是放弃短期而增加对长期信用工具持有,因流动能力减弱的风险补偿)。按照区间偏好理论,大多数投资者对持有短期债券存在较强偏好,只有加上一个正的时间溢价作为补偿,投资者才愿意持有长期债券;该理论还认为,当短期利率较低时,投资者预期未来短期利率水平将高于现行短期利率,如果再加上一个正的时间溢价,长期利率将明显高于现行的短期利率;相反,如果现行短期利率超过正常水平并达到很高的程度,投资者预期未来利率水平将下降,未来短期利率水平将低于现行短期利率,即使再加上一个正的时间溢价,长期利率将低于现行的短期利率。

率或股票市场收益率。

第二,要采取非均衡和均衡相结合策略发展资本市场和货币市场,以便形成具有竞争性和替代性的金融市场体系,[①]其中,债券市场成为货币市场和资本市场协调发展的关键。

所谓均衡发展就是要同步推进,强调发展的统一性和相互适应;所谓非均衡就是整体和部分市场在发展思路上分别要有先后次序,突出重点。在资本市场方面,优先和重点发展债券市场和银行信贷市场等债权市场,适度控制股权市场的发展,待债权市场得到一定规模的发展,资本市场结构转向多元化和均衡的发展模式。在货币市场方面,优先和重点发展银行同业拆借市场,加强拆借市场创新(如既要发展信用拆借,还要发展抵押拆借),因为它能够敏感地反映货币市场上的资金供求关系,是影响市场利率变化的非常重要的市场;然后渐次转向短期证券市场(商业票据、短期政府债券[国外通常称为国库券[②]]、银行承兑票据、大额可转让存单、回购协议等)、贴现市场等其他类型的货币市场。但是,对于市场经济不健全的转轨国家,加强发展一个成熟的债券市场和银行体系在金融市场中占有重要的地位,这也是符合这些国家经济发展实际需要的现实选择。这是因为,一方面,银行体系为融资者提供中短期资金和再贴现业务,有利于加速资金在不同市场的转换和提高资金的周转率,而且银行体系(主要是银行的支付清算系统)也是其他市场许多交易和结算得以顺利完成的基础和重要中介。另一方面,成熟的债券市场为融资者提供长短期资金。其中,企业债券市场主要为企业

---

① 孔祥毅等著:《百年金融制度变迁与金融协调》,北京:中国社会科学出版社2002年版。

② 一般由财政部发行的短期政府债券成为国库券,而中长期政府债券为公债,但在我国只要是财政部发行的政府债券,均俗称为国库券。

提供长期融资；国家长期债券市场是具有较高信誉等级的市场结构，其资金主要用于溢出效应较强的基础产业和基础设施的投资；国家短期国债又被称为现金和存款之外安全性和流动性最高的金融资产，不仅常被作为代替现金的"流动性资产"来持有，而且其利率还是影响其他金融资产利率决定的重要基础因素。因此，重视发展债券市场，不仅为投资者提供不同风险偏好的资产组合，也为筹资者提供了长短期搭配的融资组合，即既防止了过度集中于银行体系的流动性风险，也挤出了股市泡沫并优化了股市空间，从而使债券市场成为转移和分散金融风险过度集中于货币市场和资本市场的缓冲地带（在一些转轨国家金融风险主要集中于银行体系，而在一些国家主要集中于股票市场，或者两者兼有）。

第三，加强金融工具的创新，开拓这两个市场的投融资途径，是实现货币市场和资本市场协调发展的重要选择。

从国际迅猛发展的金融创新实践看，金融工具的创新实质上是不断加强了资金在货币市场和资本市场的转换能力，并日趋提高这两市场的协调能力和一体化程度。因此，加强金融工具的创新，对于转轨国家实现金融市场的协调发展意义重大。一方面，它为投资者和筹资者提供了多样化的资产组合和融资组合，同时，兼顾了双方对风险和收益的权衡，转移和分散了金融资产过度集中的风险，实现了金融市场的均衡发展。不仅如此，金融工具的创新还具有更为深远的金融学意义，它的创新引发了金融市场的创新，催生了新型市场的建立（如金融衍生市场的建立，既有规避风险的功能，又有投机功能，而且这个市场的金融工具流动性大，透明度高），扩展了市场体系的活动空间；它的创新也引发了金融机构的创新，拓展了原有金融机构跨市场的业务能力，又滋生了一体化程度更高的新型金融机构，这更加强了短期金融市场和长期金融市场之间的联系和增加了协作的新渠道。当然,金融工具的创新也引发了金融经营管理理念和手段的创新。

目前,转轨国家可以尝试进行以下金融工具的创新。货币市场基金作为一种成熟的金融工具(当然也是一种新型机构),是一种兼有货币市场和共同基金的新型复合基金形式,它通过向大量中小投资者出售股份获得资金,并用其投资大量高流动性的货币市场工具或者向资本市场注入资金;它又是一种生息存款,客户可按其股份价值签发支票,这与存款机构相类似。金融公司作为一种新型机构,主要是对不同金融工具的组合性使用(即通过发行商业票据、股票、从银行贷款获得资金,然后对个人和企业分别提供数量和期限不等的贷款),也可以近似看做是金融工具的创新,它们有时发挥类似货币市场的功能,有时又发挥资本市场的功能,并能实现资金在不同期限市场的转换和流动。像国际金融市场上比较成熟的期货、期权、互换等衍生金融工具,它们是远期性买卖合同(既有一年之内期限的,也有超过一年以上期限的),到期日之前可以随时被相互冲销(即具有短期的灵活性);它们是在金融原生资产如股票、债券、外汇、不同期限的某种利率为标的物的基础上派生出来的新的金融工具,而且,金融衍生资产与其原生资产存在密切的联系;二者价格之间的相互影响非常大,特别是期货价格和其原生资产的现货价格具有很强的趋同性,由于期货市场近似于完全竞争市场,其价格较为真实地反映市场的供求状况,因而期货市场对金融资产现货具有很强的价格发现功能。可见,衍生工具的出现将货币市场和资本市场有机地结合在一起,是金融市场协调的重要途径。还有按照市场利率进行调整的长期贷款和长期债券、银行信贷资产的证券化以及浮动利率长期存款证。这些新型金融工具,既兼顾了长期资产的稳定性,适合作为资本市场的交易工具,又有短期资产的灵活性,适合作为货币市场的交易工具,同时也实现了这种金融工具在特定条件下在两市场间的相互转化。而且,将期限较长的资本市场工具以短期或浮动利率计算,还回避了资本市场风险。还有一些如认股权证、可转换债券(即赋予债券持有人在一定条件下将债券转换为普通股股票的权力)、股票存托凭证等较为成熟的金融工具也会相应的引入。当然,我们在强调金融工具的创新和多样化的同时,也忽视金融工具之间的协调搭配,所谓的"不要把鸡蛋放在同一篮子里",这就是资产组合理论揭示的道理。

五、开放经济条件下金融市场的协调

以上分析,基本没考虑开放经济这一外部因素。其实,在开放经济条件下,国内金融市场各部分间的联系变得更为复杂,因为一国金融市场面临着与国际金融市场的协调问题。加强国内和国际的协作配合,对于缓减金融风险和金融危机意义重大。

(一)改革贸易结算方式,加强金融合作

改革贸易结算方式,能够有效地降低国际贸易中的金融风险。为降低金融风险,在贸易结算领域俄罗斯与其他关系密切的贸易国协商制定风险度较低,双方均愿接受的结算方式。随着全球金融危机的扩大,这种金融合作更显得重要。俄罗斯副总理茹科夫2008年10月27日说:"为了将全球金融危机对我们经贸关系造成的影响降至最小,中俄两国将在相互结算中使用本国货币。"茹科夫解释说,实际上,中、俄毗邻的一些边境地区已经开始使用本国货币进行结算。中、俄双方正准备加快这一合作进程。2008年11月27日,俄罗斯总统梅德韦杰夫在加拉加斯举行的新闻发布会上表示,俄罗斯联邦与委内瑞拉在今后的相互结算中可能使用本国货币,以此来减

少用美元结算带来的不利影响。据悉，2008年前8个月俄罗斯与委内瑞拉双方以本国货币计算的贸易额为7.72亿美元[①]。

(二) 合理安排金融市场化的顺序

协调好金融市场化与金融开放的顺序是防范外部金融风险的基础性安排。

首先，转轨国家国内和国外金融自由化的协调。金融自由化包括国内金融自由化和国际金融自由化，国内金融自由化是国际金融自由化的前提和基础，这是融入金融全球化进程中首先要协调的问题；没有国内金融自由化（转轨国家的自由化同时也是在推进本国的市场化进程）的完善，国际金融自由化就缺乏坚实的基础，并可能招致更大的外部冲击。国内金融自由化要解决和完善利率体系的市场化以及信贷管制问题；国际金融自由化解决资本项目的控制程度和外汇兑换限制问题，其实主要是经常项目和资本项目的开放问题。根据大多数国家的实践经验，国际金融自由化能否成功和取得良好的绩效，受该国国内生产、贸易和金融等条件的约束，也就是说，完备的国内生产体系、能够形成竞争优势且独立性较强贸易体系（即使实现了外贸自由化亦如此）、成功的国内金融自由化，是形成国际金融自由化绩效递增的关键。一般情况下，那些国内经济和金融市场化环境较好的国家，能够免受或经受住经常项目和资本项目开放给国内经济造成的冲击。这方面经典作家的结论值得深思。哈森（Hason，1995）认为，随着国内经济环境的调整，首先开放经常项目，这样更有利于维持经济的稳定，而稳定和良好的国内经济和

[①] 《梅德韦杰夫：俄委在相互结算中可能使用本国货币》，http://www.86007.net/

金融条件,这是资本项目开放的前提。①

其次,合理安排好资本自由化的开放顺序。大多数国家的经验是首先实行经常项目的可兑换,然后放开资本项目。在资本项目开放顺序上,先放开长期外国直接投资(因为直接投资多影响可贸易产品的供求关系,对实际汇率升值影响相对小,资本逆转性差),后放开证券投资的限制(证券投资是价格多变的金融性产品交易,具有较强的逆转性,更易诱发金融危机),再逐步放开对短期资本的流动限制;在证券投资开放方面,先放开股权证券投资,再开放债权证券投资,最后才开放衍生品工具投资;在资本流出入中,先开放资本流入,后开放资本流出;在直接和间接资本管制上,先放开直接投资的管制,再开放对间接投资的管制。当然,资本项目本身的开放顺序是一个受政治、经济、金融等多个因素影响的综合性问题,以上仅提供了常规性的安排,在实践中要将这个问题放在整个经济体制、金融体制改革中综合考虑,特别是随着既有条件的变化,既有的安排可能要做出动态的调整,在具体的时间安排上,要以各国具体情况而定。

最后是国内利率体系的市场化改革顺序。它不单是金融领域的局部改革问题,也是金融体制甚至是总体经济体制改革进程的全局性、战略性的一环。根据国际经验(如韩国先放开短期利率引致银行与企业举借大量短期外债从事长期投资),利率市场化改革顺序失误,容易诱发货币和金融危机。在利率市场化改革顺序上,先外币后本币,先贷款后存款,先长期后短期;先流通市场放开,然后发行市场。因为先放开外币利率是因为外币利率调整取决于国际金融市场,如再限定外币利率会使转轨国家商业银行由于经营外币

---

① 易宪容、黄少军:《现代金融理论前沿》,北京:中国金融出版社2005年版。

业务而处于被动地位。贷款利率率先扩大浮动幅度,后全面放开,存款利率先放开大额、长期存款利率,后放开小额和短期存款利率。先贷款后存款是因为吸纳存款是商业银行盈利重要源泉,一旦放开存款利率,缺乏约束力的商业银行容易采取高息揽储,出现恶性竞争。先放开长期利率,后放开短期利率,有利于控制商业银行的流动性风险,使商业银行与企业资金来源趋于长期化。① 此外,对金融参与主体的自由化顺序上,先放开对金融中介机构的管制,再放开对非金融中介机构及居民个人的管制。

六、国际资本流动条件下转轨国家保障金融安全的对策

首先,要增强转轨国家金融机构自身抵御国际资本冲击的免疫力。为此,要进一步深化金融改革,营造健康的金融生态环境。要加快建立完善和有效的货币政策调控体系,实现利率、汇率等金融工具的市场化运作;加快推进金融机构改革,使其真正形成"自复制"、"自组织"、"自适应"等自组织机制;强化金融机构资本充足率和资产质量及资产收益率,增强银行业总体实力和抗风险能力;推进金融创新,稳步发展金融衍生产品市场,增强国民经济应对外部冲击的弹性;深化国内投融资体制改革,逐步降低经济增长对外资和出口的依赖。

其次,在健全的法律框架下构建完善的防范短期国际资本流动的金融监管体系。建立完善和有效的金融风险预警指标体系,能够对金融危机的前兆做出分析,实施国家对金融运行的全面监管。这里主要包括综合微观审慎指标和与国家的政治经济等密切相关的

---

① 刘明:《转型期金融运行与经济发展研究》,北京:中国社会科学出版社2004年版,第33页。

宏观指标；完善国际收支统计监测预警机制和外汇账户系统，实现对全口径外汇收支的全程监控、及时预警；完善对外商投资、外债重点单位的定点监测，及早预见境外资金流出流入方向，防止非正常资金通过企业跨境流动；加强本国银行债务结构、币种的搭配监管；加强对境内外资银行的监管，有效管理境内外资银行同境外关联行的资金交易，防范境外"热钱"通过境内外资银行的境外关联交易流入境内；强化个人携带外币现钞入境和个人境内外币提钞管理。①

再次，制定转轨国家政府与其他国家或国际金融机构联手防范国际资本流动逆转的应急预案。开放经济条件下，国际资本的流动、利率、汇率、证券价格、相应的衍生工具间形成关联性较强的传导机制，并将外汇市场、货币市场、股票市场、期货市场等各部分连接起来（它们的关联性随着开放度和一体化而提高）。转轨国家的金融市场越来越多地与国际资本市场发生联动，虽然国内资本也流入国际资本市场，但大量的资金是国际资本对转轨国家资本市场和衍生市场的投资。国际投机资本的冲击由于突发性强，单靠一国或某一地区的能力往往难以应对，政府与国际金融机构利用开放经济中金融市场的关联传导机制联手反向干预外汇市场、货币市场、证券市场、衍生市场，是克服金融危机的一种有效安排。

最后，加强金融监管的国际合作，完善资本流动的国际监控。加强地区与国际金融机构间的协调配合对一国防范国际传导性金融风险显得尤为重要。俄罗斯在参与国际金融监管合作和协调方面起步较晚，因而往往在防范国际传导性金融风险时显得束手无策，延误了金融风险及时治理的最佳时机。因此，加强金融监管的国际合作与协调，将本国的监管上升为监管国际化的水平，是化解

---

① 罗斯丹：《国际资本流动传导机制研究》，载《当代经济研究》2009年第1期。

本国金融风险的重要选择。这方面的国际合作包括：完善国际金融统计，加强会计与信息披露的国际合作；加强与发达国家的合作与交流，加强对跨国金融机构或跨国经营业务的国际监管合作。目前，俄罗斯提出在独联体国家建立区域性金融中心，试图加强独联体国家证券市场的相互联系，通过加强金融合作，构建金融发展与金融安全的新渠道。

此外，转轨国家在非常时期采取适当的非市场化手段，适度保留控制资本流入的权利和在发生危机时控制资本流出的权利，也是非常必要的。在迈向金融自由化的道路上，俄罗斯的经验教训值得我国借鉴。

第七章

结论与建议

一、要从"互动论"视角研究转轨国家金融市场化制度安排

金融自由化或市场化是金融全球化趋势的重要表现之一,也是金融全球化趋势快速发展的重要原因之一。在 20 世纪 90 年代之后,金融自由化作为不可逆转的潮流继续向前发展。进入到 21 世纪,经济全球化特别是金融全球化与转轨国家经济以及金融自由化改革的联动关系和传导机制的作用更加明显。通过以上分析,我们得出以下结论:

一是必须在金融全球化互动影响的逻辑框架下研究转轨国家金融转轨和金融发展问题。金融全球化与经济转轨国家的经济和金融存在着一种互动关系,二者之间具有内在的逻辑一致性。这是因为,转轨国家的金融自由化已经成为世界金融自由化潮流不可或缺的重要组成部分。没有包括中国在内的转轨国家的参与,金融自由化实际上还不具备全球意义。正是由于转轨国家不断扩大金融开放和密切与国际金融组织的联系,从而对全球金融自由化起到了推动作用。如果金融自由化影响或损害了转轨国家的经济和金融

发展,也必将影响到金融全球化的发展;如果转轨国家顺利融入金融全球化进程,并能获得较大的收益,这对金融全球化的可持续发展和金融一体化进程的推进将是极大的贡献。如金融全球化改变了国际金融机构的经营模式,促使转轨国家实行经营制度的变迁,即由分业经营向混业经营转变成为构建未来金融体系经营模式的发展趋势;同样,随着更多的转轨国家实现了金融经营模式的转变,这必将推动全球金融经营、金融监管、金融创新的进一步发展。金融全球化推进转轨国家参与区域经济、特别是区域货币合作构想并积极付诸实践,而随着更多的转轨国家参与到或建立起区域性货币集团,实行区域性金融协调监管,那么全球金融监管协调也将变得可能。但转轨国家的金融开放对全球金融自由化进程的影响作用还是有限的。因为大多数经济转轨国家参与金融全球化的一些基本配套条件并不完全具备,如商品的竞争力低下和缺乏合理的经济结构、金融市场基础设施不完善(结构不完善、投资主体不完善、投资工具不完善、通讯和支付结算系统不完善、缺乏高水平的金融专业人员)、缺乏公正有效的法律体系和有效的金融监管体系、缺乏完善的收入分配和宏观调控体系、与世界接轨的安排得当的金融政策,等等。这些条件既制约了转轨国家试图利用国际市场发展本国经济的可能性的扩大,也限制了其对全球金融一体化进程的影响力度。

二是金融全球化这柄"双刃剑"决定了金融市场化制度安排是转轨国家重要的研究课题。一方面,金融全球化给转轨国家带来实际利益,带来本国经济和金融发展的各种便利条件和机遇,特别是为转轨国家经济发展创造了解决人才、技术、市场、管理体制等方面瓶颈障碍的机遇。同时,金融全球化和金融自由化迫使任何一国不能游离于国际生活之外独立存在,而是要从长远之计考虑参与金融自由化进程,并制定科学合理的金融自由化制度安排。这就使得转轨国家不仅要采取短期措施实施金融市场化,更要从战略高度推进金融市场化的实施。从这一点看,全球金融自由化能够在很大程度上推进转轨国家实施金融自由化的可持性发展。为此,转轨国家围绕提高金融自由化的可持续效应,将从提高劳动生产率和降低单位劳动成本上下工夫,这必将带动转轨国家经济结构调整、加强科技创新以及加强金融基础设施建设等问题。另一方面,金融自由化给转轨国家带来诸如资本外逃、本国资源被掠夺或控制、引发金融风险等不利影响,也为转轨国家金融市场、金融经营管理、金融企业产权制度、金融人才竞争、规模和技术创新能力以及国家金融安全等诸多方面带来的挑战不容忽视。特别是由于较长时间内"中心和外围"(或称"边缘和半边缘")构成格局难以改变,转轨国家与全球金融市场主导者的发达国家的地位是不对等的,由此决定了转轨国家融入金融全球化进程依然面临着严峻的挑战。金融全球化与转轨国家的金融自由化成为一种不可逆转和进一步强化的趋势,转轨国家不同金融主体必然要应对金融自由化的挑战。

鉴于此,转轨国家的金融对外开放要有步骤地实施,并要随国内外经济社会环境的变化调整金融市场化的具体政策与制度安排,同时,还要选择恰当的时机加速推进金融制度变迁。否则,像俄罗斯那样在本国宏观经济形势严峻、资本市场发展尚不成熟、市场法律法规不够健全、缺乏相应的风险防范和抵御措施的情况下盲目选择激进的方式对外开放资本市场。如一开始就允许外资进入国债市场;一开始就对境外金融机构不加选择、不加限制的开放。在短短的时间内,外国金融机构和国际游资大举进入俄罗斯,利用俄罗斯政金融自由化改革本身的偏差和不完善,在金融市场上大肆炒作。结果是不但没能达到吸引外资的预想目的,反而助长了投机行为和资本的大量外逃,并给国家经济的发展造成不可估量的损失。据俄罗斯经济学家梁赞诺夫(2000)的研究,如果俄罗斯政府在1990年代政策安排不出现差错,那么其大部分外逃美元约500~1 000万将滞留在俄罗斯,能够补充到国家的外汇储备中[①],这对稳定国家的经济金融形势起到重大的作用。因而,如何在金融全球化进程中审慎稳妥地推进金融体制改革,在加速金融自由化的同时提高金融监管的有效性,防范金融风险;如何正确选择符合本国国情的金融改革和金融创新的有效路径,制定参与全球化进程的应对之策,充分利用好金融全球化的优势,规避其不利影响,这是经济转轨国家面临的新课题。

二、要兼顾好本土化与国际化来处理经济转轨国家的金融制度安排

所谓兼顾本土化与国际化,就是既要考虑本国的国情,又要敏锐地追踪金融全球化发展的最新趋势来处理经济转轨国家的金融制度安排。

以中国和俄罗斯证券市场的发展为例。俄罗斯证券市场的发展尽管存在一些问题,但在走向国际化方面却走在中国的前面。俄罗斯在改革之初就提出要放开汇率,实现卢布的可兑换。从1993年开始中央银行就开始采取信贷拍卖的方式分配信贷资源,逐步使利率基本由市场资金供求决定,最终实现利率市场化,而利率市场化是一国货币自由兑换的前提。一国货币的可自由兑换、金融管制的放松正是证券市场国际化的必要条件。俄罗斯证券市场的发展正是按照国际化的进程推进的。俄罗斯发行国债的最初就允许外国

---

① 程恩富等主编:《中俄经济学家论中俄经济改革》,北京:经济科学出版社2000年版,第35页。

人自由买卖,并规定其认购量不能超过发行总名义量的10%。股票也允许外国人自由购买。俄罗斯政府还在1996年11月和1997年3月两度发行欧洲债券融资,并获成功。各地方政府也相继发行各自的欧洲债券。1997年,俄罗斯在国际证券市场上成功地发行了30多家本国公司的股票,方式有:美国一级、二级、三级存款清单,全球存款单(英文简称CD),可转换的欧洲债券,等等。俄罗斯由于国内经济体制和企业私有化的加快,政府颁布了新的措施,进一步完善了股市交易的法律框架。目前俄罗斯股票的兑现能力和融资规模都得到了提高,国外投资者都普遍看好俄罗斯的金融市场。特别是俄罗斯政府专门讨论和制定要将莫斯科市建成国际金融中心的远期发展规划,此项举措是想努力把莫斯科建成世界金融中心,确立其作为国际证券交易中心的地位。它所具有的影响和意义将是深远的。

相比俄罗斯,中国在这方面的发展有些迟缓。这表现在:人民币尚未成为完全可自由兑换的货币。金融管制还处于严格的阶段,资本项目还没有完全放开。我国的证券市场国际化的表现仍然局限于国际筹资和国内B股的交易方面,而且交易规模小。而俄罗斯从转轨伊始,特别是在普京执政后的近几年来,俄罗斯积极采取措施,发展民族资本市场,以便及时融入全球金融体系。从这一点来说,我国必须认清当前形势,利用入世的有利环境,克服中国证券市场国际化存在的障碍,在条件许可(主要是金融市场安全)的情况下,推动人民币在资本项目下可兑换。根据中国加入WTO协议,结合吸收外资,制订证券市场开放的时间表,力争将证券市场国际化的不利之处降至最低。

此外,在融入全球化的进程中,俄罗斯证券交易所的上市程序安排值得中国学习和借鉴。这主要是俄罗斯证券交易所的上市程序安排与西方接近,股票市场不是统一的系统,股票上市完全是市场行为,这有利于尽快建立起符合市场经济规范的资本市场体系。转轨初期,俄罗斯曾有几百家股份制商品和证券交易所建立。1997年俄联邦证券委员会规定了最低法定资本要求,许多小的证券交易所关门或合并,目前只有11家专门从事证券业务的交易所。在俄罗斯,股票发行是企业行为,受到的限制不多,完成发行登记即可在社会上公开认购,不需要联邦证券委员会审批,但上市流通却有严格要求。与中国不同,俄罗斯的联邦证券委员会只负责股票市场的监督,不对股票上市资格实行审批制。与西方市场经济国家相同,股票在交易所上市完全是交易所出于企业行为,交易所自己制定上市程序,把握生杀大权,因责任重大,各家交易所都有一套严格的上市程序。不过因为上市条件不尽相同,在这家交易所没有获得上市资格,也可以在其他交易所挂牌。正因为这样,虽然俄罗斯有较多的股票交易所,但真正能上市、具有高流动性的股票却屈指可数。在俄股票市场上有两种股票,一种是高流动性股票,也称为蓝筹股,只有电力、天然气、石油、银行、采掘工业等大公司的股票能够进入该行列;一种是被称为第二梯队股票,但真正上市流通的只有几百家。不过,在俄罗斯证券交易所,即使没有获得上市资格的股票也可以进行交易。

三、不断完善转轨国家证券市场发展的制度建设

(一) 建立外国投资者对证券市场投资的新制度

在证券市场比较发达的国家,非居民即外国投资者是证券业务的重要参加者,也是国际资本转移的直接参与者。因此,在转轨国家未来的证券市场发展中,外国投资者的作用会增大。实际上,近

一个时期外国投资者在俄罗斯等转轨国家证券市场上的投资比重有增大的趋势。另一方面,外国投资者也会给证券市场带来风险甚至是危机。例如,俄罗斯1995—1998年所发生的危机,许多情况下都与外国投资者的投机有一定的关系。俄政府也难辞其咎,因为政府并没有对外国投资者从事的俄有价证券业务采取有效的管理措施。因此,加强证券市场管理,采取有效措施将更多的外国投资吸引到证券市场中来,成为今后证券市场发展的重要任务之一。鉴于此,转轨国家对外国投资者进入证券市场要有明确的法制化和制度化安排。允许外国投资者参与证券市场的投资,但要对外国投资者从事股票和债券业务加以限制。为了提高证券市场运行的稳定性,必须建立证券市场经济安全的警戒体系,这对于证券市场的发展和风险防范具有重要的意义。这一临界值在证券市场上起着极其重要的作用。经济安全指标的临界值是指限定证券市场安全与危险区间界限的数量参数。[①] 如根据马斯特里赫特条约,内债的规模应控制在国内生产总值的30%以内,设立短期总成交量和短期债券成交量的临界值,对外国投资者向衍生证券的投资规定不同的比值容量,应当在临界值范围内对投向证券市场的外国投资规定不同的限额;对资金和债券的短期成交量做出不同的规定。当前,中国资本市场的发展已进入了一个关键性的阶段。为了适应金融全球化的需要,我国正在研究A股市场对外开放问题。应积极吸取俄罗斯资本市场对外开放的教训,在内部做好充分准备的同时,制定具体的开放条件和步骤,对欲进入的外资进行严格有效的审查,制定和完善相关的管理配套措施,将风险控制在最小范围之内。

---

① [俄]弗·先恰科夫主编:《俄罗斯国家金融战略的形成》,莫斯科事业出版社2004年版,第216页。

(二) 完善股票市场和债券市场发展的相关制度

一是关于公司债券市场的发展。由于公司债券与实体经济部门紧密相关,因而转轨国家要重视公司债券市场的发展。从目前的情况看,需要建立和健全有效的公司债券配销机制,从而保证公司债券的顺利发行。另一项重要措施是完善有价证券税法。为鼓励中等企业发行公司债券,建议取消发行税,开征证券交易税。构建集中管理、统一监管、规范运作的公司债券二级市场及其运作体系。二是进一步促进股票市场的发展,相关部门要出台相应的措施,包括进一步开放股票市场;降低股票中介费用;完善股票交易的税收;提高非居民资本占股票市场总量的比重;建立承销股票的经纪人制度,使其在股票发行时能有效从事中介人业务,等等。三是建立本国等级评定机构。债券等级评定应该按时公布大量资产信息,应该在专门的互联网网站反映出来。政府财政部应承担起建立等级评定机构的责任。四是应采取措施来完善证券市场的调控体系:进一步发挥央行在证券业务方面所应发挥的重要作用,如在不稳定时期应改变证券市场上中央银行向商业银行短期销售债券的利率;建立债券市场的经纪人制度;保证财政部增发最具信誉度的债券等。

四、加强完善转轨国家银行体系发展的制度建设

转轨国家银行体系发展的制度建设就是要提高银行体系的稳定性和银行部门运行的效率。银行部门发展的具体目标是:保护银行存款人和债权人利益;加强银行的公司化治理和完善内部监管,提高银行部门的业务效率;提高信贷组织的竞争力;防止利用信贷机构进行虚假性的商业活动(如通过非法途径获得的收入合法化即洗钱行为);营造良好的竞争环境并且保障信贷机构业务的透明性;

加强投资者、债权人和存款人对银行部门的信任。解决银行部门发展问题,在很大程度上需要国家为银行体系的发展创造良好的立法环境、制度和业务环境、税收条件,需要完善银行业务调控和银行监管体系,个别国家需要保证存款保险体系的有效运行(没有建立存款保险体系的需要加强该制度的建设)。

第一,加强银行业立法保障方面的安排。首先必须根据国际规范创造信贷机构运行的立法条件,尤其是符合巴塞尔委员会银行监管方面《银行有效监管的主要原则》的有关规定。包括:加强债权人的权力,首先是他们的抵押保障要求权;完善撤销业务许可证的银行机构的法律清偿机制;加强银行领域内竞争和防范银行活动行为立法机制建设;简化信贷机构并购程序;要将信用档案体系纳入法制化轨道;加强信贷机构非法行为的法律监督;完善银行业务的税收体系;要使本国金融业务指标基本上符合国际金融报表的标准。

第二,发展金融基础设施,创造良好的金融竞争环境,巩固银行业的市场秩序。要创造更加良好的条件发展银行服务市场的基础设施,特别是地区性银行服务市场的基础设施;建立征信局,完善社会信用体系;建立符合国际标准的银行间结算体系;要关注存款保险体系的构建或运行;保证银行机构业务的公开性和透明度,特别是银行所有者(股东、参与者)结构的透明性;审计的标准要按照国际审计标准来贯彻执行,提高审计业务的效率和质量。

第三,完善银行部门的结构。这项安排能够有效的促进银行部门在经济中的作用,促进其高质量地履行储蓄转换为信贷和投资的职能,促进银行业竞争的发展。优化银行部门结构,首先要从根本上加快银行机构的重组,这种重组不能简单局限于同业的合并,而是向更高层次的银行、保险、证券、信托等跨行业的强强联合、优势互补型的重组发展,甚至形成跨国金融集团。为此,要修改和完善立法,有效执行法律规范,为银行机构的合并、兼并建立更加良好的条件。合理建立地区银行的分支机构,扩大银行服务。按照货币银行学理论,银行部门发展在很大程度上取决于各地区银行网络机构发展状况,因为地区信贷机构的发展进程关系到银行的业务活动。在这方面,俄罗斯除了储蓄银行拥有发达的分支网络机构,其他大型银行的分支网络体系薄弱,这大大制约了俄银行业务的发展;而且,俄罗斯银行区域分布不合理,多数金融机构分布在大城市,并主要集中在俄欧洲区域部分,整个西伯利亚、远东地区设置较少,地区范围内金融资源的配置非常不合理,也不利于区域经济的均衡发展。鉴于此,俄联邦政府和俄罗斯中央银行在采取措施保护银行服务市场竞争的同时,也要为各地区进行的银行业务创造条件,即鼓励各地区,尤其是中、东部地区创建新银行以及地区大型银行设立分支机构,扩大银行服务,保证地区范围内金融资源的均衡配置。同时,俄罗斯中央银行和当局相关的执行机构,修改法律文件,简化信贷机构开设和登记分行的手续,取消信贷机构开设分行国家的税务征收。同样,对于中国西部大开发和东北老工业基地的振兴,也要有金融先行的发展思路,为此,在这些地区的银行机构配置上也要做出政策倾斜和制度上的类似安排。

第四,健全金融机构的风险管理。提高银行业操作中的风险管理效率,包括一系列技术风险和安全风险。一是要严格贯彻国际《银行业有效监管核心原则》对银行业全方位监管的思想,加强对银行业全方位的风险监控,从银行开业标准、业务范围的严格审批,到审慎监管,确保银行执行合理的发展方针、业务程序、直到建立管理信息系统和风险防范系统等多方面的风险监控,并将其贯穿于银行运行的全过程。二是为了提高监管的有效性,必须建立合理的银行业监管法律体系,监管机构和被监管机构都必须受到法律的制约,只有这样才能提高对信贷机构外部监管的效率。三是银行业务发展和降低银行经营风险的重要条件是增加银行的自有资本、改善银行资本的质量和保证银行风险资本偿还的充足率,为此有必要将资本充足率要求确定在10％的水平上,未达到规定的资本充足率并且充足率程度很低的国家可以采取并购的方式召回银行业务的许可证。四是通过"以外促内"强化银行对信贷风险、清偿风险的自我调控。随着金融业务的日趋复杂,外部监管的有效性受到制约,何况,外部监管只有建立在有效的内部运行监控机制的基础上才能充分发挥其监管效力。为此,央行和监管当局一方面要密切注视信贷机构内部管理和控制系统的运行情况,随时发出预警报告,督促其提高内部监管体系的效率;另一方面中央银行要完善信息强制披露制度,落实透明度原则,强化外部约束机制。根据情况划分信息披露等级,及时而准确地披露法律所规定的信贷机构业务问题方面的信息,包括信贷机构金融状况等,确保投资者的知情权得到落实,进一步提高公司治理体系透明度。根据经验,在保证信贷机构活动透明度、加强市场秩序、完善公司治理和内部监管体系时,外部审计起到很大的作用。

  第五,国家参与金融机构活动的制度安排。对于金融机构,国家在宏观制度安排上主要做好以下工作:一是国家要保证调控和监管银行以及银行信贷行为立法的不断完善和法律的有效执行,国家要根据金融机构面临的风险性质和风险管理的质量,采取相应的风险监管预警防范措施,保证预警体系运行和信贷机构业务综合评估体系的实施,包括风险管理质量和内部监督的评价,等等。同时,要防止银行部门从事洗钱等违法业务和不正当的交易。二是除了法律规定的情况外,国家基本不干涉信贷机构正常的业务活动,不允许给个别信贷机构和它们的客户提供特权。三是在金融市场上国家要严格执行反垄断法和鼓励竞争的原则。四是严格控制现行调控和监管体系下对银行征收的费用额,不允许对银行征收额外的费用。

在微观参与方面,在市场经济环境下,国家参与金融机构资本趋于降低。但是,对于转轨国家来说,国家从金融机构的资本股份中退出不应该对银行部门的稳定性造成不良影响;另一方面,为了有效地履行国家规定的任务,维持国家在这些信贷机构总资本中的一定份额是必要的。因此,考虑到转轨经济的特点和银行部门稳定性程度的重要性,国家在一定条件下对银行资本追加投资是必要的,尤其是在外资和私人资本无力和不愿投资的情况下,国家参与某些银行的资本是负责任的行为。此外,为了实现特定的政策目标,要进一步完善政策性金融机构的建设,在俄罗斯主要是完善俄发展银行和俄农业银行。这些银行的功能主要是为特定的非金融经济部门提供中长期信用。政策性金融不以盈利为目的,它主要为商业金融不愿达到的领域,如农业、中小企业、基础产业、区域发展等提供信贷。

第六,对外资参与银行业务的有关安排。外国资金的流入是转轨国家银行部门发展的重要因素。外资的参与给转轨国家银行服务市场带来先进的技术、新的金融产品,促进信贷机构公司管理素质的提高,促进信贷机构之间的竞争,促进银行业务的完善。为此,政府要采取以下政策措施:完善法律法规,保障外国投资者的权益;进一步修改法律,为居民和非居民参与银行部门资本创造平等的条件;简化信贷机构依靠非居民筹集资金的业务手续,尽可能保证其享有国民待遇。当然,对于那些扰乱金融市场状况和从事不正当业务的法人资本,特别是非居民资本不允许进入银行部门。同时,鉴于转轨国家目前银行部门发展的状况,我们以为,在转轨国家境内开设外国银行的分行还为时尚早。

第七,银行业务的国际化安排。为了进一步扩大银行的开放程度和增强银行的国际竞争能力,为此,要制定相应的规范化法令,将本国金融机构置于同外国银行平等竞争的框架下,如允许提供跨国银行服务,从根本上提高竞争力。同时,允许居民以外币形式在境外国家的银行开设账户。从一方面来看,可以更广泛地运用现代银行技术和新的金融产品,从另一方面来看,将促进银行业务质量的提高。

第八,加强银行信贷与实体经济之间形成良性互动的政策安排。一是发展消费信贷对于银行服务市场和经济发展具有重要意义。为此,制定保证消费者权益措施,规定消费者有权获得享有、运用和偿还贷款的条款真实而全面的信息,强化消费者权益保护机制;同时,预先规定一些措施来规避消费者不返还贷款所带来的风险。二是构建保障贷款人和存款人利益的法律基础制度,特别是完善破产人的财产抵押法律,简化和统一处理追偿抵押物品和保障债权人的抵押要求,完善财产和财产权登记体系。三是重视发展满足中、小企业融资的银行体系,简化小企业信贷手续,其中包括简化提供数额不大的贷款手续。四是要加强金融宏观调控体系建设,促使银行信贷为实体经济部门服务,保证宏观经济指标的预期实现。

五、俄罗斯金融自由化改革的启示

重新思考俄罗斯金融自由化改革的发展历程,无论对于俄罗斯还是其他转型国家金融体系发展都具有重要的启示。第一,重视银行体系的发展,对转轨国家的经济发展有重要意义。时至今日,转轨国家的金融市场普遍不发达,金融市场还很脆弱。在多数转轨国家依然存在着法律制度和市场体系不完善,信息披露存在严重问题,经济主体的信誉体系普遍不健全。在此情况下,借助于银行体系融资,在减少代理成本及最小化监督成本方面有优势,能满足不同层次部门对资金的投资需求,又能保证可靠的资金供应,尤其是满足中小企业的融资,同时,在扶植发展定型化、易于理解的传统产业方面有很大优势。因此,重视银行体系的发展,对转轨国家的经济发展是个有利因素。例如在俄罗斯,尽管金融体系的市场取向较为明显,但期待俄罗斯金融市场发挥有效的融资功能显然是不现实的。目前俄罗斯实体部门表现出对金融市场服务需求的低效率,尤其是数量众多的中小经济体更难以在其中融资,因而,通过发展金融市场为大多数中小企业融资的潜力不大。研究表明,近期只有为数不多的一些规模较大的公司有可能依靠金融市场来筹资。第二,加强资本市场的法制建设,尤其是加强司法独立保护,否则难以使资本市场平稳发展。尽管俄罗斯在 2009 年 11 月 25 日通过了证券和金融衍生工具交易监管条例修正法案,为金融衍生产品交易引入了标的资产,但并没有在 1 062 条规定下是否将享有司法保护,这也给法庭留下了解释的空间,也给衍生品合约的可执行性带来了不确定性。今后俄罗斯需要真正赋予联邦金融市场服务局独立的司法权,才能保障交易所交易的衍生品合约得到法律保护和享有追索权。第三,监管部门尤其要加强银行管理和监督效率,特别是要改善监管方法,增强各信贷机构的财务稳健性。在俄罗斯银行体系中,由于过度套利交易使外汇债务大幅超过外汇资产,成为 2008 年俄金融危机爆发的主要因素之一。俄银行外汇资产与外汇负债失衡反映出俄罗斯监管部门加强银行管理和改善监管方法尤为必要。为了改善银行业监管方法,俄罗斯联邦中央银行拟在 2009 年后要继续做好以下几方面的工作①：如在俄罗斯联邦中央银行和信贷机构外部审计之间建立一个合作体系，包括对信贷机构的信息共享制度。为了获得更实效的信贷机构监管信息，俄罗斯央行要把重点放在现场监管过程中来发现问题。主要是评估信贷机构的资产质量，包括贷款和类似债务的质量；评估信贷机构和组织的资产流动性及其流动管理效率；监督组织和进行现场检查的质量，包括监测正在进行的检查质量，并且及时接收中期检查结果的相关信息。这些做法值得我国监管部门高度关注。第四，建立统一清算中心来保障结算机制的有效运行有助于资本市场的健康发展。俄罗斯在没有相应结算保障机制情况下，交易双方就利用证券交易所交易系统签订债券回购合同，从而导致各类逾期债务风险的增加和严重的索赔权问题。以俄罗斯规模最大的交易所为例，在缺少对保证金交易风险监管的情况下，在莫斯科银行间外汇交易所股票市场上，股票回购交易比重很高。通过建立集中清算和回购交易保证金制很有必要，不仅可以提高结算可靠性，还可以对市场进行调节，使回购交易规模与市场资金相符合，保证金融市场的稳定运行。第五，俄证券市场在国内需求方面定位较低，这是其他转轨国家发展证券市场值得引以为鉴的。尽管2000年以来国际形势对俄罗斯非常有利，也仅仅是数十万国内投资者进入俄罗斯证券市场。俄罗斯证券市场没有挖掘出投资者潜力，也没有成为私人投资者实现长期投资战略的工具，这是俄罗斯证券市场的最大缺陷。从长期看，转轨国家证券市场竞争力提高只能依靠国内具有投资潜力的投资者，对此，证券市场发展战略的优先目标是夯实国内投资基础。第六，对转轨国家来说，必须建立起金融体系对实体经济发展强有力的支持机制。过度

---

① http://www.cbr.ru/publ/main.asp? Prtid=BBS

虚拟性是俄罗斯证券市场中存在的重大问题。俄罗斯公司在证券市场募集资金大部分用于收购新企业和公司股份并购，只有少量资金投向实体经济。如前所述，俄罗斯只是吸引了大量私人资本，并没有建立起实体经济引资机制，也没有利用引资促进经济增长。因此，制定整套措施加强证券市场对实体经济的支持值得转轨国家高度重视。第七，加强对套利交易的认识和理论研究无论对俄罗斯还是其他转轨国家都有重大的现实意义。俄罗斯证券市场市值和流动性快速增长依赖于外国投机资本和套利交易战略。这说明俄罗斯股市和债市投机交易占主流。特别是俄罗斯银行外币资产与负债失衡这一潜存金融风险没有引起俄监管当局应有重视，成为引发当前银行体系流动性危机的主要原因。目前海外专家和学者对外汇套利交易研究非常重视，但国内目前对套利交易的认识和理论研究还存在诸多不足。国际金融危机爆发、蔓延之后，全球各国央行正大踏步地迈入"零利率"时代。这再次提醒我们，除了继续高度关注日元套利交易外，对潜在的美元、英镑套利交易活动也必须予以密切留意。人民币实行有管理的浮动汇率制几年来，升值趋势日益强化，看似平静的市场为投机者留下了套利的空间。在当前全球热钱涌动的情况下，我国对开放资本项目应持谨慎的态度。除了密切加强对资金流入监管外，资本项目放开应该小幅有序进入。虽然转轨国家资本项目的开放是必然的趋势，但正如波兰经济学家格泽戈尔兹·W·科勒德克所指出的转轨国家"只有当稳定性政策取得成效，政府政策获得国际广泛的信任及企业重组取得广泛的成功时，才能实行完全的货币自由兑换"[①]。

---

① 泽戈尔兹·W·科勒德克：《从休克到治疗——后社会主义转轨的政治经济》，上海：上海远东出版社2000年版，第224页。

总之,在金融全球化的背景下,转轨国家的金融开放和金融体系的构建与重组,是一个与大环境互动性不断增强且自身处于不断动态调整的发展过程。其中,政府与中央银行及其相应的金融监管机构在调整和完善金融自由化的具体政策与制度安排方面发挥着重要的作用。基于此,我们认为,政府与中央银行要在金融全球化与转轨国家金融市场化、自由化的互动关系中不断调整中逐步找到各自的角色定位,这会关系到制度安排的科学性、合理性和适应性。而制度安排是否合理的判断标准是,一切促进转轨国家金融市场发展与金融中介重组的政策和制度安排,都要通过转轨国家金融自由化与金融全球化之间的适应能力指数反映二者的契合程度。适应能力较强的制度安排是转轨国家金融自由化取得成功的重要保证,而弱适应性制度安排不但不能带来良好的经济绩效增进和金融发展,反而会带来更大的金融风险甚至引发金融危机,阻碍经济的长期发展。因此,转轨国家必须不断加强制度调整与制度创新,才能有效推进金融自由化改革进程。当然,由于金融自由化改革的目的是充分发挥金融对实体经济的推动作用,因而任何制度调整只是手段,通过制度调整为经济发展提供新的激励和行为约束,实现经济快速增长才是根本目的。

参考文献

一、中文著作、译著

1. 郭连成:《俄罗斯经济转轨与转轨时期经济论》,北京:商务印书馆 2005 年版。
2. 郭连成主编:《经济全球化与不同类型国家的应对》,北京:中国财政经济出版社 2001 年版。
3. 刘明:《转轨期金融运行与经济发展研究》,北京:中国社会科学出版社 2004 年版。
4. 马克思:《资本论》第 3 卷,北京:人民出版社 1975 年版。
5. [美]富兰克林·艾伦等:《比较金融系统》,北京:中国人民大学出版社 2002 年版。
6. [波]W·科勒德克:《从休克到治疗——后社会主义转轨的政治经济》,上海:上海远东出版社 2000 年版。
7. [美]帕特里克·T.哈克等:《金融机构的绩效:效率、创新、监管》,北京:中国金融出版社 2005 年版。
8. [美]金德尔伯格:《西欧金融史》,北京:中国金融出版社 1991

年版。

9. ［日］高天太久吉：《金融全球化十大热点问题》，北京：中共中央党校出版社 2005 年版。
10. ［英］约翰·F. 乔恩：《货币史》，北京：商务印书馆 2002 年版。
11. ［俄］先恰戈夫主编：《经济安全——生产、财政、银行》，北京：中国税务出版社 2003 年版。
12. ［日］青木昌彦：《比较制度分析》，上海：上海远东出版社 2001 年版。
13. ［美］Edgar. E. Peters：《复杂性、风险与金融市场》，北京：中国人民大学出版社 2004 年版。
14. ［英］约翰·伊特韦尔、［美］艾斯·泰勒：《全球金融风险监管》，北京：经济科学出版社 2001 年版。
15. ［美］保罗·克鲁格曼、茅瑞斯·奥伯斯法尔德：《国际经济学》，北京：中国人民大学出版社 1998 年版。
16. ［美］罗纳德·I. 麦金农：《经济自由化的秩序——向市场经济过渡时期的金融控制》，上海：上海三联出版社 1999 年版。
17. ［美］兹维·博迪、罗伯特·默顿：《金融学》，北京：中国人民大学出版社 2000 年版。
18. 孙涛：《全球化时代金融中介体系构建》，北京：社会科学文献出版社 2004 年版。
19. 李扬、黄金老：《金融全球化研究》，上海：上海远东出版社 1999 年版。
20. 高萍：《经济发展新阶段政府经济职能的创新》，北京：中国财政经济出版社 2004 年版。
21. 上海财经大学现代金融研究中心：《2004 中国金融发展报告》，上海：上海财经大学出版社 2005 年版。

22. 杨烨：《波、匈、捷经济转轨中的政府职能》，上海：上海人民出版社 2002 年版。
23. 华民：《转型经济中的政府》，太原：山西经济出版社 1998 年版。
24. 薛君度等：《新俄罗斯——政治、经济、外交》，北京：中国社会科学出版社 1997 年版。
25. 弗兰克著，徐凤林译：《俄罗斯知识人与精神偶像》，上海：学林出版社 1999 年版。
26. 王国刚主编：《全球金融发展趋势》，北京：社会科学文献出版社 2003 年版。
27. 刘克：《金融全球化——批判性反思》，北京：经济科学出版社 2003 年版。
28. 范跃进主编：《2004 年世界经济年度报告》，北京：中国财政经济出版社 2004 年版。
29. 刘伟：《转轨中的经济增长与经济结构》，北京：中国发展出版社 2005 年版。
30. 曾康霖：《银行论》，成都：西南财经大学出版社 1997 年版。
31. 王曙光：《金融自由化与经济发展》，北京：北京大学出版社 2003 年版。
32. 王益主编：《资本市场》（下），北京：经济科学出版社 2000 年版。
33. 江学时：《金融全球化与发展中国家的经济安全》，北京：社会科学文献出版社 2004 年版。
34. 北京奥尔多投资研究中心：《金融系统演变考》，北京：中国财政经济出版社 2002 年版。
35. 劳平：《融资结构的变迁研究》，广州：中山大学出版社 2004 年版。
36. 刘园主编：《金融市场学》，北京：对外经济贸易大学出版社 2002

年版。

37. 庄毓敏：《经济转轨中的金融改革问题》，北京：中国人民大学出版社2001年版。
38. 宋小敏：《经济制度变迁研究》，北京：科学出版社2004年版。
39. 余永定主编：《经济全球化与世界经济发展趋势》，北京：社会科学文献出版社2002年版。
40. 范敬春：《迈向自由化道路的俄罗斯金融改革》，北京：经济科学出版社2004年版。
41. 吴晓求：《证券投资学》，北京：中国金融出版社1998年版。
42. 向新民：《金融系统的脆弱性和稳定性研究》，北京：中国经济出版社2005年版。
43. 易宪容，黄少军：《现代金融理论前沿》，北京：中国金融出版社2005年版。
44. 陈学彬：《金融学》，北京：高等教育出版社2003年版。
45. 孔田平：《东欧经济改革之路——经济转轨与制度变迁》，广州：广东人民出版社2003年版。
46. 王伟东：《经济全球化中的金融风险管理》，北京：中国经济出版社1999年。
47. 王元龙：《中国金融安全》，北京：中国金融出版社2004年版。
48. 唐旭：《金融理论前沿课题(第2辑)》，北京：中国金融出版社2003年版。
49. 迈克尔·波特：《国家竞争优势》，北京：华夏出版社2002年版。
50. 中国华融资产管理公司博士后科研工作站编：《不良资产处置前沿问题研究》，北京：中国金融出版社2004年年版。
51. 吴晓求主笔：《市场主导型金融体系——中国的战略选择》，北京：中国人民大学出版社2005年版。

52. 李海平:《金融发展中的主体行为与体系演变》,北京:中国财政经济出版社2005年版。
53. 朱淑珍:《金融创新与金融风险》,上海:复旦大学出版社2002年版。
54. 姜波克等:《开放条件下的宏观金融稳定与安全》,上海:复旦大学出版社2005年版。
55. 卢现祥:《西方新制度经济学》,北京:中国发展出版社2003年第2版。
56. 孔祥毅等:《百年金融制度变迁与金融协调》,北京:中国社会科学出版社2002年版。
57. 郭竞成:《转轨国家金融转型论纲》,北京:经济科学出版社2005年版。
58. 曹永刚等编著:《现代金融风险——国际金融创新的趋利避害》,北京:中国金融出版社2000年版。
59. 谢太峰等:《金融业务风险及其管理》,北京:社会科学文献出版社2003年版。
60. 张晓晶:《符号经济与实体经济——金融全球化时代的经济分析》,上海:上海三联书店2002年版。
61. 国际货币基金组织第220号,《金融全球化对发展中国家的影响——实证研究结果》,中国金融出版社、国际货币际基金组织2005年版。
62. 范爱军:《经济全球化利益风险论》,北京:经济科学出版社2002年版。
63. 姜学军等:《金融对外开放与监管问题研究》,北京:中国时代经济出版社2005年版。
64. 高晓慧、陈柳钦:《俄罗斯金融制度研究》,北京:社会科学文献出版社 2005 年版。

65. 丁剑平编著：《人民币汇率与制度问题的实证研究》，上海：上海财经大学出版社 2003 年版。

66. 沈悦：《金融自由化与金融开放》，北京：经济科学出版社 2004 年版。

67. 徐向梅：《俄罗斯银行制度转轨研究》，北京：中国金融出版社 2005 年版。

68. 孙刚：《金融结构的演进与经济发展》，长春：吉林人民出版社 2000 年版。

69. 殷孟波：《中国金融风险研究》，成都：西南财经大学出版社 1999 年版。

70. 刘军：《国际金融》，成都：重庆大学出版社 2002 年版。

71. 程恩富等主编：《中俄经济学家论中俄经济改革》，北京：经济科学出版社 2000 年版。

72. 张杰：《中国金融制度的结构与变迁》，太原：山西经济出版社 1998 年版。

二、中文论文

1. 郭连成：《经济全球化与转轨国家政府职能转换》，载《世界经济》2003 年第 10 期。

2. 郭连成、米军：《金融全球化与转轨国家金融改革的路径选择》，载《经济社会体制比较》2004 年第 4 期。

3. 郭连成、米军：《俄罗斯证券市场：发展特点和发展战略》，载《太平洋学报》2004 年第 12 期。

4. 郭连成：《俄罗斯经济形势与普京的"翻番"目标》，载《世界经济》

2004 年 3 期。

5. 郭连成:《试析俄罗斯证券市场的改革与发展》,载《国外社会科学》2004 年第 3 期。
6. 郭连成:《俄罗斯与国际和区域性金融机构的合作关系》,载《俄罗斯东欧中亚研究》2005 年第 6 期。
7. 米军:《金融全球化与转轨国家金融转型中政府职能的定位》,载《国外社会科学》2005 年第 5 期。
8. 米军:《金融全球化与转轨国家金融自由化效应分析——以俄罗斯为例》,载《东北亚论坛》2005 年第 5 期。
9. 米军:《中俄中央银行改革比较》,载《经济问题探索》2005 年第 5 期。
10. 霍宏涛:《对中央银行独立性的理论思考》,载《生产力研究》2004 年第 4 期。
11. 赵家敏:《WTO 规则与我国政府职能的转变》,载《中国软科学》2003 年第 2 期。
12. 张曙光:《疏通传导渠道,改善金融结构——当前中国宏观经济分析》,载《管理世界》2001 年第 2 期。
13. 李扬:《金融全球化:原因和事实》,载《国际经济评论》1999 年第 6 期。
14. 伏润民:《关于中国人民银行独立性的研究》,载《经济研究》2004 年 6 期。
15. 蔡志刚:《转型经济国家中央银行独立性检验》,载《上海金融》2004 年第 3 期。
16. 王自力:《金融稳定与货币稳定关系论》,载《金融研究》2005 年第 6 期。
17. 庄起善、魏亚群:《论转轨国家金融自由化的不稳定——以俄罗斯为例》,载《复旦学报》2003年第2期。

18. 严红波:《90年代美国金融改革探析》,载《世界经济》1998年第4期。

19. 江学时:《比较拉美和东亚的金融自由化》,载《世界经济》2001年第9期。

20. 吕炜:《基于中国经济转轨实践的分析方法研究——兼作对"北京共识"合理逻辑的一种解释》,载《经济研究》2005年第2期。

三、外文文献

1. Общество и экономика, 2003г, №12.

2. Общество и экономика, 1996г, №6.

3. Российский экономический журнал, 1998г, №9—10.

4. Ю. Сизов: Актуалъные проблемы развития российского фондового рынка, Вопросы экономики, 2003г, №7.

5. В. К. Сенчагов: Формирование национальной финансовой стратегии России, Издательство "Дело" 2004г.

6. Е. Чекмалёва: Финансовый рынок России: итоги развития и проблемы, деньги и кредит, 2001г, №6.

7. 俄罗斯经济发展和贸易部网站。

8. М. Ю. Головнин: Долларизация в переходных экономиках россии и стран центральной и восточной европы, Проблемы прогнозирования, 2004, №3.

9. О. Говтвань: преспективы развития российской финансовой системы, Проблемы прогнозирования, 2004, №2.

10. Некоторые актуальные проблемы развития банковского

сектора России, деньги и кредит, 2004г, №2.
11. Недавние драматичные события в баноковской сфере: характер, причины и уроки, Российский экономический журнал, 2005г, №1.
12. Пятнадцатилетняя реморма о денежно—валютной системе, деньги и кредит, 2003, №8.
13. О. Г. Солнцев: особенности российской баковской системы и среднесрочные сценарии её развития, Проблемы прогнозирования, 2004г, №1.
14. Козлов: проблемы развития банковской системы, деньги и кредит, 2005г, №6.
15. Провительство и Центральный банк Российской Федерации: Стратегия развития банковского сектора Российской Федерации на период до 2008 года., деньги и кредит, 2005, №4.
16. [英]OECD, ECO/WKP (2004)33 报告.
17. Экономика СНГ: 10 лет реформирования и интеграционного развития, Исполком СНГ, Москва, Финстатинформ, 2001.
18. Н. Петраков, Г. Шагалов: Валютный фактор в экономической интеграции стран СНГ, Вопросы экономики, 2003, №2.
19. Ю. Сизов: Актуалъные проблемы развития российского фондового рынка, Вопросы экономики, 2003г, №7.
20. Экономический рост в Российской федерации: проблемы и перспективы, Российский экономический журнал, 2003г, №3.
21. Барон, Л., Захарова, Т: Диспропорции в развитии банковского и нефинансового секторов экономики России, Вопросы экономики, 2003, №3.
22. Грядовая, О: Некоторые проблемы деятельности коммерческого

банка, Деньги и кредит, 2003, №3.

23. Фетисов, Г: К вопросу об устойчивости банковской системы, Финансы, 2003, №2.

24. Саркисянц, А. : О роли банков в экономике, Вопросы экономики, 2003, №3.

25. Институт экономических проблем переходного периода: Экономика переходного периода, М,1998,2000.

26. Жаботинская, Е. :Экономика и банковский сектор, Деньги и кредит, 2003, №2

27. Всемирный банк в России: обзор экономики, Доклад об экономике России, НОЯБРЬ 2008

28. Будущая стратегия сегодня, Центр стратегических исследований Банка Москвы, Экономическое обозрение, апрель 2009 г

29. Russia Banking Sector Analysis (2006—2009)", http://www.bharatbook.com/bookdetail.asp? bookid=50041.

30. http://www.cbr.ru/statistics/print. 2008—2009